MW01115684

MI HISTORIA DE TRANSFORMACIÓN
DE NIÑA ABUSADA A MUJER EXITOSA

YO DIGO #NO MÁS

María Trusa

**"ROMPE EL SILENCIO
Y REESCRIBE TU VIDA"**

YO DIGO NO MÁS

Eleva tu voz y reescribe tu vida
Mi historia de transformación de niña abusada a mujer exitosa

Por MARÍA TRUSA

Fotografía: Pablo Monsalve
Diseño de portada: Primitive Agency
Diagramación y diseño de interiores: Primitive Agency
Edición: D'Paz Editorial

© Copyright 2020 - MARÍA TRUSA
ISBN:

Primera publicación: 2020
Publicado en los Estados Unidos de Norteamérica.

Dedico estas páginas a mi madre, por su enorme sacrificio para brindarnos la oportunidad de una vida mejor. Y por infundir en cada uno de sus hijos el valor de la colaboración mutua, del trato digno a cada persona y una cuota extra de alegría, para convertir el día más amargo en una fiesta llena de música y risas.

A mis hijos, que me han llenado el corazón de una forma tan inmensa y de un amor tan profundo, puro e incondicional que no se compara con nada. Franco, por impulsarme al cambio en mí, que ha sido el motor de todo el éxito. Jeff, por llenar mis días de ternura infinita desde tu primer aliento de vida. Y Natasha, por motivarme día a día a ser una mejor madre y un modelo para ti, mi princesita adorada. Tu voz y tus canciones son mi alimento diario.

Y a mi padre, por darme la oportunidad maravillosa de aprender el impresionante poder sanador del perdón. Estamos en paz.

María Trusa

SALTAMONTES

Desde que era niña —especialmente cuando viví la experiencia que marcó mi vida—, adoraba ver este insecto. Nunca supe por qué, pero sentía mucha paz al encontrar uno y me fascinaba su color verde intenso. Cuando conocí su significado, me di cuenta que este pequeño ser representa los cambios, los cuales, en mi caso, han sido necesarios. También es símbolo de buena suerte y de abundancia. Todo lo que ha sido parte de mi historia.

ÍNDICE

PRÓLOGO

Kimberly Alba,

Psy. D. Doctora de Psicología Clínica Sobrina de María J. Trusa

Las historias de la comunidad latina, especialmente de la mujer latina, tienen elementos de sacrificio, sufrimiento, perseverancia y fuerza. Cuando llegan a los Estados Unidos a crear una vida nueva, guardan sus experiencias adversas para protegerse del dolor que les ocasiona recordarlas. Muchas veces, estos dolores son silenciosos y se mantienen escondidos de sus familias y conocidos. Yo tuve el privilegio de conocer la historia de mi tía, María Jaqueline Trusa. Ella fue muy valiente para reconocer su historia, procesarla y compartirla con la familia. Al conocer su experiencia, crecí teniendo el ejemplo de una mujer perseverante y decidida.

Mi tía María nació en un pueblo pequeño de la República Dominicana, llamado Licey al Medio. Aunque estaba rodeada de muchas personas que la amaban y protegían, su entorno no siempre fue seguro, exponiéndola a una multitud de adversidades. De hecho, en su primera década de vida, mi tía combatió condiciones de pobreza, abuso sexual, separación de su familia y varios cambios de hogar. Sus primeros años de su vida fueron realmente traumáticos. Muchos en su posición se hubieran dado por vencidos o habrían seguido repitiendo estas dificultades durante el resto de sus vidas. Como familiar suyo y como psicóloga, me impresionaba su fortaleza y me intrigaba saber de dónde provenía. Por eso, durante algunas conversaciones que mantuve con ella, le pregunté: —¿Cómo hiciste para continuar con tu vida después de todo lo que te ocurrió?

Ella, me respondió: —Sabía que algo mejor existía para mí en esta vida—. Resiliencia: la capacidad que tiene una persona para superar situaciones traumáticas. Tía María refleja resiliencia.

Cuando ella emigró a los Estados Unidos, enfrentó nuevas dificultades. Por ejemplo, la diferencia de cultura, problemas familiares, un matrimonio muy precoz, la maternidad y residuos del trauma en la República Dominicana. Pero nuevamente, no se dio por vencida. Al contrario, buscó la manera de superar su trauma y hacerse cargo de su vida. Ella superó metas extraordinarias como mujer latina en áreas de crecimiento personal, profesional, de liderazgo y como una figura activa y fundamental en nuestra familia.

Conociendo a tía María, su historia y sus triunfos, navegué el mundo como mujer latina, convencida de que no había metas inalcanzables para mí. Mis logros son modelados por los éxitos de ella. De la misma manera, le mostró a sus hermanos, hijos, sobrinos y nietos que el cielo es el límite cuando nos proponemos un objetivo. Gracias a eso, hoy día, distintos integrantes de nuestra familia tienen éxito profesional en los negocios, en ventas, en cuidado médico y en psicología. Además, tía María cultivó el valor de la verdadera conexión en nuestra familia. Nos enseñó y continúa enseñándonos la importancia de estar unidos, de crear recuerdos familiares y de reparar las relaciones heridas. Después del doloroso fallecimiento de mi abuela, Yolanda Peña, mi tía María asumió un papel significativo en nuestra familia. Ella nos ha ofrecido calidez y amor, y a la misma vez, ha mejorado la comunicación y la manera de enfrentar los traumas y las emociones complejas entre nosotros. Desafortunadamente, es muy común ver una transmisión transgeneracional de traumas en familias afectadas por la adversidad. En mi familia, tía María ha iniciado una cadena de curación y crecimiento. Es mi esperanza que al compartir este libro, ella pueda comenzar un movimiento de sanación en la comunidad de mujeres latinas y en sus familias. Espero que la historia de María Jaqueline Trusa las empodere a honrar sus propias historias y a dirigir lo que aún les falta por escribir.

INTRODUCCIÓN

Contar nuestra historia no siempre es una tarea sencilla. A mí me tomó 47 años poder enfrentarla. A muchas personas, les puede parecer un ejercicio un tanto narcisista y a otras, un acto de valentía. Para ser honesta, nunca me había planteado la posibilidad de hacerlo, por ninguna de ésas ni por otras razones. Sin embargo, la vida, Dios y muchos de quienes me rodean me fueron mostrando a través de los años que compartir mi travesía, si bien, no sería un proceso fácil, podría convertirse en la vía para inspirar a otras personas —especialmente a mujeres— a contar las suyas, a denunciar los abusos, a sanar y trascender todo obstáculo para vivir una vida plena, tal como fueron diseñadas para hacerlo. Y eso se convirtió en mi propósito de vida, por el cual están escritas cada una de estas páginas.

Tenía tan sólo nueve años cuando mi vida dio un giro inesperado y sobretodo, indeseado. Ocurrió una noche… No sé muy bien si de verano o en pleno invierno, pero sucedió en medio de un barrio extremadamente pobre, cuando mi padre, embaucado por los poderes destructores del alcohol, como ya era una costumbre en él, me entregó en manos de un depredador sexual. Ese hombre, amparado bajo cierta autoridad que se daba por llamarse "brujo" o "hechicero", solía cometer innumerables atrocidades en el pueblo Licey al Medio, donde vivíamos, en el corazón de República Dominicana, abusando de la ignorancia y de la necesidad de la gente. Un secreto a voces, como tantos que ocurren diariamente, contra el que nadie se oponía o intentaba frenar.

Nunca supe cuál fue el trato que hizo con mi padre y ni siquiera quise conocer qué sucedió con aquel desalmado. Más adelante te contaré los detalles de aquella experiencia aterradora que me marcó la vida durante mucho tiempo, por la que casi muero y por la cual pasé años y años en terapia, presa del miedo a la noche y sobre todo, sin poder disfrutar de verdad del amor y de una relación de pareja.

¿Cómo podría hacerlo? ¿Cómo se puede curar de un día a otro el dolor físico, el emocional y el del alma cuando se nos arrebata la inocencia de manera tan violenta? ¿Cómo dar vuelta la página cuando el machismo tan arraigado en nuestra cultura se encarga de recordarnos constantemente lo vulnerable que somos las mujeres cuando callamos nuestros traumas? Tardé muchos años en superar el mío. La sanación es una labor intensa, que se trabaja un paso a la vez y de por vida.

Curiosamente, aunque durante algún tiempo estuve convencida de que había dejado atrás todo ese episodio y la inmensa huella de dolor, humillación y vergüenza que me había dejado, fue una experiencia ocurrida cuando debutaba como madre, con mi hijo mayor, la que me puso entre la espada y la pared, para darme cuenta que aún tenía mucho trabajo por hacer si quería trascender esa fatídica noche y recuperar la "normalidad". Sin quererlo, mi pequeño hijo Franco se estaba transformando en víctima de mis secuelas y si seguía por ese camino, repetiría el mismo patrón de errores y daños, victimizando a otros, como suele suceder cuando no enfrentamos nuestras heridas.

Desde ese momento tomé la decisión de superarme, de sobreponerme a toda situación tóxica o negativa, de dejar de padecer por el pasado y de temerle al futuro para gozar el presente; decidí cambiar mi rol de víctima por el de protagonista y heroína de mi propia historia; opté por abandonar la crítica y escoger lo constructivo; rehuirle a las excusas para concentrarme en un propósito; dejar de fijarme en los problemas para encontrar el regalo en cada situación y convertir cada instante en un recuerdo maravilloso. Quería tomar el control de mi vida y reescribir mi historia de dolor por una de éxito y realización.

No ha sido un camino de la noche a la mañana, ni una ruta directa y pavimentada. Ha habido muchas tormentas y escollos, así como momentos de estar en alza y otros, en baja. Pero jamás he dejado de avanzar, de crecer y de aspirar a llegar más lejos.

Mi meta original siempre fue superar mis traumas y alimentar mi crecimiento personal. Quizás en ese instante no me había puesto la vara más alta. Se trataba más de un desafío personal, con el propósito específico de sanar para criar y educar adecuadamente a mis hijos. Me aterraba la idea de desahogar en ellos todo lo que venía arrastrando desde mi niñez.

14

Todo mi proceso de crecimiento espiritual y personal a medida que sucedía, se fue reflejando en cada aspecto de mi vida. De esa manera, iba logrando relaciones afectivas más interesantes y profundas, amigos más leales y de mayor calidad humana, mejores compañeros de trabajo, mayor reconocimiento laboral y por ende, mis finanzas también fueron cada vez más prósperas. Todo mi mundo creció a mi alrededor, lo que me probaba una y otra vez que efectivamente poner la prioridad en nuestro interior es la mejor inversión que podemos hacer.

Pero la vida es mucho más sabia y Dios tiene planes todavía más poderosos para nosotros, aun cuando las vías que utiliza para dejarnos saber sus proyectos pueden ser complejas e inexplicables. Así lo sentí el año 2014. Cuando mi vida parecía casi perfecta y marchaba sobre ruedas, las complicaciones de una cirugía estética me llevaron a replanteármela.

A esas circunstancias que nos llevan a hacer un alto en nuestro camino y que son como un llamado de atención, las llamo "aceleradores". El primero, había sido la experiencia con mi hijo Franco, la cual te voy a contar con lujos y detalles en este libro. Y el segundo acelerador, fue ese momento dramático, que me tuvo al borde de la muerte. Es que definitivamente nunca, nunca, terminamos de aprender. Y en algún punto de mi camino me había adormecido o bien, no estaba dando todo lo que estoy llamada a entregar... y no lo sabía.

Aquel llamado de atención de Dios, poniéndome en jaque con el regalo más preciado que tengo: la vida, y por algo tan superficial como lo estético, me obligó a replantearme un sinnúmero de cosas y a revaluar mis prioridades. Y es que cuando nos acomodamos dentro de un molde y encontramos el que pensamos es nuestro lugar social, cuando todo fluye con normalidad y socialmente nos sentimos en la cumbre, comenzamos también a poner en duda nuestros deseos más íntimos, nuestros llamados y hasta readecuamos nuestros valores, pensando en que ésa es la manera de "encajar" en el nivel que hemos alcanzado. Y nos vamos ajustando a la corriente, a lo que otros dicen que es "lo normal", "lo de moda", "lo in" o lo que nos hace lucir mejor. Olvidamos que lo único realmente importante es nuestra esencia y poner en práctica lo que estamos llamados a hacer con ésta.

Pues a raíz de ese segundo acelerador retomé mi camino, mis verdaderas prioridades y logré subir decenas de peldaños en mi camino espiritual. De esa manera descubrí que mi papel en esta tierra ya no era sólo dejar atrás la pobreza y aquellos flagelos que ocurren en medio de ésta. Tampoco se trataba de haberme superado profesionalmente, a tal nivel de convertirme en ejecutiva de una corporación médica sin contar con una licenciatura universitaria o un doctorado… ¡Todavía había más de mí para dar!

Creo firmemente que cuando Dios nos regala una nueva oportunidad para seguir en este plano, es por una razón inmensamente poderosa, para compartir nuestro camino y nuestros talentos. Y era hora de compartir los míos. A partir de ese instante decidí no seguir perdiendo el tiempo en relaciones que no me inspiraban a dar lo mejor de mí. Ya verás cómo hice para terminar un matrimonio de más de diez años, superando una infinidad de trabas y artimañas. De la misma forma, compartiré contigo cómo puse punto final a un trabajo que, si bien, me garantizaba la estabilidad económica y un retiro soñado, no cumplía con mi nuevo objetivo de vida: dejar un legado.

¿Para qué dejar un legado? ¿No se vuelve más complicada la vida cuando nos lanzamos en esa tarea? ¡Oh, sí, claro que sí! Se convierte en una labor monumental, un trabajo a tiempo completo en el que debemos poner todos nuestros recursos materiales, emocionales y espirituales en juego. Pero, ¿sabes qué?

¡Vale la pena! Finalmente es nuestro legado el que hablará de nosotros cuando dejemos nuestro cuerpo. Es lo que continuará viviendo a través de nuestros hijos, nuestros nietos y de todos aquellos a quienes podamos tocar con nuestra labor, como si fuera una varita mágica cargada de puro amor.

Durante veintiséis años trabajé con la comunidad americana, a la cual le debo muchísimo y de quienes aprendí cómo ofrecer el acceso a la salud de primera calidad, en un ambiente de respeto, de organización y sobre todo, con dignidad. Y mi legado se concentró desde el primer momento en hacer hasta lo imposible por proveer acceso a la salud, con esas mismas características para mi comunidad hispana, especialmente la más desprotegida y olvidada: la de la población indocumentada. ¡Me parte el alma ver cuánto sufren miles de familias cada día! Las veo cómo trabajan y todo lo que deben hacer diariamente para poder seguir adelante. Pero si hay algo que me preocupa todavía más, es todo lo que arrastran esas familias y en especial, sus hijos. Muchos de ellos —sino, la mayoría— vienen escapando de terribles realidades, de violencia y de experiencias traumáticas. El paso a Estados Unidos se convierte en otro trauma que se suma a sus vidas y acá continúan experimentándolos a diario, viviendo en las sombras, con miedo, siendo señalados y vulnerados a cada momento. ¿Cómo quedar impávida frente a esa realidad? Ayudar a esas familias se convirtió en mi misión y en la de decenas de amigos y personas que se han ido sumando a esta causa. Lo que no sabía es que todavía había mucho más para dar.

Hace casi un año, en esta tarea de "empoderar" y ayudar a mi comunidad, conocí a un grupo de mujeres hispanas con unos inmensos deseos de prosperar y salir adelante. Junto a ellas organicé unos encuentros o retiros de capacitación para crear sus propios negocios y ayudarlas a mejorar en los distintos aspectos de sus vidas. En una de esas ocasiones, decidí invitarlas a mi "Escapo", un lugar maravilloso, mi pequeño paraíso, del cual te hablaré en estas páginas, ubicado en las montañas de Vermont. Allí estábamos una noche, después de una intensa jornada, cuando en medio de la confianza y ambiente que se había generado con estas mujeres maravillosas, me decidí a contar mi historia de violación, sin imaginar lo que vendría después… Como una bola de nieve, que empieza a rodar y a engrandecerse con el simple hecho de avanzar, casi todas esas mujeres comenzaron a llorar y a contar sus propias historias de abuso sexual. ¡Estaba impresionada! ¿Cómo es posible que esto sea un hecho tan frecuente? ¿Lo hemos normalizado? ¿Por qué se ha convertido en casi una epidemia social y mundial?

Aquella noche nació el movimiento Yo Digo No Más, que junto a un documental sobre la violación, que había comenzado a producirse unos cuatro meses antes, y el cual, incluye mi experiencia, han sido la puerta de entrada a numerosos proyectos sobre el mismo tema. ¡Y es que no había manera de quedar indiferente!

Este libro, de hecho, comenzó a gestarse a partir de entonces. Aunque nunca había querido hablar abiertamente de esa parte de mi vida, entendí que mi historia puede ayudar a destapar cientos o quizás, miles de otras que están ocultas por miedo o por esa vergüenza injustificada que solemos cargar quienes sufrimos el abuso sexual, especialmente cuando ocurre con violencia.

A diferencia de muchas historias que pueden salir por ahí, aquí no hay nombres ni acusaciones a personajes famosos. No hay intención de demandas ni de encarcelar a nadie. Nada de lo que está escrito aquí tiene un objetivo negativo, que cause algún tipo de daño. Mi propósito es ayudar a que hombres y mujeres enfrenten ese demonio del abuso de frente, cara a cara, no importa quién sea el responsable. Pues la verdad es el primer paso para empezar a sanar. Y sanar es la única manera de salir adelante, de vivir plenamente. Es una labor tediosa, dolorosa y que toma mucho tiempo y voluntad. Pero no importa cuán difícil sea nuestra situación, siempre existe una vía para superarla, para levantarse y para salir adelante.

Mi historia y mi vida son la prueba de todo lo que te digo. Soy una orgullosa dominicana, de origen extremadamente humilde, que he logrado alcanzar cada uno de mis sueños. ¿Ha sido sencillo? No. Pero aquí estoy, de pie, lista para lo que viene.

Si este libro está en tus manos no es por casualidad. Estoy segura de que si lo lees con la mente y el corazón abiertos, tendrás un regalo hermoso para ti o para compartir con alguien más. Conocerás todas las caras de mi historia, la que he tratado de plasmar con la mayor honestidad posible, pues ser auténtica, con mis luces y mis sombras, ha sido clave para el éxito en mi vida. También he querido plasmar paso a paso, cómo he logrado superar los momentos más difíciles, desde los traumas de la violación, a mis elecciones de pareja, las etapas complicadas como mamá y cómo aprendí a conectarme profundamente con mis hijos, los conflictos con mi propia madre, los problemas laborales, las decisiones complejas y todos aquellos "bemoles" de mi pasado.

Si he usado una fórmula para salir adelante de todas mis trabas y obstáculos ha sido mi capacidad para ver "el regalo" en cada situación o, lo que algunos llaman "el vaso medio lleno", aprendiendo a buscar la solución a cada dificultad, concentrándome en disfrutar del proceso y visualizando el resultado.

Aquí encontrarás cada una de las herramientas que he usado para sobreponerme a las dificultades, empezando por los caminos académicos que he usado para prepararme y educarme, así como todos los pasos que he tomado para convertirme en una exitosa empresaria, líder en mi comunidad y conseguir cada meta que me he propuesto. También compartiré contigo los recursos que han sido vitales para ayudarme a sanar emocionalmente y hasta sexualmente, así como aquellos que me han servido para fortalecer y mejorar mi relación con mis hijos en las distintas etapas de sus vidas. Incluso, compartiré contigo mis rutinas diarias de cuidado personal que me han inspirado y ayudado a mantener en equilibrio mi autoestima y las claves del entrenamiento que me impulsaron a correr la maratón de Nueva York, ¡por primera vez a mis 55 años!

No hay secretos sobre la faz de la tierra y para prosperar, mejorar y brillar nunca debería haberlos, menos aún entre nosotras, las mujeres. Estoy segura que juntas podemos hacer maravillas. Unidas podemos derrotar cualquier flagelo social. Apoyándonos unas a otras podemos combatir nuestros propios demonios y ayudar a otras a aplastarlos cuando los sienten como verdaderos gigantes.

Desde hoy, considérame tu amiga y tu mejor aliada para ayudarte en tu proceso.

María

" Escanea acá para
ver la galería "

I

CAPÍTULO

Una más… entre tantas

Igual que los tamarindos de los árboles en los que me colgaba de niña en la República Dominicana, mi vida es agridulce… ¡como la de todos! La clave está en aprender a saborearla instante a instante, para que el agrio nunca sea el último sabor que nos quede en la boca.

¡Son tantas las cosas que marcan nuestra historia! A veces me he puesto a pensar cuán diferentes seríamos los seres humanos, si antes de dedicarnos a formar una familia o a desarrollar una carrera, nos preparáramos emocionalmente, que superáramos nuestros traumas, aprendiéramos a conocernos y a "reconocernos", con nuestras fallas y nuestros puntos fuertes; que descubriéramos las claves de la vida y cómo enfrentarla de la mejor manera. Pero sobre todo, que aprendiéramos a vivir el momento presente, sin que el pasado nos mantenga siempre nadando bajo la superficie del mar de nuestra vida. ¡Perdemos tantas oportunidades maravillosas por el peso de nuestra historia! ¡Creamos tanto sufrimiento! ¡Pasamos tanto tiempo intentando ser fieles a un papel de víctima que es lo único que conocemos y dejamos de enfocarnos en las posibilidades de cambiar ese rol por uno más proactivo! ¡Simplemente por no saber cómo superar ese rol! Y la peor parte, es que ¡arrastramos a tanta gente en ese mismo rumbo! Nuestros hijos, nuestros nietos y todas las generaciones que le siguen pueden continuar en esa misma ruta cuando no somos capaces de romper esa cadena sin sentido.

Como dice el libro El poder del ahora, de Eckhart Tolle, vivimos atados a "un dolor del pasado, de la inconsciencia del mundo en el que nacimos". Y es que lamentablemente nuestros padres y los suyos, así como sus antecesores, copiaron el mismo patrón y fueron asumiendo los roles sociales y familiares en la medida que pudieron, sin preparación e incluso, en ocasiones, sin ninguna intención de hacerlo. Se convirtieron en "padres" y "madres" de un día a otro, y fueron sacando adelante esos roles en la medida que las cosas iban sucediendo, muchas veces sin siquiera disfrutar del proceso. Hoy, lo veo claramente, pero llegar a este punto ¡ha sido una larga travesía!

Pero bueno, comencemos por el principio. Nací en Santiago, República Dominicana y crecí en Licey al Medio, un pequeño pueblo rural de la provincia de Santiago, que apenas salía en el mapa a finales de la década de los sesenta. Allí, entre palmeras, plátanos, tamarindos y mangos, transcurrieron mis primeros años de vida, en una entrañable mezcla de costumbres caribeñas, fuertes lazos familiares, religiosidad extrema, vicios culturales y una impresionante pobreza.

Recuerdo gran parte de mi infancia caminando descalza, sin zapatos, con vestidos y ropa que mi mamá, ingeniosamente, me armaba con telas y vestidos viejos que encontraba por ahí. Y, lamentablemente, la pobreza genera también otros tantos males, que pude experimentar en carne propia en los primeros quince años de mi vida en Quisqueya.

Nuestras raíces: la clave de todo

A través de los años que llevo preparándome y estudiando, en busca de mi crecimiento interior, he aprendido que para entender nuestra vida debemos ir más atrás y conocer la de nuestros padres y también, la de nuestros abuelos. Pues, en sus propias historias radican las claves de la nuestra y de lo que nos toca vivir en nuestra infancia.

Creo que la matriarca y la que marcó la senda por donde seguiríamos el resto del clan, fue mi abuela Ángela, famosa por tener un carácter extremadamente fuerte, de esos que saben tener las mujeres dominicanas cuando llevan las riendas de lo suyo y de lo que cargan a cuestas. Era muy joven cuando se casó con José, mi abuelo, y de esa relación nació mi madre, quien nunca tuvo un vínculo estrecho con su progenitora. No en vano, mamá siempre mencionaba que se había criado "sin madre", bajo el cuidado de sus abuelos maternos y eso marcó la pauta de su vida como adulta.

Con su abuela tampoco logró conectar, pues también tenía un temperamento complicado y una actitud demasiado negativa, que solía alejar a las personas. Sin embargo, el personaje realmente importante en la vida de mamá fue su abuelo. La conexión entre ellos fue muy especial y los mejores recuerdos que guardaba de su infancia tenían que ver con él.

Como verás más adelante, durante gran parte de mi vida, la relación con mi madre tuvo distintas etapas y llegar a comprenderla, aceptarla y amarla tal como era, no fue un proceso sencillo. Pero sin lugar a dudas que, una vez que conocí su pasado y sus inicios, pude valorar todo su camino y cada acción que tomó.

Mamá era bastante joven cuando se casó con mi padre y al poco tiempo quedó esperando su primer hijo. Aunque no estaba muy preparada para la maternidad, su ilusión era inmensa y quería a aquel niño con todas sus fuerzas. Lamentablemente su primogénito nació con algún desorden genético que lo hacía pesar trece libras, casi el doble de lo que pesa un niño normal.

Como podrás imaginar, en aquella época y en un rincón tan alejado como era donde ella vivía, no entendían que se trataba de un bebé demasiado grande para que viniera al mundo de manera natural. Y por más increíble que parezca, no le practicaron una cesárea para ayudarla en su parto, sino que forzaron al niño a nacer y por supuesto, como era tan inmenso, no logró salir a tiempo y se asfixió.

Mamá siempre recordaba que aquel pequeñito era precioso y su pérdida fue una pena tan grande para ella, que se le hizo muy difícil superarla. Por aquella época no se sabía lo impactante que puede ser perder un hijo ¡y ni hablar de una depresión posparto! Ella jamás acudió o siquiera alguien pudo sugerirle que hablara con un médico sobre esa tristeza tan profunda que había quedado en su alma. Y es que tampoco a esas alturas se sabía todo lo que sucede hormonalmente con las mujeres durante un embarazo y más aún, tras una pérdida. ¡Si aun hoy para muchas personas es un tema irrelevante… Imagina por aquellos años! ¿Cuántas de nuestras bisabuelas, abuelas y madres no pasaron por situaciones similares sin una gota de comprensión? Cada vez que pienso en eso me sacude un sentimiento de profunda empatía por todas aquellas mujeres que vivieron —y siguen viviendo— batallas emocionales en soledad e incomprensión.

Pasó mucho, mucho tiempo para que mi madre lograra volver a embarazarse. Y cuando por fin pudo hacerlo, tuvo a William, mi hermano mayor. Luego vinieron Julio y Viriato. Con cada uno fue intentando llenar poco a poco ese enorme vacío de su primer hijo muerto. Pero la verdad es que nunca pudo sanar esa herida. Y es que en realidad, ¡es imposible reemplazar a los hijos! Un hijo jamás llena el espacio que deja otro. Su tristeza lograba calmarse temporalmente aunque siempre permanecía un sentimiento más profundo en su corazón.

La relación con mi padre, en tanto, inicialmente había sido muy buena. Era un hombre trabajador, de fe, que asistía regularmente a la iglesia, con deseos de formar un hogar con todas las de la ley. Al menos eso era lo que mostraba. Sin embargo, no tardó en salirse del camino correcto como un buen marido y hombre de familia. A pesar de eso, mi mamá seguía dando la pelea por su matrimonio y seguía embarazándose, con la esperanza de mejorar las cosas y siempre en busca de "la niña", con la que soñaba.

Unos años después, volvió a quedar en cinta y seguía manteniendo la ilusión de tener por fin su muñequita de carne y hueso. Como sabía que el sexo en ese instante era algo importante para mamá, al momento del parto, el doctor quiso jugarle una broma y le dijo que había dado a luz otro niño. Luego, miró bien entre mis diminutas piernas mostrándole que su sueño al fin se había hecho realidad. Y ese instante fue la felicidad más grande para ella, aunque esa historia la supe muchos, muchísimos años después. ¡Ni siquiera sospechaba que mi llegada había sido algo tan especial para mamá! Pues durante gran parte de mi infancia y de mi vida la vi como un ser triste y distante, con el cual no lograba conectar, por más que lo intentaba.

Esas penas que matan…

Cada vez que intento recordar la imagen de mi madre durante mi etapa de niñez, aparece el de una mujer triste, cabizbaja, siempre melancólica, con un cigarrillo en la mano, mirando por la ventana como si estuviera en un muelle a la espera de un marinero que viene en un barco que no termina de llegar. De hecho, cuando preparaba el documental que hice hace un tiempo, en las escasas fotos que conservo de aquella época, aparece ella profundamente deprimida, mirando al vacío, perdida y desesperanzada. Era muy difícil para mí como niña, acercarme a esa mujer distante, siempre triste y como ajena a la situación del momento. Su mirada siempre estaba lejos, como en otro mundo, que definitivamente no era el que compartíamos.

Siete años después de mi nacimiento, vino Henry o "Moreno", como llamamos a mi hermano menor. Y las cosas, lejos de cambiar, seguían por el mismo camino, pues mamá seguía hundiéndose en una tristeza sin final, llenándose de hijos de un hombre que cada vez se alejaba más de ella, embaucado por el alcohol y las mujeres.

Mamá sufrió mucho, muchísimo. Siempre contaba que, en los primeros tiempos, mi padre era un hombre muy bueno, pero de pronto, como suele suceder en nuestras comunidades, ese hombre maravilloso empezó a beber en exceso… ¡Demasiado! Y eso modificó su comportamiento. Lo más irónico de todo, es que él trabajaba para una famosa fábrica de ron que había en el pueblo. ¡Vendía alcohol y era un alcohólico! Como dicen por ahí: "un gato a cargo de la carnicería", lo cual le facilitaba el vicio. ¡Se lo ponía en bandeja de plata!

Una vez que él se familiarizó con el alcohol, comenzó a actuar de manera irresponsable, a descuidar los detalles de la casa, las cuentas por pagar, a sus hijos y en cambio, comenzó a gastarlo todo en otras mujeres. Tristemente cuando un vicio entra a un hogar, no llega solo. Va acompañado de sus consecuencias y lo peor de todo, es que si no estamos lo suficientemente preparados para hacerle frente, funciona como si fuera una peste y comienza a contagiar a los demás.

Recuerdo a mi mamá siempre fumando y bebiendo, a la espera de que llegara mi padre, sobre la madrugada y en mala forma. Y si para mi madre aquella época fue triste, para mí no fue distinta, pues como niña, trataba de conectar con ella, de acercarme para abrazarla, de sentarme en sus piernas, ¡de sentir su afecto! Pero no lo conseguía. El cariño no era recíproco. ¡No había manera de que ella me mimara! Era una sensación horrible tratar de acercarme a la persona más importante para mí y sentir su rechazo.

Durante mi vida adulta, aprendí a entender todo su proceso y cómo tantas circunstancias pudieron afectarla al punto de llevarla a adoptar esa actitud conmigo. De hecho, gran parte de mi camino de crecimiento y de sanación partió de esa base, entendiéndola, comprendiéndola y perdonándola. Pero en ese momento, siendo apenas una niñita, obviamente no lo entendía y ni siquiera sabía cuánto me estaba afectando.

El efecto dominó

Las malas acciones y los vicios de los padres también repercuten en todo el resto de circunstancias dentro de un hogar, como un juego de dominó puesto pieza por pieza sobre el suelo. Cuando cae la primera, comienza a empujar a la siguiente en completa sincronía hasta llegar a la última. Y así precisamente nos pasó a nosotros como familia.

Mamá ya estaba absolutamente deteriorada emocionalmente con el vicio del alcohol y las mujeres de mi padre. Ella también sucumbía poco a poco y se dejaba arrastrar por sus efectos depresivos que la mantenían al margen de nosotros, sus hijos. Debido a eso, tuvimos una vida muy independiente. Nos pasábamos la vida jugando fuera de casa, pues no teníamos mucha estructura familiar, disciplina ni reglas que seguir. Mamá estaba absorta en su tristeza y los pocos momentos de lucidez que tenía, los ocupaba para intentar salvarnos de la miserable situación económica que teníamos. El que mi padre fuera irresponsable y tuviera otras mujeres en quienes ocuparse, provocaba que siempre tuviéramos problemas para pagar la renta de la casa. ¡Recuerdo habernos mudado unas diecisiete veces en mis primeros diez años de vida! Constantemente teníamos que dejar el lugar donde estábamos porque simplemente nos echaban. Íbamos de barrio en barrio, de amigos a amigos, de casa en casa, como unos errantes que van recorriendo el mundo. Claro que en nuestro caso, sin propósito y sin esperanzas de mejorar.

Llegó una etapa en que papá ya no podía más llevando sus vidas paralelas. Sabíamos que tenía una mujer en la localidad de Moca, la cual le estaba tomando no sólo su tiempo, sino todo su dinero. Por fin mi madre, en ese momento, se dio cuenta que la situación entre ellos no daba para más y le pidió el divorcio.

Lamentablemente, la separación entre los padres no debería ser una solución a los problemas, pero vamos a ser claros, muchas veces, estos son tan profundos, hay tanta desigualdad entre las partes, no hay un punto de acuerdo ni intención alguna de crecer juntos. Además, las consecuencias de la mala relación y las pésimas decisiones que toman van repercutiendo día a día en los hijos. ¿Qué más se puede hacer entonces, sino cortar la maleza desde la raíz?

Mamá entonces tomó el toro por los cuernos para poder sacarnos adelante, de la manera que podía, pero claro, eso no lo entendí en aquel instante. Decidió mudarse a Estados Unidos donde vivía su madre, que fue la primera de la familia en migrar a este país, y eso le daba la posibilidad de conseguir visa y de poder trabajar con mis hermanos mayores, William y Julio.

Lo curioso de todo, es que mi abuela, al dejar el país para mudarse a Estados Unidos en busca de mejores oportunidades, había desaparecido de la vida de mi mamá durante años, haciendo que ella se sintiera en completo abandono. Y luego, ella, mi mamá, fue quien, de manera similar repitió la historia. Aunque siempre intentó, de alguna forma, mantenerse en contacto conmigo.

¿Alguien sabe dónde estoy?

Mamá finalmente consiguió visa para ella y mi hermano Julio. Posteriormente logró sacar a William y juntos se fueron a Nueva York, específicamente a Washington Heights, en la Pequeña República Dominicana o Quisqueya Heights, como se le conoce por la inmensa comunidad de mi país que ha convertido esa zona en su segunda casa, conviviendo entre judío-americanos, irlandeses y alemanes, en una interesante fusión cultural.

Pero la decisión que tomó mamá no fue sencilla, pues en la isla quedábamos sus tres hijos menores: Viriato, que tenía unos once años, Henry, que tenía apenas tres años y yo, de ocho años, cuando ella nos dejó y debió buscar qué hacer con cada uno de nosotros, pues papá era incapaz de hacerlo por sí mismo.

Durante los primeros años, Viriato se quedó con una amiga de mamá. Mientras que Henry quedó al cuidado de los abuelos paternos. Y a mí me dejó a cargo de unas primas suyas, que si bien, eran mujeres, la maternidad y el cuidado de una niña no era algo que les aflorara de manera natural. Y para mí, ese cambio fue inmensamente doloroso. Recuerdo, como si fuera ayer, esa sensación tan fría y profunda de vacío que sentí cuando mi madre se despidió, dejándome en un sitio donde no tenía conexión con nadie.

Las personas que han llevado una vida familiar "tradicional" o "normal", a veces no aprecian el valor y la importancia que tiene una madre, especialmente en nuestra infancia. Su presencia, aun distante y fría como era la que tenía conmigo, es vital, pues de alguna manera nos brinda la seguridad innata que tenemos con la mujer que nos ha cargado en su vientre durante nueve meses. No en vano, dice el dicho que "madre hay sólo una" y la necesitamos cerca toda la vida. Es nuestro cable a tierra, esa sensación de abrigo y cobijo que nos permite saber que no importa lo que el mundo esté pasando, con ella cerca estamos seguros. Por eso, su ausencia es tan dolorosa, tan difícil de asimilar y de superar. Y en aquella ocasión, sentí aquel vacío tan inmenso cuando me despedí de ella, sin saber cuándo volvería a verla…

Por otro lado, a pesar de la pobreza y problemas en los que vivíamos, si había algo maravilloso con lo que contábamos era la relación tan cercana que teníamos como hermanos. Éramos —¡y somos!— un clan unido a pesar de la diferencia de edades. Y los tres más pequeños, en especial, éramos uno. Por eso, saber que no podría ver a mis hermanitos, con los cuales estaba tan conectada, especialmente a Viriato, con quien éramos cercanos en edad, fue traumatizante. ¡No lograba entender esa separación! Despedirme de ellos y saber que no los iba a ver por mucho tiempo, fue algo extremadamente fuerte. ¿Cómo se separara a los hermanos? ¿Cómo se rompe ese pequeño mundo que han formado y que constituye la única sensación de seguridad frente a cualquier obstáculo? Por eso separar a los hermanos cuando son adoptados o pasan a casas temporales de acogida suele ser un proceso muy difícil e incluso, cruel.

Luego, estar en esa casa de aquellas primas fue la soledad y tristeza absolutas. Todas eran solteras y la verdad, es que no tenían conexión alguna conmigo. Con sólo ocho años, en realidad, había quedado huérfana, a cargo de mí misma, pues debía ser completamente independiente. Para mí eso era extraño, pues era apenas una niña, sin un abrazo, sin una caricia, ni ninguna demostración de cuidado o cariño. Ir a la escuela, cepillarme el cabello, lavarme los dientes, comer, hacer los deberes y todo, debía hacerlo sola. No había nadie guiándome o siquiera, pendiente de que llevara una vida lo más normal posible. Creo que ni siquiera se enteraban de que, en realidad, era parte de ese hogar. Estaba en la más completa soledad. Absolutamente ignorada. Tanto es así, que uno de los recuerdos más vívidos de aquella época ocurrió un día en que decidí meterme debajo de una cama, esperando el instante en que se dieran cuenta de que no me habían visto por ahí dando vueltas. A esa edad sufría constantemente de fuertes dolores de cabeza, que seguramente eran productos de la mala alimentación y de todo lo que sucedía a mi alrededor. Y aquel día, estaba pasando por uno, pero me quedé ahí, escondida, con la ilusión de ver que alguien pusiera atención y quisiera encontrarme. Pero pasaban las horas y nadie se percataba de mi ausencia. Ahí me quedé prácticamente todo el día y ninguna de ellas fue a buscarme… Fue una experiencia muy triste y la soledad que sentía llegó a ser más profunda aún.

Casi un año después de que mi mamá se había mudado a Estados Unidos, veía a mis hermanitos de vez en cuando los fines de semana y también lograba hablar con ella por teléfono cada cierto tiempo. Llegué a un punto en que me sentía tan mal, tan triste y abandonada, que lloraba constantemente y le suplicaba a mamá que hiciera algo para poder estar con mis hermanitos nuevamente. Lo único que anhelaba era tenerlos al menos a ellos cerca, para sentir de alguna manera que seguía teniendo una familia.

La llegada de Paula, el hada madrina

Después de un tiempo en que mis hermanos y mi mamá habían empezado a trabajar en Estados Unidos, por fin lograron acomodarse un poco más. Entre todo lo que obtenían laborando en fábricas, pudieron alquilar una casa para los que quedamos en Quisqueya. Estaba en Licey al Medio, al lado de la casa de mi abuela paterna, con el propósito de que los tres hijos menores viviéramos juntos nuevamente. Y como no podíamos hacerlo solos, siendo tan pequeños, mamá también consiguió a alguien que tomara esa responsabilidad, quien, todavía está en nuestras vidas. Su nombre es Paula y llegó a convertirse en nuestra hada, nuestra salvación y nuestra segunda madre.

La idea original de mudarnos al lado de mi abuela era para mantenernos unidos a la familia, pues papá también se sumó nuevamente a nosotros. Pero las cosas no siempre salen como lo tenemos planificado y el plan de mi madre, a pesar de todas sus buenas intenciones no resultó como lo esperaba, pues tristemente esa parte de la familia no era unida. De partida, mis abuelos paternos tenían preferencias y no éramos precisamente nosotros. Así es como lo recuerdo y en realidad, éramos una carga para ellos o de esa manera nos lo hacían sentir. Nosotros entonces pasamos a ser una verdadera molestia de la que poco se ocupaban. Por esa razón Paula se convirtió en la persona más importante en nuestras vidas, de quien dependíamos día y noche, pues era ella exclusivamente quien nos apoyaba y cuidaba. Mi hermano Billy y yo, a su vez, éramos quienes cuidábamos a Henry. Nos turnábamos preparando su leche, jugando con él y cuidándolo, para que Paula se encargara de la casa y de nuestras cosas.

Recuerdo, que en una ocasión, mientras cuidábamos a nuestro hermanito, sucedió algo que hasta ahora es motivo de burlas entre mis hermanos —ahora lo veo divertido, pero en ese momento no lo fue—. Resulta que estábamos decidiendo quién le iba a preparar el biberón a "Moreno". Viriato no quería hacerlo y por molestarlo, le pegué con una vara en uno de sus codos. Él se volteó hacia mí, sobándose del dolor y con ganas de vengarse. Por eso, se inventó una broma para asustarme. Me acuerdo que estaba acostada y de pronto lo vi venir con un cuchillo en la mano, advirtiéndome que me iba a matar. Por supuesto que él estaba jugando —aunque de manera bastante peligrosa para unos niños que se pasaban la mayor parte del tiempo solos—, pero era broma a fin de cuentas. De todas formas, corrí despavorida gritando del miedo y me quedó para siempre aquel recuerdo. Durante todos estos años mis hermanos se han burlado de esa historia y cada vez que se acuerdan, vienen hacia mí con un cuchillo, lo dejan caer y me entierran el dedo entre las costillas. ¡De inmediato comienzo a gritar como loca, porque todavía me creo sus cuentos! ¡Éramos tan niños! Con grandes responsabilidades, pero seguíamos siendo apenas unos muchachitos.

Paula estaba a cargo también de prepararnos nuestra comida y lo hacía con tanto cariño, dedicación y una cuota extra de creatividad, pues la pobre debía hacer maravillas con lo poquito que había en nuestro hogar. Y es que lamentablemente la idea de mi papá de mudarse con nosotros le servía sólo a él y a su vicio. Obviamente continuaba siendo un alcohólico. Sin preocuparse de nada ni de nadie más que de satisfacer su aberrante necesidad. Al parecer, la única responsabilidad que había acordado con mi madre de mantener respecto a nosotros, era la de proveernos la comida, pero, como las cosas con él seguían igual que antes de que se divorciaran, pocas veces se acordaba de nuestra existencia. Así es que era muy común que pasáramos hambre. Por más malabares que Paula intentara hacer con lo poquito que tenía a disposición, había ocasiones en que no había varita mágica para hacer aparecer algo para llevarnos a la boca, porque mi padre se lo bebía o se lo daba a alguna de sus mujeres.

Hay un recuerdo muy triste que tuve por muchos años arrinconado en mi memoria… Ocurrió durante una Navidad. Estábamos sentados Paula, Viriato y yo, mirándonos unos a otros, solos, sin regalos, sin árbol de Navidad, ni adornos, ni ilusión de Santa Claus, ¡nada! Mi papá se había olvidado nuevamente de nosotros, sus hijos, y ni siquiera fue a pasar la noche a casa. Por lo tanto, tampoco teníamos qué comer. Recuerdo que Paula, como pudo, nos preparó algo de pan con mantequilla y unas cuantas uvas. Eso fue toda nuestra celebración de Navidad en aquella ocasión.

Ni siquiera queríamos contarle a mamá y a nuestros hermanos Julio y William lo mal que lo estábamos pasando y las dificultades que teníamos. A tan temprana edad ya podíamos darnos cuenta del gran sacrificio que hacían ellos en Nueva York para poder proveernos de un hogar y de una persona que estuviera a nuestro cargo. Ya ellos estaban contribuyendo con todo lo que podían, pagándole a Paula y pagando la renta de la casa, dándonos para la escuela, la ropa y todas esas cosas.

Éramos realmente pobres, pero al menos estábamos juntos y eso nos mantenía un poco más felices. Criada en medio de hermanos hombres, yo, era uno más de ellos:

jugaba fútbol y me encaramaba en los árboles de tamarindo a la par de mis hermanos. ¡Eso, para mí era la felicidad absoluta! No necesitaba mucho más. Tenerlos cerca ya me había devuelto la vida y sentía algo más de calma. No dejaba de sentir el peso de la ausencia de mamá, pero sin lugar a dudas que la cercanía de mis hermanos y los cuidados de Paula aplacaban un poco ese vacío.

Aquella fatídica noche…

No puedo decir que conservo algún recuerdo dulce o cercano de mi padre. Tristemente no conocí su buena época y todo lo que viví a su lado se aleja completamente de la imagen de ese ser cariñoso, protector y proveedor. Muchas veces, en medio de la noche, sentíamos caer algo pesado cerca de la puerta y cuando nos atrevíamos a abrirla, veíamos a papá, tirado en el suelo, como un saco lleno de plomo, imposible de levantar. Después de sus parrandas, solía estar tan borracho, que algún amigo lo llevaba hasta la casa o bien, él, en medio de toda su irresponsabilidad, manejaba así como estaba, pero llegaba en tan malas condiciones, que ni siquiera lograba abrir la puerta. Y ahí se quedaba hasta la mañana siguiente en que despertaba, porque no lo podíamos mover. Era un inmenso hombre, de casi trescientas libras. ¡No había forma de levantarlo entre nosotros! Y esa misma escena la vimos repetir muchas veces.

Por aquella época, se contaban muchas historias de brujos y santeros locales que sacrificaban niños y bebés durante sus rituales. Si no has vivido nunca en alguna zona caribeña puede que no sepas que la santería es una fusión entre la fe mayoritariamente Yoruba, que practicaban los esclavos africanos, con las costumbres nativas de los indígenas locales y la religión católica. Durante gran parte del cautiverio de los esclavos, no se les permitió practicar su religión original, por eso, ellos mezclaron sus múltiples deidades con los santos católicos que les eran impuestos para poder practicar su fe. Así se fue creando esta mezcla, y por supuesto, como ocurre en todo orden de cosas, algunos exponentes la llevan más allá de cualquier límite, abusando de la confianza de la gente. Y en aquel momento, se decía que los niños estaban siendo solicitados como sacrificio en algunas ceremonias para alcanzar los favores de los creyentes. Era algo que corría de boca en boca y por supuesto que nosotros teníamos terror de ser secuestrados o llevados por uno de ellos. Lo que jamás imaginamos es que nuestro padre, aquel hombre que se suponía debía cuidarnos y protegernos, pudiera ponernos en manos de un criminal de aquellos, como carne de cañón y con eso, acabar con nuestra infancia en una experiencia macabra que todos quisiéramos olvidar.

Todo sucedió una noche, en que mi papá llegó a casa como siempre, en medio de una borrachera, acompañado de un amigo. Se trataba de un hombre al que todos en el pueblo conocían como un "brujo".

Ya estábamos dormidos, cuando mi padre nos levantó bruscamente a mi hermanito Henry y a mí, los más pequeños. Nosotros, que ya conocíamos las historias que rondaban sobre los brujos, estábamos aterrorizados, más todavía cuando el desalmado intentó llevarse a Henry. De inmediato me levanté, empecé a gritarle, mientras lo golpeaba y tiraba de él, tratando de que no se lo llevara.

Paula y mi hermano Viriato también despertaron y fueron a ver qué estaba pasando. Recuerdo como si estuviera nuevamente allí… mis gritos, mi llanto y toda la desesperación de aquel momento. Repentinamente, el brujo cambió de idea y dijo que si mi hermanito no iba, yo tomaría su lugar.

¿Cómo podía estar ocurriendo toda aquella escena? ¿Cómo era posible que mi padre estuviera permitiendo todo eso? Y es que el alcohol, así como cualquier droga, sumado a la ignorancia, no tienen límites. Cualquier persona, por más sensata que sea, puede llegar a perder toda su cordura cuando se fusionan estos elementos y mi padre era una prueba de eso. ¡Fue capaz de llevar a ese hombre a la casa para entregarle en bandeja de plata a uno de sus hijos! ¿Para qué? ¿Para algún ritual? ¿O éramos el pago de una deuda? Y si hasta ese momento no había sido capaz de recapacitar para darse cuenta de la magnitud de lo que estaba cometiendo, ¿acaso nuestro llanto y desesperación no lograban tocarle el corazón? ¡Éramos sus hijos!

Por supuesto que ir en reemplazo de mi hermanito tampoco era la salida, porque, si bien, en aquel momento no entendía mucho a qué se referían los demás cuando hablaban de "sacrificio" de niños, intuía que era algo muy malo. Y obviamente tampoco quería ir. Lloré y supliqué para evitarlo. Mi hermano Viriato recuerda que le rogaba y le pedía que no me dejara ir. Pero él ¡apenas tenía once años! Ni siquiera entendía bien lo que estaba pasando…

Mi papá tomó a Viriato y a mí y nos llevó hasta la casa de aquel hombre. Le supliqué que no me dejara allí, pero él tomó de regreso sólo a mi hermano y se fue, dejándome a mi suerte.

Recuerdo que en aquel lugar tenebroso y sucio, el hombre tenía al lado de su casa un pequeño cuarto donde realizaba todos sus rituales. Era una especie de santuario. Me llevó hasta ese rincón, donde me forzó a tomar un vaso de whisky y me dio unas pastillas, que seguramente eran calmantes o algo parecido.

No paraba de llorar, estaba aterrorizada… Hasta el día de hoy, al recordar ese momento siento esa horrible sensación de pánico, ese sentimiento de abandono y pavor ante la proximidad del peligro… Al saber y sentir que algo muy malo estaba por venir y que estaba completamente indefensa ante mi destino. Era un miedo que se me hace imposible explicar. Dentro de toda mi inocencia, presentía que venía una noche muy difícil, en la que no sabía cuál era el propósito que ese hombre tenía para mí, ni si saldría con vida de todo aquello.

Era tanto mi miedo y lo peor, ¡tanta mi tristeza! Creo que lo más doloroso de todo eso fue haber sentido la indiferencia y crueldad de mi padre, cuando le supliqué que no me dejara en aquel horrendo lugar, con aquel desconocido y se fue sin titubear, sin mostrar el más mínimo gesto siquiera de cariño, o al menos, una diminuta cuota de compasión como ser humano. ¡Nada! Era el hombre que debía protegerme quien precisamente me estaba entregando a mi verdugo.

—No puedes contar nada de lo que pase esta noche, porque de otra manera ¡toda tu familia va a morir! ¡No puedes decir una palabra! Voy a matarlos… ¡O el diablo se los va a llevar a todos!—, me repetía una y otra vez, mientras me obligaba a seguir bebiendo.

Sentía cómo el alcohol me quemaba por dentro y le pedí… le supliqué que me diera un poco de agua, pero no accedió. Sus planes eran otros y seguramente estaba acostumbrado a realizar aquel asqueroso y cruel proceso, sin el más mínimo remordimiento. Mientras tanto, yo trataba de pensar en cómo salir de allí, suplicando y esperando que alguien me escuchara o me viera para que fuera en mi auxilio. Pero en aquella casa nadie despertó… O al menos, nadie se levantó ni hizo el más mínimo intento.

Después de un rato, el hombre me subió en su automóvil y me llevó a un motel cercano. Lloraba y estaba desesperada. ¡Era una niña! Todavía guardaba alguna esperanza de que alguien en ese lugar, al verme, detuviera a aquel desalmado y me sacara de todo eso. Pero en ese motel tampoco alguien reaccionó y evitó lo que venía. Increíblemente, nadie se acercaba ni parecía escuchar lo que sucedía. ¡Un hombre entraba a un motel con una niña, aterrorizada y nadie hacía algo al respecto!

Recuerdo que cuando entramos en la habitación sentí un pánico inmenso, mucho más grande que todo lo que acababa de sentir en las horas previas. Lloraba y estaba desesperada. Me tenía completamente controlada y me obligó a dejar de llorar para evitar un escándalo mayor. Tampoco tenía mucho sentido seguir haciéndolo, pues de ahí en adelante, no había nada que pudiera detenerlo.

Apenas entramos al cuarto, empezó a tocarme y comencé a sentir un dolor tan inmenso, tan profundo, mucho más allá de lo físico, que se sentía como un cuchillo que clavaban en mi alma. ¡Un cuchillo enterrado una y mil veces! Era quizás ese dolor de saber que aquel monstruo estaba acabando conmigo no sólo físicamente, sino también con mi inocencia, con mi derecho a ser niña y a vivir cada etapa. Esa bestia sin compasión se había otorgado el derecho de tomar mi diminuto cuerpo, mi vida y mi futuro con una crueldad sin límites.

Le doy gracias a Dios de que, en medio de toda la maldad de aquel monstruo, me forzara a beber esa cantidad de alcohol y me drogara. Pues dentro de todo lo malo, debido a eso, recuerdo muy poco a partir de ese momento. De vez en cuando, sentía un inmenso dolor que ocurría cada vez que penetraba mi cuerpo. Era muy fuerte, pero al mismo tiempo, a medida que el alcohol comenzó a hacer efecto en mi organismo tan pequeñito, todo empezó a suceder como si fuera una pesadilla. Estaba como fuera de mí, entrando eventualmente en mi ser, para luego perder el conocimiento otra vez. No puedo explicar bien lo que pasó esa noche. Pero gracias a ese proceso logré evadir gran parte de toda la brutalidad que ocurrió conmigo en aquella inmunda habitación.

Cuando llegó la mañana, desperté en la cama de aquel lugar, desnuda, con ese hombre al lado mío, también desnudo. Como pude, me levanté y me di cuenta que casi no podía ni caminar. Fue muy difícil ponerme de pie. Sentía un dolor indescriptible, no sólo en mi pequeño cuerpo, sino además en mi alma, en mi espíritu, en mi esencia como mujer. Sentía que todo se había acabado para mí, que ya no había esperanza.

Apenas pude llegar al baño, atolondrada, mareada, sangrando y con la sensación de que estaba hecha trizas. Sentía que estaba completamente rota, en todo el sentido de la palabra. La sangre no paraba de salir y ni siquiera podía ver desde dónde provenía. Era como si me hubiese reventado y siguiera viva de milagro.

Al sentarme en el inodoro sentí tanto dolor, algo tan descomunal, que jamás había experimentado. Sentía como si todo mi interior estuviera en llamas y en pedazos. Luego, buscando algo de alivio, me senté en el piso frío de aquel baño y me encogí en posición fetal. Era todo lo que podía hacer en aquel momento en que estaba tan indefensa como lo había estado toda la noche.

Comencé a temblar, mientras pensaba: "Dios mío, ¿qué hago ahora? ¿Cómo salgo de este sitio? ¿Cómo salgo de este baño? ¿Qué viene para mí? ¿Este hombre me va a forzar de nuevo? ¿Qué va a pasar conmigo?" El miedo era horrible y no quería salir del baño. No quería volver a enfrentarme a ese monstruo nuevamente. ¡Tenía pánico!

Cuando finalmente lo hice, él había despertado. Le pedí que me llevara a mi casa. Le rogué que lo hiciera, aunque tenía tan pocas esperanzas de que mis súplicas tuvieran eco en esa bestia sin alma que estaba frente a mí, después de haberme abusado a su antojo. Pero imagino que ya a esas alturas estaba cansado de hacer lo que quiso conmigo, así es que para mi sorpresa, decidió llevarme.

No podía ni siquiera caminar. Ya era de día y aun así, en las condiciones en que me encontraba, salimos de ese motel sin que nadie se inmutara. Recuerdo que llegamos nuevamente a su casa. No sé si su esposa estaba ahí en ese momento, pero seguramente ella y sus hijos estaban la noche anterior, sin que ninguno hiciera algo para evitar lo que estaba pasando, mientras me daba de beber y me preparaba para su ritual.

En mi casa, en tanto, cuando uno de mis tíos se levantó aquella mañana y le contaron lo que había sucedido, se enfureció tanto, que salió con un machete a buscar al brujo y Viriato lo acompañó. Mi tío se imaginaba lo que había pasado conmigo y quería matar a aquel hombre. Como no lo encontró en su casa, dejó a mi hermano esperando por si aparecía, mientras él seguía buscándolo por el pueblo.

Cuando finalmente llegamos a la casa del brujo esa mañana y pude ver a Viriato esperando por mí, sentí un alivio inmenso, pensando en que al menos la pesadilla había terminado.

Traté de salir del carro, pero ni siquiera podía caminar. Cuando mi hermano vio aquello, me tomó en sus brazos y fue uno de los momentos más especiales de mi vida. ¡Estaba a salvo y viva! Estaba nuevamente con alguien que me quería y me estaba rescatando de todo aquel episodio macabro.

Irónicamente, ese hombre después de todo lo que había hecho conmigo, nos llevó tranquilamente a nuestra casa, como si nos estuviera regresando de un paseo por la playa. Nos dejó ahí y se marchó.

Mi familia completa estaba esperando por mí. Incluso, mi padre estaba ahí. Sin embargo, él, impresionantemente, después de dejarme la noche anterior con aquel brujo, había dormido la noche entera, como si aquella pesadilla no estuviera ocurriendo. De inmediato, mi familia llamó a mi madre, a Nueva York, para contarle lo que había pasado.

Hay muchos detalles de aquel día que recién supe cuando hicimos el documental en prevención de la violación. Entre esos, me contaron que mi hermano Julio casi se rompió una mano golpeando las paredes de la ira y tristeza que sintió al enterarse lo que me habían hecho, porque para mi familia fue un trago muy difícil de pasar. Era la única niña, la reina de mi familia a la que habían vulnerado de manera cruel y violenta. Ninguno de mis hermanos quedó ajeno a eso. A todos les afectó de alguna manera.

Mi madre, apenas se enteró, pidió que me llevaran al doctor, para que me revisaran, con la secreta esperanza de que quizás, aquel hombre no me hubiese violado. Incluso, a pesar de la sangre, del dolor insoportable y de cómo me encontraba físicamente, yo misma pensaba que quizás no había sucedido nada y era algo que me estaba imaginando.

El doctor del pueblo, que me examinó la primera vez, era amigo de nuestra familia y seguramente, impactado, como todos, por lo que había sucedido y quizás, como una forma de proteger a mi padre, dijo que no había sido abusada. Y la verdad, dentro de toda mi inocencia, quería seguir creyéndolo. Sin embargo, una de mis primas, al igual que mi mamá, insistieron en tener otra opinión y pidieron que me llevaran a una clínica. Allí, sin embargo, lo confirmaron: había sido completamente ultrajada.

Me había violado y de una manera tan brutal, que prácticamente me había reventado. De hecho, a los pocos días comencé a sentir un dolor inmenso al lado derecho y debieron llevarme de emergencia al hospital. Primero pensaron que se trataba de apéndice. Pero luego, se dieron cuenta de que aquel hombre fue tan desalmado, que mi ovario derecho hizo un nudo en las trompas de Falopio. De inmediato tuvieron que operarme para no perderlo, pues las lesiones eran tan graves que podían afectarme a futuro, dejándome sin la posibilidad de tener hijos.

Para mí, saber que efectivamente todo eso había pasado fue un golpe inmenso. Todavía a esa edad, en que era una niña, prefería seguir creyendo que quizás las cosas no habían sucedido. Pero una vez que me confirmaron que habían abusado de mí, comencé a experimentar una profunda depresión.

Licey al Medio, donde vivía, es un pueblito muy pequeño, donde todos se conocen y las noticias vuelan. En aquel momento, mi historia se regó como la pólvora y los vecinos me miraban con profunda tristeza. Estaban impresionados con lo sucedido y sentían lástima por mí. Mi mamá, por su parte, no sé cómo hizo, pero llegó a la isla en cuestión de días y lo único que quería era justicia. Trató de hacer hasta lo imposible para lograrla, pero mi padre pasó apenas una noche en la cárcel. Aunque después de ese día nunca más volví a verlo, pues le prohibieron que se acercara a mí.

En tanto, de aquel malvado hombre nunca más supe. Alguien de mi familia, en algún momento me contó que pagó con apenas cuatro meses de cárcel. Nunca quise saber más detalles ni nada que me lo recordara. Quizás todo pudo ser distinto respecto a ese criminal, pero era sólo una niña, de una familia pobre. Si mi madre y familiares no habían conseguido hacer justicia en ese momento, ¿qué más podía hacer? No era algo en lo que pensaba a esas alturas de mi vida. Suficiente tenía con todo el trauma y dolor que venían por delante.

Tampoco quería seguir asistiendo a la escuela, porque sabía que todo el mundo conocía la historia y me miraban con lástima. Lo sentía y eso me deprimía muchísimo. Fue entonces que mamá decidió buscar la forma de llevarme a la ciudad de El Ensueño, en Santiago. Y allí nos mudamos. Alquilamos una casa durante el tiempo que ella estuvo en la isla y dejamos Licey al Medio. Jamás volví a ese pueblo hasta que tuve alrededor de unos veinte años.

En El Ensueño me sentía menos observada, pero la tristeza seguía socavando mi alma. La depresión y desesperanza estaban acabando conmigo. Recuerdo un día en especial, en que me sentía tan devastada, que me recosté en el suelo de concreto, mientras lo único que pasaba por mi mente y mi corazón eran unos deseos inmensos de que la tierra me absorbiera en ese mismo instante. Quería desaparecer por completo, ¡dejar de existir! A los nueve años de edad simplemente no quería seguir viviendo, pues el dolor que sentía era demasiado grande para entenderlo.

Es impresionante cuánto sufrimiento, cuánta destrucción puede provocar un acto tan brutal, inhumano, egoísta y perverso como la violación. He conocido historias de personas que cayeron en las drogas y nunca lograron recuperarse a raíz de ser abusadas, así como otras que no pudieron salir adelante y optaron por el suicidio.

¿Cómo puede un "ser humano" sentirse con el derecho de actuar en contra de otro, más aún, tratándose de un niño o niña? ¿Qué los hace creer que tienen el derecho a acabar de golpe y de manera tan brutal con la inocencia, con la niñez y con el futuro de alguien más? ¿Por qué un acto tan atroz se ha convertido en algo tan común? ¿Por qué tantas personas, incluso, las autoridades, en muchas partes se siguen haciendo de la vista gorda frente a estos hechos? ¿Por qué lo permitimos? ¿Por qué criticamos o dudamos cuando alguien logra alzar la voz tras años o décadas de silencio, vergüenza y dolor? ¿Por qué apuntamos y cuestionamos a las víctimas? ¿Por qué no logramos empatizar con ellas al menos por un segundo?

Durante los últimos años he visto, cada cierto tiempo, tantas noticias de mi país y de otros, que siguen relatando historias macabras de rituales y sacrificios como el que se supone que fui parte. Lo cual quiere decir que en todo este tiempo no ha ocurrido nada que los haga detenerse ante algo tan cruel. Y lo mismo ocurre en Estados Unidos y en cualquier parte del mundo. No importa la motivación, si es un brujo, un vecino o alguien de la propia familia. El resultado es el mismo.

Duré otros cuatro años viviendo en República Dominicana antes de que mi mamá pudiera traerme a Estados Unidos. Y después de ese cambio tan radical de vida para mí se cerró ese capítulo y no se volvió a abrir hasta ahora, que tengo 54 años y empecé a filmar el documental y a hablar de mi historia. Pero hasta entonces siempre fue como un fantasma en mi familia. Mis sobrinos e incluso mis hijos, hasta hace poco no sabían todos los detalles de lo que sucedió. Sólo se hablaba de un suceso muy trágico que ocurrió en el pasado. Pero siempre me ha parecido que gran parte de los problemas que se van originando en los grupos familiares se debe a esos secretos que se guardan durante años. Lamentablemente, muchas veces el no hablar de ciertos temas, el no enfrentar las verdades y los hechos tal cual ocurrieron va creando misterios y situaciones poco claras, que más enredan las cosas. Y lo peor, es que cuando estos hechos, como el abuso, ocurren teniendo a un victimario dentro del grupo familiar, el "taparlo" es como ponerlo debajo de la alfombra, corriendo siempre el riesgo de que llegue alguien vulnerable y se convierta en la siguiente víctima.

Poco antes de comenzar este libro, cuando parte de mi familia y yo nos sentamos a hablar de ese episodio para el documental, mis hermanos recordaron que mamá luchó mucho, por largo tiempo, para poner en la cárcel a ese hombre que me violó. Lamentablemente no lo logró. Y lo más triste es pensar en cuántas veces más ese malvado llegó a cometer una atrocidad igual y destruir otras vidas... Aunque hoy, gracias a Dios, puedo decir con todo el orgullo que me cabe, que la mía no pudo destruirla, pues yo misma me encargué de reescribir mi historia.

Mis herramientas

Soy una persona que cree firmemente en que todo lo que nos sirve debemos compartirlo con los demás. Por esa razón verás que cada una de las herramientas y métodos que he usado para superarme, para crecer y avanzar en cada aspecto de mi vida, los pondré a tu disposición. Y me parece vital que sepas que estoy convencida que lo primero que debemos hacer siempre que hemos sido víctimas de abuso es:

* Contárselo a alguien

No importa la edad que tengamos y no importa cuándo haya ocurrido.

El movimiento #Metoo ha sido una puerta importante para sacar a flote experiencias de abuso. Lo triste es que en ocasiones se ha desvirtuado y al hacerlo, ha provocado que casos de "intentos de abuso" sobresalgan y nublen otros donde el abuso se ha concretado y de manera violenta. Con esto no quiero decir que unos sean peores que otros, pero debemos ser responsables y seguir dando la batalla para visibilizarlos.

Tampoco podemos dejarnos amedrentar por aquellos que por ignorancia tienden a calificar de mentiras o exageraciones los casos antiguos que han ocurrido hace veinte, treinta o incluso, más años. ¿Por qué ahora lo cuentan y no en su momento? La respuesta es sencilla: porque está comprobado que los traumas son muy profundos y no hay una víctima igual a otra. Difícilmente un niño o niña puede expresar a los tres años lo que le ha sucedido. Si ha sido amenazado y es mayor, tampoco puede contarlo por miedo y vergüenza. Lo mismo si su agresor es una persona cercana o alguien que muestra tener poder sobre la víctima. En fin, hay diversas causas que hacen muy difícil que alguien se atreva a confesarlo en el momento que ocurre.

Si tan sólo nos ponemos a pensar en lo difícil que es confesarlo hoy en día, con toda la "apertura" que existe frente al tema, ¿puedes imaginar lo que era hace diez o veinte años? Si por un segundo nos ponemos en el lugar del otro, siempre será más sencillo entenderlo.

* Presta atención a tu entorno

Ya sea que estés en medio de tu círculo familiar, en tu grupo de trabajo o entre tus amigos de siempre, pon atención a tu alrededor. Intenta ver las señales, aprende a leer y a escuchar a los demás. ¡No te imaginas la cantidad de personas que lamentablemente han pasado por experiencias similares! Según un nuevo estudio publicado en septiembre del 2019 en la revista médica JAMA Internal Medicine, más de 3,3 millones de mujeres estadounidenses de entre 18 y 44 años fueron violadas la primera vez que tuvieron relaciones sexuales. Es decir, una de cada dieciséis mujeres afirma haber tenido lo que la Organización Mundial de la Salud reconoce como "una primera relación sexual no deseada que es forzada o coaccionada físicamente". Y lo más preocupante de todo, es que estas cifras no corresponden a un grupo étnico como hispanas o de raza negra, sino a todos los grupos demográficos. Esto significa que sin importar el grupo, raza o nacionalidad, este flagelo social afecta de igual manera y en nuestro país, lo creamos o no.

Tal como te comenté en mi introducción, cuando comencé a trabajar en mi proyecto del documental lo hice porque me convencieron con la idea de que podría ayudar a otras personas, ¡pero jamás imaginé que fueran tantas las víctimas!

Y a medida que me he ido preparando respecto al tema, he ido también afinando mi olfato para oler las señales en los demás. Puede ser que en el lugar menos pensado estés frente a alguien que necesita contarlo y requiere orientación para seguir adelante. Pon especial atención si tienes niños cerca. Escúchalos y protégelos. Nunca pongas en duda la historia de un pequeñito.

* Averigua si en tu familia, en tu vecindario o en el área donde trabajas o estudias hay un registro de depredadores sexuales

Revisa e infórmate al respecto. Muchas veces sobre todo dentro de los grupos familiares, existen historias de algún miembro que tuvo un incidente en el pasado, del que se dice que hizo algo o hay rumores de una conducta poco adecuada. ¡No hay nada peor que ignorar la realidad!

Para tener los datos más actualizados sobre registro de delincuentes sexuales a nivel nacional, en Estados Unidos, puedes usar el sitio web público Dru Sjodin [Dru Sjodin National Sex Offender Public Website (NSOPW)], el cual se encuentra tanto en inglés como español. Este sistema, conocido anteriormente como el Registro Público Nacional de Delincuentes Sexuales [National Sex Offender Public Registry (NSOPR)] ha sido desarrollado entre el Departamento de Justicia de los Estados Unidos y los gobiernos estatales, para trabajar en la protección de los adultos y de los niños. La idea es mantener la información lo más actualizada posible para saber de delincuentes que pueden estar registrados en un estado y mudarse a otro para cometer sus fechorías.

Sitio web (en español): https://www.nsopw.gov/es

Mapa: https://www.nsopw.gov/es/Registry

* Si hay evidencia de un abuso, denúncialo

Como ya te conté, en mi caso, la justicia de mi pueblo ignoró lo sucedido y eso, tristemente sucede con más frecuencia de lo que pensamos. Pero debemos hacer el esfuerzo de intentar poner a los depredadores sexuales tras las rejas. Cada vez que sus actos quedan impunes no sólo hacen más difícil el proceso de sanación de su víctima, sino que hay posibilidades de que pronto haya otras tantas producto de sus aberraciones.

* Busca ayuda profesional

¡Esto es fundamental! Después de todo lo que ocurrió conmigo y a pesar del escaso dinero con el que contábamos, mi mamá intentó buscarme ayuda psicológica y durante un tiempo estuve viendo a un terapista en República Dominicana y siendo adulta debí volver a hacerlo (ya te hablaré de eso).

Durante los primeros años no puedo decir que pude sanar todo el dolor y traumas que aquella experiencia tan difícil me ocasionó, pero sin lugar a dudas, contar con ayuda de un experto fue vital para, al menos, dejar de sentir que mi vida no tenía sentido. Si te pones a pensar en todo lo que debe sentir una niña de nueve años para querer morir, como me sucedía a mí, ¡debe haber mucho dolor en su corazón! A esa edad los niños quieren jugar, divertirse, soñar y pasar el tiempo con sus seres queridos. La depresión infantil sólo puede llegar cuando se vive de un trauma profundo y sin duda, lo experimenté.

Por eso, tratar con un experto es vital. No importa cuánto debas invertir, pero la salud mental tras un acto como éste es LA DIFERENCIA entre el éxito o el fracaso absoluto, o incluso, secuelas posteriores. Como verás más adelante, en muchas épocas de mi vida he hecho verdaderos sacrificios para contar con ayuda psicológica. Y te puedo garantizar que vale la pena. Lo mejor de todo, es que en la mayoría de las ocasiones puedes optar a ayuda gratuita o a bajo costo. Existen organizaciones que pueden proveerla y muy pronto, nosotros también podremos ofrecerla a través de nuestra propia fundación. Pero debes tener siempre la mente abierta para buscar la ayuda profesional ya sea para ti o para alguien que haya sido víctima. Allí está la clave para seguir avanzando y no perder la esperanza. Soy la prueba de que por más aterradora que haya sido la noche, siempre existe una nueva mañana.

MI REGALO

Hace muchos años aprendí que cada situación en nuestra vida, cada proceso tiene un propósito, un "regalo" para nosotros. Sé que en ocasiones, lo que nos sucede es tan violento, tan cruel y difícil de aceptar que nos cuesta verlo. De hecho, puedes imaginar cómo una niña de ocho años puede intentar ver un "regalo" tras ser violada de la manera en que lo fui. Por supuesto que descubrirlo no siempre es sencillo ni ocurre en el momento, pero aprender a hacer el ejercicio de buscar, de hurgar en todo episodio de nuestra vida hasta dar con el regalo que nos tiene, es mágico y reparador.

No en vano, hoy en día puedo agradecerle a la vida y a Dios haber sido capaz de vivir aquella experiencia aterradora y cruel aquella noche, siendo tan pequeñita y sobrevivirla. De ahí en adelante siempre pude pensar que para mí sólo vendrían cosas mejores. Y haber podido vivir algo tan difícil, fue sin duda lo que me puso en el camino hacia la búsqueda de sanación que he llevado durante todos estos años. Fue pasar en cuerpo y alma por esa noche aterradora lo que me ha hecho tener la empatía y la consciencia para empoderarme y crear un movimiento que combata este flagelo. Estoy aquí, decidida a hacer algo, tras haberlo vivido y ése es el regalo de aquella experiencia.

" Escanea acá para
ver la galería "

II

CAPÍTULO

Aquellas grandes puertas ¡hacia mi nueva vida!

*A lo largo de nuestra historia, lamentablemente cada cierto tiempo vamos a tener capítulos que son difíciles. Son muy pocas las personas a quienes la vida entera les toca de color rosa. Pero he comprobado una y otra vez, que de igual forma **SIEMPRE** vendrán momentos más suaves, placenteros y algunos en los cuales podemos sentirnos tocando el cielo. ¡Ésa es la magia de la vida!*

Los seres humanos somos unas "maquinarias" increíbles, con capacidades fuera de serie para superar y sobreponernos a las adversidades. Cada uno de nosotros tenemos nuestros propios mecanismos de supervivencia. Algunos pueden seguir manifestando sus emociones y momentos duros por largo tiempo, otros los expresan a través de enfermedades (la mayoría lo hacemos de esta manera) y algunos, logramos poner todas aquellas experiencias difíciles en algún "cajón" de nuestra memoria. Ahí quedan, guardados, escondidos, en un intento por olvidar esos episodios para poder seguir adelante con nuestra vida. Por eso, muchas veces creemos que los procesos dolorosos o los traumas que hemos experimentado pasan sin dejar mayores daños en nosotros. Pero no es así. Todo lo que no se enfrenta, se procesa y realmente se supera, tarde o temprano reaparece y, nos demos cuenta o no, siempre está por ahí, en nuestro subconsciente, marcando la pauta en nuestra forma de actuar, de reaccionar y de enfrentarnos al mundo. ¡Siempre! Y así también lo experimenté durante mi adolescencia y juventud.

Después de hacer terapia durante algún tiempo en El Ensueño, logré superar al menos, esos deseos tan inmensos de morir que experimenté tras ser violada por aquel hombre en Licey al Medio. A mis nueve años no tenía mucho poder de decisión sobre qué hacer para superar la tristeza, la vergüenza y la desesperanza que todo aquel episodio había dejado en mi alma. Así es que, poco a poco fui intentando seguir con mi vida de la manera en que podía, con lo que tenía a disposición. No fue de la noche a la mañana, pero paulatinamente fui mejorando, dejando de lado la tristeza y los malos recuerdos, normalizando mis actividades, socializando y retomando la "normalidad" dentro de lo que cabía.

El hecho de tener a mi madre otra vez junto a mí, aunque fue por corto tiempo, funcionó como el impulso suficiente para sentirme protegida nuevamente. Estábamos todos juntos, mi madre, mis hermanitos y Paula, que se había sumado a nuestra familia de manera maravillosa, formando parte indispensable de nuestro clan.

Es cierto que la violación de manera física me ocurrió sólo a mí, pero un hecho como ése afecta a todo el grupo familiar. Incluso, al vecindario y a quienes se enteran por el rumor de boca en boca o por las noticias. A todos nos había golpeado de alguna forma, aunque por años todos mantuvimos la situación lo más lejos posible de nuestras mentes, tratando de no recordarla. Teníamos que aprender a "reconstruirnos" con lo que había a mano y suele suceder que los seres humanos pensamos que evitando hablar de un tema todo se resuelve. Ni siquiera hablábamos de cómo se había sentido cada uno respecto a esa historia, pues al final de cuenta, cada quien llevaba su propio calvario interior. Mis hermanos, mi madre, Paula… Todos, hasta cierto punto, enfrentaban la culpa de no haber estado ahí para mí, de no haber hecho algo al respecto para evitarlo… En fin, ¡para sentir culpa siempre sobran razones!

Mientras estábamos en ese intento, sin embargo, todo aparentemente había seguido su marcha y yo, de alguna forma seguí avanzando, enterrando aquel doloroso episodio lo más profundo posible, tratando de buscar la felicidad. Era una niña que, a pesar de todo lo que pasó, trataba de seguir con su vida y con el tiempo, retomé mi personalidad habitual. Volví a ser una chica alegre, a la que le encantaba bailar, disfrutar con los amigos y de lo que tenía alrededor.

A medida que fui creciendo, empecé a crear muchas amistades en El Ensueño y era muy sociable. No en vano, uno de mis vecinos, quien luego resultó convertido en mi primer suegro, me llamaba cariñosamente "azuquita", porque decía que donde quiera que iba, todos los muchachos partían, siguiéndome como las hormigas siguen al azúcar. La verdad es que afloró nuevamente mi forma de ser amistosa y divertida. Y eso nos hizo creer a todos que la pesadilla había quedado atrás… muy atrás.

Como las abejas a la miel

En el último verano que pasé en República Dominicana conocí a quien llegaría a ser mi primer esposo y al que llamaré "Vicente". No tengo intención alguna de abochornarlo ni hacerlo quedar mal. Simplemente es parte de mi historia y lo que pasó entre nosotros ocurrió porque éramos dos jóvenes inexpertos que cargábamos con nuestras propias historias, experiencias, costumbres y modelos aprendidos de nuestro entorno. Tuvimos que educarnos, crecer y hacerle frente a la vida sobre la marcha, con lo teníamos a disposición en ese momento. Así de sencillo.

Tenía 14 años y estaba en plena época de adolescente, cuando las chicas somos como miel para esas abejas o "abejorros" que pululan a nuestro alrededor. Y así estaba yo, precisamente. Vicente fue a visitar a su padre, mi vecino, el mismo que me llamaba "azuquita". Así nos conocimos y, como suele pasar a esa edad, rápidamente me juró amor eterno y también creí que estaba profundamente enamorada. Claro que el romance inicial fue a través del teléfono, pues al poco tiempo él volvió a Nueva York con su mamá y durante un año nos mantuvimos conectados a través de la línea, hablando de vez en cuando. Por aquella época los celulares no estaban ni en las películas, así es que todo se daba de manera más pausada y orgánica. Paso a paso.

Durante ese periodo también conocí a AL, otro chico encantador. Ya estaba por cumplir los quince años y me sentía como una princesa en medio de tanto pretendiente. No era tan sencillo mantener ese noviazgo a distancia con Vicente y la verdad es que AL me gustaba mucho. Por eso, un buen día, en una de las llamadas telefónicas de costumbre, le dije a mi novio que mejor dejáramos las cosas hasta ahí, porque no quería seguir en ese romance con tantas millas de por medio.

Mientras estaba entusiasmada con mis primeros amores, mi mamá en tanto, afinaba los detalles para sacarnos de la isla y traernos con ella a Estados Unidos. Le había tomado todos esos años lograr la estabilidad que necesitaba y conseguir visas para cada uno de nosotros. Primero logró sacar a mi hermano Viriato, luego a mí y finalmente a mi hermanito menor, Henry, que fue el último en sumarse a la emigración del clan.

Durante todo el tiempo que permanecimos en República Dominicana, Paula fue la encargada de cuidarnos. Desde lo que había sucedido conmigo, ninguno de nosotros tuvo acercamiento con papá, así es que esa mujer maravillosa se había convertido en nuestra familia durante todos esos años y aunque luego, cuando ya todos estuvimos a salvo con mamá en Nueva York, ella estuvo un tiempo trabajando con otra persona, nunca perdimos contacto. Difícilmente nos podríamos haber desconectado de alguien que fue un pilar fundamental para nuestra crianza. De hecho, mi madre, al final de sus días, en su retiro, regresó a vivir a Santo Domingo. Estuvo quince años allí y Paula nuevamente se mudó con ella. Dejó el trabajo que tenía y regresó a la familia. Ha sido siempre una persona muy importante para todos nosotros y todavía lo es.

¡Ahora es cuando mi vida empieza!

Jamás voy a olvidar el día en que finalmente llegué a Estados Unidos y crucé la puerta del aeropuerto. Había cumplido mis quince años cuando las cosas por fin se materializaron. Ése fue un momento histórico en mi vida, donde sentí que se marcaba un hito, un antes y un después… Fue el "renacimiento de María", aquella niña dominicana que fui y sigo siendo, en toda mi esencia.

No sabía una palabra de inglés y mis emociones estaban a millón por segundo. Ansiaba reunirme con mi madre, mis hermanos y comenzar una nueva vida en el país de los sueños y las oportunidades. ¡Había escuchado tantas historias de éxito y también de fracaso! Pero a esas últimas, nunca les presté atención.

Aquel viaje fue, además, la primera vez que subí a un avión y mi entusiasmo era el de una niña pequeña abriendo un regalo el día de Navidad. Exactamente así lo sentía. Tenía una mezcla de temor, de emoción y de nervios por todo lo que me deparaba el destino. Sabía que no todo iba a ser color de rosa, pues tenía un sinnúmero de retos por delante, empezando por el idioma. Pero muy dentro mío sentía que ya lo peor de mi vida había quedado atrás. ¿Qué situación tan mala, difícil, desagradable o nefasta podía ocurrirme? ¿Había algo peor que ser ultrajada de la manera en que lo había sido en mi infancia? ¡No podía ser que a la misma persona se le repitiera un suceso así! Por lo tanto, sólo podrían venir mejores experiencias para mí y eso es lo único que llenaba mi mente.

Recuerdo que cuando se abrieron las puertas del aeropuerto pensé: "Aquí seré alguien grande. ¡Voy a ser un personaje importante! ¡Ahora es cuando mi vida empieza!"

Estaba muy entusiasmada con los nuevos capítulos que vendrían para mí. Confiaba en que Dios me estaba reservando mucha felicidad, porque si tenía algo que pagar en esta vida, estaba convencida de que con todo lo que sufrí con esa experiencia tan dura en mi niñez, de alguna manera ya lo había hecho. Y así quería seguir creyéndolo.

Mis inicios en Washington Heights

Empecé mi nueva vida en Estados Unidos en Washington Heights. El primer tiempo nos fuimos al apartamento de mi abuela que ya se había establecido desde hacía años en esa ciudad, donde los dominicanos van y vienen como quieren, pues se ha convertido en nuestro segundo hogar. El barrio y el cambio no lo sentí tan drástico por esa razón, pero la verdad es que vivir con mi abuela no era algo sencillo. Nunca fue una persona fácil de llevar, así es que, siendo además, una familia tan numerosa como la que éramos, lo mejor era movernos en otra dirección y dejar con ella la fiesta en paz.

Mi madre decidió mudarnos a Jamaica Queens. Ella y mis hermanos trabajaban en una fábrica de pan y mamá, además, tenía un segundo trabajo en una fábrica de carteras. Así es que sumando lo de unos y otros, logró rentar un pequeño apartamento y estando allí, establecida, fue que recién comencé a ir a la escuela en mi nuevo país.

Fue un año muy difícil. Recuerdo que durante una de mis primeras semanas, iba en el tren rumbo a mis clases, sin que todavía el inglés tuviera alguna mínima relación conmigo, cuando un pasajero me preguntó por la hora. ¡Ni siquiera entendía lo que me decía! Me acuerdo perfectamente de la expresión de frustración de esa persona conmigo, intentando darse a entender, sin el más mínimo avance y eso me hacía sentir disminuida e ignorante. ¡Me sentía tan insegura, tan boba! Es la única manera de describir mi sensación en aquella época, porque no entendía absolutamente una palabra de lo que escuchaba.

A los inmigrantes que llegamos con nuestras familias, sin importar de dónde seamos, mientras hablemos otro idioma que no sea el del país donde nos hemos mudado, al principio, se nos complica mucho darnos a entender y comprender a los locales. Y es que no importa cuántas ganas tengamos de progresar, pero se nos dificulta la asimilación cultural y de la lengua porque entre nosotros, en nuestros hogares, con nuestras familias y amigos ¡seguimos hablando nuestra primera lengua! Eso sucede con chinos, franceses, alemanes, hispanos, ¡da igual! Nos reunimos con nuestros pares y seguimos viviendo de la manera que lo hacíamos en nuestro lugar de origen, lo cual hace más difícil la adaptación. Y mi familia no fue la excepción.

Cada día, llegaba a la escuela y me sentaba en todas esas clases en inglés sin comprenderlas. Realmente tomaba los exámenes sólo por cumplir con el requisito, porque siempre obtenía un grado "cero". ¡Simplemente no entendía lo que hablaban los maestros! Y las tareas que me asignaban tampoco podía hacerlas por la misma razón. Pasé un año completo de esa manera y por supuesto, debí repetir el curso. ¡Que compleja fue aquella época! Es muy difícil continuar insistiendo en un objetivo cuando te sientes completamente inútil y estancado en el mismo lugar. Es normal que nos suceda en cualquier desafío que se nos dificulte y nos ponga de cabeza. ¡Y la vida está llena de estos! Pero hay que seguir, ésa es la clave. De tanto insistir, llega un momento en que no sabemos cómo, las cosas se van haciendo más sencillas y alcanzamos pequeños logros, que poco a poco van creciendo.

El segundo año en la escuela, por ejemplo, empecé a recuperarme. No sé cómo lo hice, pero poco a poco pude comenzar a entender el inglés; buscaba la forma de conectarme con personas americanas, leía textos en ese idioma, repetía lo que escuchaba, ¡y me esforzaba en aprender! Finalmente empecé a familiarizarme con la lengua y eso fue como lograr dominar a una bestia salvaje. Sin lugar a dudas fue la sensación más gratificante que pude experimentar por aquella época.

El aporte de los pretendientes

Parte importante de querer asimilar la cultura y sobre todo, el idioma, tuvo que ver con querer quedarme en este país a toda costa. Sabía que no había manera de echar pie atrás y no tenía ninguna intención de hacerlo. Me encantaba estar en Estados Unidos y había que aprender a vivir aquí a como dé lugar y para eso, el idioma era vital. Y un "empujoncito" extra para querer aprenderlo fue el deseo de comunicarme con algunos amigos americanos que empecé a tener.

Cuando llegué a este país, los pretendientes que había tenido en República Dominicana seguían dando vueltas a mi alrededor. Vicente se enteró de que me había mudado al país y quería volver a tener contacto conmigo, al igual que AL, quien también estaba buscando la forma de viajar a Nueva York para visitarme. Pero todavía no lo habían logrado y yo, la verdad, estaba más entusiasmada con todo lo nuevo que estaba descubriendo. Y parte importante de eso era un vecino de mi abuela. Su nombre era Víctor y era un americano encantador, dueño de unos ojos verdes preciosos que me encandilaron desde la primera vez que los vi. El "clic" fue instantáneo y mutuo; el único problema es que seguía sin aprender inglés y él ni siquiera podía decir "hola" en español.

Las limitaciones de idioma en esa época definitivamente eran un gran problema para mí, aunque tenían su lado amable. Recuerdo, por ejemplo, una vez que fuimos a la playa con un grupo de amigos y lo único que nosotros pudimos hacer ¡fue besarnos! Pues no había modo de hablar de algún tema. Pero obviamente eso generó que esa relación, a pesar de lo romántica que era y de lo mucho que nos gustábamos, fuera pasajera.

En eso, reaparecieron Vicente y AL. El primero en hacerlo fue Vicente y retomamos la relación. Él vivía en Nueva York, lo cual facilitaba las cosas. Por eso, cuando al fin AL llegó a visitarme desde Quisqueya ya no tuvo ninguna posibilidad.

Corriendo por crecer

Si debo darle algún crédito a Vicente es el haber estado presente desde el principio. Apenas se enteró de mi llegada me buscó, nos conectamos y al poco tiempo ya estábamos haciendo una vida juntos. De hecho, tenía apenas diecisiete años cuando estaba convertida en una flamante esposa, pues todo sucedió demasiado rápido.

Para ser precisa, estuvimos alrededor de un año y medio como novios. Pero recuerda que soy la única mujer en una familia de varones muy protectores, por lo tanto, cuando a la princesa de la casa le hicieron perder "el honor", no hubo otra opción que responderle como todo un caballero. Por supuesto que todos guardaban en su interior la historia de mi violación, pero eso había ocurrido hacía tiempo y todos tratábamos de mantenerlo bajo siete llaves. Sin embargo, enterarse de que la única hermana estaba manteniendo relaciones sexuales con el novio era otra historia. Por eso, apenas mamá y mis hermanos lo supieron, pusieron el grito en el cielo.

Lo peor de todo esto, es que pese a lo joven e impetuosa que era como adolescente, sumado a la "picardía latina", no disfrutaba del sexo. Desde el primer instante, tener relaciones sexuales para mí fue un sacrificio, pues no me causaba ningún placer, como el que contaban mis amigas que se supone que debía producir. Y es que en aquella época comencé a sentir fuertemente los daños colaterales de la violación, sin siquiera imaginarlo. En realidad, ¡nunca había sanado! Durante mis terapias psicológicas en República Dominicana se habían ocupado de ayudarme a superar la depresión y los deseos de morir que padecía, pero no habían tratado las conductas sexuales porque no lo necesitaba, ¡era apenas una criatura! De hecho, luego aprendí que muchos de los efectos, conductas y daños que puedan manifestarse, especialmente aquellos sexuales, se deben ir tratando en la medida que se manifiestan. No tiene sentido someter a un niño o niña a temas sexuales que todavía no entiende. Es como volver a abusar de él o ella, al enfrentarlo a algo para lo cual todavía su mente no está preparada. Sin embargo, una vez que empiezan a aflorar, especialmente en la adolescencia, se hace imprescindible tratarlos, pues de otra manera, no logramos entender la sexualidad ni a nosotros mismos. Y de disfrutarla, ¡ni hablar!

Eso era precisamente lo que me sucedía: no disfrutaba de mi vida sexual. Pero en ese momento ni siquiera se me hubiera ocurrido cuestionarme al respecto, pues en nuestra cultura tan machista, crecemos escuchando y aprendiendo que "tenemos que satisfacer al hombre para poder tenerlo cerca". Y eso se supone que se hace a través del sexo, ¿o no es así como nos crían? Y yo, aunque no sentía ni el más mínimo placer, decidí entregarme a mi novio y darle lo que él me pedía. Estaba convencida de que tenía la obligación de hacerlo porque lo amaba. Y en aquel momento, ese hombre era el mejor del mundo para mí. Era mi sueño, ¡mi ídolo! Me sentía muy afortunada de que alguien a quien consideraba una "maravilla humana" pudiera fijarse en mí. Por lo tanto, a través del sexo podía demostrarle lo importante que era en mi vida y "agradecerle" de alguna forma el que pusiera sus ojos en alguien tan imperfecta como yo.

¡Qué manera tan triste de vernos a nosotras mismas! ¡Qué autoestima tan bajita se debe tener para ver algo tan hermoso como la sexualidad desde esa perspectiva tan básica! Tristemente estamos educadas bajo un patrón cultural tan machista y pobre, que nos inculcan desde que somos muy pequeñitas. Y eso es algo que debemos erradicar.

Cuando mis familiares se dieron cuenta de que estaba teniendo relaciones con mi novio, decidieron tener una reunión familiar conmigo para poner las cartas sobre la mesa. Recuerdo que la planificaron para un día viernes y allí estaban mis hermanos, algunas primas y mi madre. ¡Fue todo un acontecimiento!

No se dieron muchas vueltas y en cuestión de minutos me dejaron claro que frente a esa situación sólo habían dos opciones: que dejara a mi novio o bien, que me casara con él. ¡No podía creer lo que me estaban diciendo! ¿Cómo era eso de que si no terminaba mi relación con mi novio, debía casarme? ¡Ni siquiera estaba embarazada! ¿Por qué tan drásticos? Y es que para ellos, tan sólo el hecho de estar manteniendo relaciones sexuales era más que suficiente. No me quedaba otra salida que hablar con Vicente y resolver qué hacer con nuestra historia. Se lo expliqué, pero ni él quería dejarme ni yo a él, así es que a mis escasos diecisiete años y a sus veintiuno, decidimos casarnos.

El único problema que teníamos con eso, es que, probablemente, si su mamá se enteraba de nuestra decisión, no le permitiría casarse, pues consideraba que era demasiado joven para tomar una responsabilidad tan grande (y tenía razón). Vicente no quería provocar la ira de su madre, así es que, frente a eso, decidimos que la solución era casarnos a escondidas.

Organizamos todo para una boda sencilla, sólo de manera civil, en la corte de la ciudad de Yonkers. Como era menor de edad, necesitaba la autorización de mi mamá, que asistió a la boda, junto a uno de mis hermanos como testigo. Firmamos los papeles y luego, cada uno se fue a su respectiva casa, como un día cualquiera. Nunca tuvimos una ceremonia ni hicimos algo especial. De hecho, nadie más sabía que nos habíamos casado, pero para mi familia habíamos "cumplido" con el trámite y con eso estaban satisfechos. ¡Como si en realidad aquel papel hubiese hecho una diferencia! En fin…

Para todos los efectos, nuestra vida "de casados" continuaba siendo igual que la de solteros. Nada cambió durante seis meses. Nos seguíamos viendo de vez en cuando, intimando y luego, cada uno a su hogar y a su rutina, él a su trabajo y yo, a mi escuela. Hasta que finalmente, después de ese tiempo, decidimos contar la verdad a su madre y organizarnos para vivir juntos.

El miedo a la noche

Dejé Queens para establecer nuestro primer hogar como pareja en la casa que Vicente tenía en Yonkers, Wetchester. Era una propiedad inmensa, de tres niveles, ocupada además, por otras dos familias. Nosotros nos instalamos en el subterráneo y vivir allí para mí fue tremendamente difícil.

En primer lugar, fue muy duro tener que dejar nuevamente a los míos. ¡Estaba acostumbrada a rodearme de mucha gente! Mi casa en República Dominicana permanecía abarrotada a toda hora con Paula, mis hermanos, mis primos, mamá, vecinos y muchas personas alrededor mío. La misma dinámica la había tenido en Queens y eso me había hecho las cosas un poco más fáciles, pues me sentía acompañada constantemente. Sin saberlo, eso también era una consecuencia del abuso, porque no me gustaba estar sola. Y el estilo de vida familiar y solidario que tenía mi mamá, a quien le gustaba recibir a todo el mundo en casa, había ayudado mucho a esa presencia y compañía permanente.

Luego, mi esposo trabajaba mucho y yo, todavía asistía a la escuela durante parte del día, lo cual generaba que pasara mucho tiempo sola. Por eso, tomé la decisión de empezar a trabajar como cajera en un local de comida rápida. Sin embargo, mi horario era diurno y, en cambio, Vicente trabajaba durante la noche.

¡Nunca me había dado cuenta lo difícil que eran las noches para mí hasta ese momento! Y es que la experiencia de la violación había dejado tanta estela de consecuencias y ésa era sin duda una de las más fuertes. Desde aquella ocasión en que papá llegó a despertarme súbitamente, para dejarme en manos de aquel monstruo, la noche para mí era sinónimo de peligro, de dolor y de terror. Y aunque llevo años trabajando esas secuelas con terapias, meditaciones y ejercicios, logrando superar mi miedo, reconozco que aun hoy, la noche ejerce cierta presión en mis emociones y tengo menos paciencia ante cualquier situación durante esas horas de oscuridad. Sin embargo, esa consecuencia no se compara con las que padecía en aquella época y que paralizaban mi vida.

El subterráneo de aquella casa tenía dos cuartos, una sala y una cocina con comedor. Y cada noche, cuando mi esposo se iba a trabajar, comenzaba la pesadilla para mí. De inmediato, me encerraba en mi cuarto y ponía el seguro. Era tanto mi miedo a salir de allí o que alguien entrara, que incluso, llevaba conmigo una bacinilla para poder orinar sin tener que moverme de aquella habitación. ¡Tenía terror! Realmente era muy difícil estar sola.

Otro cambio que me golpeó duramente es que la relación con mi marido pasó del romanticismo que tuvimos durante nuestro noviazgo a la triste realidad de los celos y el comportamiento machista, tan propio en nuestra cultura. Vicente dejó de ser ese príncipe azul que me había enamorado con sus galanterías para convertirse en el típico macho parrandero y mujeriego. Comenzó a salir por las noches, hasta altas horas de la madrugada, tal como suelen hacerlo muchos hombres una vez que se casan, como si eso fuera parte del matrimonio. Todo eso me hacía las cosas todavía más complicadas. Seguía viviendo afectada por mi historia, por mi niñez y a partir de entonces, también por las malas costumbres de la vida adulta.

Aquella trágica noche... una y otra vez

El miedo seguía allí, muy dentro mío, persiguiéndome constantemente. Y era una pesadilla que duró años. Pero, de una u otra forma, lograba pasar esas horas terribles en que la soledad se aliaba a la oscuridad, en medio de un barrio peligroso, para hacer de mis veladas una experiencia desagradable. Sin embargo, cuando se trataba de noches difíciles nada se comparaba a la tarea de cumplir como mujer, pues aquello era revivir mi tragedia de manera constante.

Puede que estés pensando que me refiero a "revivirla" metafóricamente hablando, pero no es así. Como te comenté anteriormente, mi historia de violación corrió de boca en boca en el pueblo donde vivía y en los alrededores. ¡No hubo prácticamente nadie que no se enterara de lo que me había ocurrido y Vicente no fue la excepción. Él sabía todo lo que me había pasado, pues su padre en algún momento se lo hizo saber, quizás con buena intención, para que me tuviera más paciencia o consideración. Pero terminó con un resultado completamente opuesto.

Mi marido, quien había comenzado a portarse mal, cada vez empezó a ser también más exigente conmigo en la intimidad. Él había sido el primer hombre "escogido" en mi vida y el único hasta entonces. Y si bien, desde que comencé a tener relaciones con él, había tratado de portarme lo mejor posible, dentro de mi escaso o, quizás, nulo conocimiento de la sexualidad, mis intentos se debían a mi convicción de que eso era mi papel como mujer. Era completamente sumisa.

Aunque mi madre siempre fue extremadamente extrovertida y abierta, y una mujer a la que le fascinaba hablar de sexo, hasta ese momento jamás habíamos tenido una conversación franca y sincera al respecto. Ni siquiera habíamos tocado el tema de cómo se supone que podría enfrentarme al momento de la intimidad después de haber pasado por una violación o lo distinto que era entregarse a un hombre por amor y qué esperar de él. Todo lo que había experimentado en la cama, hasta ese momento, era completamente orgánico, a la buena de Dios y sin preparación ni lección alguna. Era una mezcla de miedo, sumisión y de seguir las indicaciones de mi esposo. Por esta razón mi vida sexual estaba completamente ausente de emoción, de ternura, de caricias, de deseos y menos aún, de placer. Mi labor en ese instante, era estar dispuesta cada vez que mi esposo me solicitaba, lo quisiera o no y dejarlo hacer lo que él quisiera conmigo. En pocas palabras, cada noche era violada nuevamente. Si bien, el abuso no ocurría como tal de manera física, había abuso verbal y emocional que eran igual de poderosos y dolorosos.

Puede ser que mi escasa experiencia y habilidad en la cama lo decepcionara y se sintiera insatisfecho… La verdad no lo sé; nunca lo supe. Lo único que tuve claro es que conocer mi pasado le servía de excusa para violentarme de manera emocional, pues cada vez que su frustración sexual lo invadía al no conseguir lo que esperaba de mí, se encargaba de recordarme aquella terrible noche de mi infancia. —¿Cómo puedes disfrutar esto? ¿No te acuerdas lo que te pasó?—, me lo decía, constantemente, como si no tuviera el recordatorio suficiente en mi memoria instalado de por vida.

No sé si ésa era su manera de asegurar que mi autoestima permaneciera por el suelo, en su intento machista de mantenerme bajo control, para que no tuviera la tentación de mirar a otros hombres, pues a esas alturas se había convertido en un marido extremadamente celoso y posesivo. ¿Por qué alguien que se supone que te ama, puede usar algo tan sucio y triste para restregarlo a diario en tu cara? ¿Por qué una crueldad así? ¿Qué sentido tiene? Más aún, ¿cómo podía pensar siquiera que tenía alguna posibilidad de disfrutar de la intimidad con él? ¿Cómo se puede mantener viva una relación y la llama del amor de esa manera? ¡Es imposible! ¡Es literalmente como dormir cada noche con el enemigo!

La razón que él haya tenido, lo cierto es que no dejaba que la historia de mi niñez quedara en el olvido, porque se encargaba de recordármela. Cada noche, ¡a cada instante! Y eso, en mi mente, en mi cuerpo y hasta en mi alma, era como ser violada una y otra vez, pues lo único que él lograba era hacerme revivirlo.

Nunca sentí placer ni una mínima cuota de agrado. Hasta hoy me cuesta recordar esos momentos porque cada acción era una tortura para mí. Pero estaba convencida de que era mi papel como esposa y frente a eso no había nada más que hacer. "No importa. Voy a hacer que mi matrimonio funcione como sea. No voy a divorciarme como mi mamá lo hizo", pensaba. "Voy a hacer hasta lo imposible por sacar este matrimonio adelante". No había espacio para pensar en divorcio, especialmente después de tener a mi primer hijo. Estaba dispuesta a lo que fuera por seguir adelante.

Cuando el río suena...

Después de un tiempo casada y haciendo malabares para sobrellevar mi maternidad, comencé a estudiar y a trabajar como asistente médico (ya te hablaré en detalle de esas etapas de mi vida). Y el trabajo fuera de casa, de alguna manera me había dado cierta fortaleza y seguridad; quizás no la suficiente, pero al menos, había funcionado como un peldaño en la escalera de mi crecimiento.

Pensé que las cosas marchaban dentro de lo normal. Nunca había llevado una vida en pareja maravillosa, pero a fin de cuentas, era la única que conocía, por lo tanto, no tenía un punto de comparación. Sin embargo, mis intenciones de seguir dando la pelea para sacar mi matrimonio adelante continuaban intactas.

La batalla por seguir casada no era sencilla. Muchas veces los desengaños y el mal trato que recibía simplemente me aplastaban emocionalmente. Y hubo muchos, ¡muchísimos!

Recuerdo una ocasión en particular, que ocurrió precisamente el día de mi cumpleaños. Para mi sorpresa, cuando nos levantamos por la mañana, mi esposo me dijo que después del trabajo, me arreglara y lo esperara lista para salir a celebrar. Supuestamente iríamos a cenar y luego a bailar, uno de mis grandes placeres. ¡Estaba sorprendida y feliz! Por eso, apenas terminé mi jornada por la tarde, me maquillé, me puse el vestido más bonito que tenía, me peiné y estaba lista para una velada romántica. Pero cuando él llegó se instaló a ver la televisión con una cerveza en la mano, como lo hacía siempre. Me apresuré todo cuanto pude para no hacerlo esperar. Sin embargo, estaba lista y no veía ningún movimiento de su parte. —Amor, ¿no te vas a cambiar?—, le pregunté finalmente.

—¿Cambiar para qué?—, me respondió.

—Para salir como quedamos... ¡Ya estoy lista!

—No vamos a ir a ninguna parte. Ya no tengo ganas—, dijo a secas. Y no hubo nada que hacer al respecto. Mi plan de celebración se había cancelado sin saber la razón. No habíamos discutido, no me había tardado más de la cuenta... No había un motivo aparente, excepto su decisión de cambiar los planes. Recuerdo que me senté frente a la ventana a llorar durante horas. Miraba las luces de la calle y pensaba en lo miserable que me sentía. Completamente humillada y despreciada por la persona con la que estaba compartiendo mi vida. Una noche que se suponía era para festejar la vida, se había convertido en una extremadamente triste.

Lo más complicado era enfrentar sus insultos y celos enfermizos por todo y por nada. Tenía pánico a salir a la calle con él porque constantemente me acusaba de estar mirando a otros hombres, algo que jamás sucedía, pero por alguna razón siempre resultaba una discusión por ese tema. Con el tiempo, la experiencia y luego de años de terapias psicológicas, entendí que esa conducta es típica en aquellas personas infieles. La inseguridad y los celos son un reflejo de nuestra propia conducta. Una persona celosa es tan insegura que vive buscando la satisfacción. Es su propia carencia interior la que la mantiene en esa búsqueda permanente. Y vive celando a su pareja en respuesta a su propio miedo. Como dice el refrán: "el ladrón juzga por su condición". Y el celópata o la celópata miden con la propia vara que en el fondo de sus corazones saben deberían ser medidos: por su propio comportamiento.

Siempre supe y había rumores de que mi esposo me era infiel. Pero no tenía la certeza o bien, no quería ver la verdad. Pero al poco tiempo de que naciera Jeff, mi segundo hijo, me enteré que me había engañado con una de mis amigas y compañera en la consulta del primer doctor con el que trabajé.

Todo ocurrió en una ocasión en que la invité a nuestra casa. Era una mujer muy atractiva y recuerdo que aquel día llevaba puesta una minifalda, con la que por supuesto se veía muy bien. Mi marido estaba embelesado mirándola, sentado frente a ella. Pero hasta ese instante no me había llamado la atención su comportamiento. Luego de cenar, él, con una caballerosidad que no le afloraba desde hacía siglos, se ofreció a llevarla en su auto hasta la estación de trenes, porque la verdad, donde vivíamos no era una zona muy segura. En ese momento, no me pareció sospechoso ni me llamó la atención. En esa época no estaba detrás de él, vigilando sus pasos.

No tuve necesidad de mover un dedo para enterarme de lo que había ocurrido entre ellos. Fue la conciencia de mi amiga la que se encargó de sacar todo a la luz. Ella comenzó a distanciarse de mí y a evitarme. Incluso, cuando mi segundo hijo nació, ni siquiera recibí una llamada de su parte, lo que me pareció muy extraño. Era tan obvio su cambio de conducta que un día la enfrenté y le pregunté por qué se portaba tan extraña y distante conmigo. Fue entonces que me confesó que había estado con mi marido.

Lo más triste de todo es que ésa no era la primera vez que él lo hacía prácticamente en mi cara. ¡Desde el principio había sucedido lo mismo! Sin embargo, yo no reaccionaba. En otra ocasión, que ocurrió con anterioridad, con otra mujer y cuando ni siquiera teníamos a nuestros hijos, visité a mi madre en Queens durante un fin de semana y tuve el presentimiento de que mi esposo me estaba engañando. Así es que decidí regresar antes a mi casa. Llegué a minutos de encontrarlo con su amante en plena acción. La mujer se había ido, pero la cama, o sea, ¡mi cama! estaba hecha un desastre con toda la evidencia fresca de lo que acababa de pasar.

—¿Qué significa esto?—, le pregunté, indignada.

—¡Fue mi hermano!—, me respondió sin tartamudear siquiera. Lo más gracioso es que culpaba a su hermano, ¡que también estaba casado! Lo único que le importaba era escapar de aquel incómodo momento sin mancharse las manos. Pero la historia de que mi cuñado hubiese sido capaz de ocupar nuestra habitación para serle infiel a su mujer y saliera corriendo minutos antes de que yo llegara, por supuesto que no me cuadraba. No tenía ningún sentido y esa vez me pareció que la mentira era demasiado obvia.

Lo negó y lo negó cientos de veces. Pero no le creí ni una coma de sus explicaciones y me puse furiosa. Me sentía inmensamente humillada y ridiculizada. No podía creer que hubiese sido capaz de llegar a tanto, llevando a su amante a nuestra propia casa, teniendo sexo con ella en la cama que compartíamos. Discutimos mucho y las cosas fueron subiendo de intensidad. Le grité y fue entonces que él respondió de manera violenta.

De inmediato tomé mis cosas y me fui a casa de mi mamá. Allí le conté a mi familia lo que había pasado y por supuesto, mis hermanos, estaban como almas que lleva el diablo. Para ellos, quien me pone un dedo encima se convierte en enemigo. —¡Cobarde! ¡Ven y dame a mí! Pero le das a una mujer…—, le dijo mi hermano Julio, furioso, cuando lo llamó para increparlo.

Después de unos días regresé a mi casa y las aguas se calmaron levemente. Tras ese incidente, sin embargo, mi familia le dio la espalda por largo tiempo. ¡No lo querían ver ni por fotos! Y durante un año no lo dejaron participar de ningún evento ni celebración familiar, ¡lo cual es grave tratándose de una familia dominicana, tan unida y fiestera como la nuestra!

Vicente no me volvió a poner un dedo encima, aunque cada vez que se enojaba golpeaba la puerta con todas sus fuerzas. Y es cierto, no me volvió a golpear de manera física, pero emocionalmente me destruía a diario y cada noche. Sus faltas de respeto, sus constantes desplantes y el abuso que repetía cada vez que teníamos intimidad, recordándome el momento más difícil de mi vida, como una burla, eran una herida abierta que cada vez se hacía más y más grande… y sobre todo, más dolorosa.

Mis herramientas

* Convertirse en "traga" libros y audiolibros

Al principio de estas páginas, te mencioné el libro El Poder Del Ahora, de Eckhart Tolle y me verás haciéndolo en reiteradas oportunidades porque honestamente ese texto ¡cambió mi vida! Y aunque no lo descubrí en el momento en que todo esto que te acabo de contar me pasó, fue clave para comenzar a restaurar gran parte del dolor, traumas, rabia, tristeza y el lastre que cargaba a cuestas.

Algo muy curioso de lo que me di cuenta hace poco, es que sin querer y sin contar con la información, ya utilizaba algunas técnicas que el autor detalla en su libro. Por ejemplo, cuando crucé la puerta del aeropuerto, a mi llegada a Estados Unidos y pensé: "aquí voy a ser feliz. Aquí haré algo grande con mi vida", o cuando me decía: "de aquí en adelante sólo pueden sucederme cosas buenas. Ya lo peor pasó, ya viví todo lo malo que me tocaba vivir". Lo hacía de manera innata, sin imaginar que algo tan sencillo como plantearse la idea de que "ya no habrá más dolor" es una poderosa herramienta para crear en nuestra mente esa situación.

Como podrás darte cuenta en lo que te he contado hasta ahora, los malos momentos no se acabaron e imagino que aún me quedan algunos por vivir, porque nos guste o no, son parte de nuestra vida. Pero tal como me lo decía en aquella época, "lo peor para mí efectivamente había quedado atrás", porque nada, por más difícil que haya sido, superó la experiencia de la brutal violación vivida siendo niña. Es cierto que durante muchas noches, con mi esposo revivía aquella historia, pero jamás llegó a ser real ni tan cruel física, mental y espiritualmente como la primera. Es decir, pude ejercer ese poder creador de lo que anhelaba: no más dolor. Lo peor pasó y ahora sólo vendrán cosas buenas.

* ¡No renunciar ante los desafíos!

Durante los primeros años en Estados Unidos aprendí también una lección muy importante: no tirar la toalla ante nada. Aquellos primeros meses en mi nuevo país fueron muy, muy difíciles por no saber el idioma y a veces llegaba a pensar que jamás podría aprender el bendito inglés. Pero día a día se fue haciendo más sencillo hasta lograr comunicarme con otras personas. No era perfecto, pero pude dominarlo. Y es que por más difícil que sea lo que debemos enfrentar, no podemos dejar que la dificultad sea mayor a nuestra voluntad de salir adelante. ¡He conocido tantas historias de personas con limitaciones inmensas que logran acciones increíbles! Lo consiguen porque poseen una fuerza de voluntad que logra trascender lo que sea. Entonces, ¿por qué no hacerlo? Esa manera de pensar me ha llevado a lograr infinidad de cosas que jamás imaginé. Hoy para mí no existe la palabra "imposible" o la frase "no se puede". ¡Siempre se puede lograr!

Cada vez que necesito una inyección de optimismo y coraje para no desfallecer ante un desafío que se me complica, busco alguna historia inspiradora en internet o leo algo que me la dé. Hay decenas de aplicaciones y grupos en redes sociales como Instagram donde encontrar esa inspiración para no rendirse.

También te recomiendo los libros o audiolibros Cómo Construir la Autodisciplina. Resiste tentaciones y alcanza tus metas a largo plazo, de Martin Meadows. Y La Magia de Pensar en Grande, de David Schwartz. Estoy segura que te serán de gran ayuda.

* Enfrentar las emociones

Como también te he mencionado anteriormente, no importa cuántos años pasen tras un evento que impacta nuestra vida, si no lo tratamos, si no buscamos la ayuda adecuada SIEMPRE va a quedar estancado por ahí. Las emociones se van guardando y si no las enfrentamos, las limpiamos y adoptamos un papel de observadores, que nos permita analizarlas y trabajarlas de la manera más objetiva posible, nos van a determinar la vida y de la peor manera. De hecho, hoy son cientos los médicos y científicos que reconocen que en gran parte, las enfermedades son una manifestación de esas emociones que nos intoxican. Por ejemplo, aprender a reconocer mi miedo a la noche o mi necesidad de tener siempre personas alrededor, me ayudó a empezar a superarlas. No fue una misión rápida ni fácil de manejar, pero a través del tiempo logré hacerlo, lo cual me trajo una sensación de libertad y autocontrol indescriptible.

Por eso es vital trabajar las emociones que nos afectan. Al principio, te insisto, busca ayuda profesional. Pero también indaga, investiga, lee, revisa en Youtube, ve a una librería, a charlas en centros comunitarios. Hay muchos, muchísimos recursos disponibles para ti.

* Analizar lo verdaderamente importante

Entender que las necesidades familiares o sociales de "mostrar" cierta forma de vida o "guardar" las apariencias no es lo más importante en la vida, especialmente cuando somos jóvenes. Con esto me refiero a la "obligación" que me impuso mi familia de tener que casarme o bien, dejar a mi novio una vez que se enteraron de que manteníamos relaciones sexuales. ¡No había necesidad de ponernos contra la espada y la pared!

No los culpo, pues entiendo que hicieron lo que en aquel momento consideraron que era lo mejor para mí. Pero son estas acciones las que muchas veces nos llevan a tomar decisiones apresuradas y antes de tiempo, antes de crecer y quemar las etapas como adolescentes, estudiantes y profesionales.

No podemos echar pie atrás hacia el pasado, pero siempre podemos trabajar estos detalles para no cometerlos con nuestros hijos, sobrinos o nietos. Los hispanos somos conservadores y a veces, por mantener un estatus, nuestros principios religiosos o la imagen en nuestra comunidad, queremos obligarlos a cumplir con algunos protocolos, cuando ellos no están preparados ni convencidos de ello. Presionarlos no los hace mejores personas ni más o menos religiosos. Y sin embargo, puede que los haga tremendamente infelices.

* Trabajar en nosotros mismos

Aprender a lidiar con nuestros traumas y autoestima antes de comenzar a torturar a nuestra pareja con celos e inseguridades es fundamental. Como te mencioné anteriormente, después de mucho trabajo conmigo y mi pasado, alrededor de mis cuarenta años logré aceptar, reconocer y trabajar todas aquellas falencias que me hacían una persona insegura que aceptaba el maltrato de mi pareja como algo normal. ¡Todavía tenía que pasar mucha agua bajo el puente para darme cuenta de eso! Pero es vital hacerlo.

Entender que el verdadero amor no crea hombres machistas, así como tampoco da espacio a celos ni infidelidades. Y menos aun, revive el dolor del ser querido como una manera de mantener su autoestima aplastada y controlada. El amor es completamente lo opuesto, pues busca la felicidad, el respeto, la realización y el placer de la otra persona.

Nos equivocamos cuando nos dejamos maltratar. Y lo que es todavía peor, es que cuando intentamos "soportar esas conductas por nuestros hijos", estamos precisamente alimentando esa forma tóxica de llevar adelante las relaciones, enseñándoles el modelo equivocado. ¡No cometas ese error!

MI REGALO

No fue sencillo descubrir mi regalo durante aquellos años y de hecho, tardé mucho en darme cuenta de que había algo positivo en todo eso. Pero sin duda, en primer lugar, la angustia, el miedo a la noche y a la soledad que comencé a sentir una vez que me casé, fueron clave para buscar mi superación personal. Era tanto el deseo de salir de aquella casa, de tener contacto con otras personas y de contar con una actividad que me mantuviera ocupada, que fue el impulso necesario para comenzar a trabajar y a descubrir el poder curativo de valerse por sí misma. Ese primer peldaño como cajera de un local de comida rápida, sin imaginarlo, marcó la base para mi futuro y mi carrera.

Las noches más oscuras siempre traen consigo la luz del amanecer. Es sólo cuestión de saber esperar y de buscar.

" Escanea acá para
ver la galería "

CAPÍTULO

Las piezas de nuestro círculo de hierro

Cada persona que aparece en nuestra vida tiene un propósito. El punto es tener la visión y apertura para descubrir su importancia es nuestra historia y darles el lugar que merecen. A veces se trata de personas destacadas, que aparecen para inspirarnos y descubrir aquello que nadie más ha visto en nosotros. Otras, pueden ser personas absolutamente sencillas, pero cuya tarea es trascendental, pues su sabiduría innata y su amor puede llegar a ser a prueba de cualquier obstáculo, incondicional y para toda la vida. Cada una, en el puesto que ocupa y por el tiempo que sea, es un aporte y dejárselo saber es tan importante como valorar su presencia en el momento en que aparece.

57

Mi gran meta, desde que era chiquita y vivía en medio de la pobreza, con poco espacio para soñar, siempre fue ser doctora. Pero cuando egresé de la escuela, en Estados Unidos, ya había tenido la suficiente experiencia para darme cuenta de que las limitaciones económicas a veces nos alejan un poco de los sueños y el mío era bastante difícil de cumplir. Pero tenía que buscar la manera de estar un poco más cerca de lo quería para no vivir una vida amargada, haciendo algo completamente distinto, en un ambiente que no tuviera nada que ver con la medicina. Entonces decidí tomar un curso para convertirme en asistente médico. ¡Eso era ideal! Se acoplaba perfectamente a mis deseos y a la realidad financiera que tenía, pues incluso, podía estudiarla en una entidad pública, con ayuda estatal o pagando menos.

¡Y es que siempre existe una manera de darle la vuelta a nuestros deseos y metas! Puede ser que no podamos hacerlo tal como anhelamos en un primer intento, pero podemos buscar las vías para realizar algo similar o acceder a oportunidades nuevas que siempre, de una u otra forma, representan un paso más hacia nuestro propósito. Y en esa búsqueda de opciones, aprendí que especialmente en este país, hay cientos, en realidad, ¡miles! de posibilidades de estudio, de formación y de aprendizaje. Es cuestión de indagar.

Lo que más me sorprendió de ese proceso al tratar de buscar una carrera que me permitiera continuar en el área de la salud, es que las opciones eran muchísimo más rápidas y estaban a la mano. Se trataba de dedicarles el tiempo y la atención necesarias para sacarlas adelante. Y así lo hice. Estudié y me dediqué con mucha pasión hasta obtener mi certificación como asistente médico.

Una vez que tuve el título, empecé a trabajar con doctor Sabina, un médico hispano, porque la verdad, mi inglés todavía no era el mejor y tenía un acento bastante marcado que siempre me ponía en aprietos.

Trabajando en esa consulta viví la mayor parte de mi primer embarazo y las primeras lecciones del servicio a los demás a través de la atención de la salud. Estaba contenta en aquel lugar, donde permanecí por alrededor de un año. Pero mis planes eran seguir avanzando y quería, a toda costa, ingresar al mercado americano, pues sentía que era allí donde podría aprender más. Así es que empecé a buscar nuevas oportunidades. Sin embargo, cada vez que iba a una entrevista me hacían notar que el idioma era un problema. "Wow, ¡pero si hablo inglés!", pensaba. Claro, tenía un fuerte acento dominicano, ¿pero eso me hacía menos capacitada para esos trabajos? No lograba entender cómo, en tantos lugares, me negaban la oportunidad de trabajar simplemente por mi acento. Me atormentaba, pero no dejé de buscar e insistir, hasta que encontré a un dermatólogo, el doctor Frank Talersio, que se arriesgó y me la brindó.

No se arrepintió de haberlo hecho, porque puse toda mi energía en aprender, en ser responsable y en devolver de alguna manera su voto de confianza. Durante cuatro años trabajé con él, absorbiendo toda la información que podía.

En esa etapa nacieron mis dos hijos mayores: Franco y Jeffery. Y sin lugar a dudas, marcó un gran aprendizaje para mí, especialmente al mostrarme lo trascendental que son aquellas personas que rompen el molde del resto y confían en nosotros cuando estamos en busca de esas primeras oportunidades. Ambos doctores con quienes comencé mi carrera, me mostraron ese lado humano tan valioso y que necesitamos conservar por el resto de nuestras carreras, cuando nos toca a nosotros estar a ese lado de la vereda.

Gloria: mi ángel… De México, con amor

A lo largo de mi vida he tenido la bendición de contar con verdaderos "ángeles" que aparecen en mi camino en las formas más diversas y en ocasiones, hasta difíciles de reconocer. Pero siempre "cayeron del cielo" en el momento adecuado. Así me sucedió con Gloria, mi querida amiga.

Una vez que comencé a trabajar en las consultas médicas, con dos niños pequeños y un marido exigente en cuanto a cómo llevar un hogar, tuve que buscar ayuda para poder con todas mis responsabilidades. En una primera etapa lo único que hice, fue contratar a una persona que me ayudara a limpiar mi casa semanalmente, pues, era para lo que me alcanzaba el dinero. Con el tiempo, sin embargo, se hizo insuficiente y necesitaba a alguien que también me diera una mano con los niños. Y fue la misma muchacha que me ayudaba en casa la que me recomendó a la que ella pensó, era la persona correcta, ¡y ha sido mucho más que eso!

Hacía tan sólo un par de semanas que Gloria había llegado de su México natal. Y como la mayoría de quienes llegamos a este país, también lo hacía con una maleta inmensa cargada de sueños. Allá había estudiado peluquería y belleza, por lo tanto, su intención era trabajar idealmente en lo mismo, juntar algo de dinero y regresar a su tierra para montar su propio salón. En la actualidad lleva más de treinta años en Estados Unidos y difícilmente tomaría el camino de regreso… tal cual nos sucede a muchos.

Lo cierto, es que Gloria originalmente tenía una oferta de trabajo, pero una vez acá las cosas cambiaron y el puesto se desvaneció. Le urgía encontrar algo en qué ganarse la vida y aunque encargarse de unos niños no había sido su plan original, desde el primer instante pude notar que tenía un magnetismo natural para los más chiquitos. Mi hijo Jeff, que entonces apenas tenía unos cuantos meses, quedó hipnotizado con ella y con Franco también fue un cariño instantáneo, por lo tanto, no había nada más que hacer: era la persona correcta. No tuve necesidad de seguir buscando.

Mi conexión con ella también fue inmediata. No sólo se convirtió en la persona de mayor confianza en mi vida, pues era quien tenía a cargo el cuidado de mi mayor tesoro, sino que también llegó a ser mi mejor amiga, mi confidente y muchas veces, una segunda madre, pues, sin sus consejos, su compañía y su apoyo incondicional, nada de lo que vino de ahí en adelante, tanto a nivel personal, familiar y en lo profesional, habría podido ocurrir. Gloria fue y sigue siendo una persona fundamental en mi vida… ¡En nuestras vidas!

¡Ni qué decir cómo esa mujer maravillosa nos ha consentido desde el primer momento! Como buena mexicana, la sazón le brota de sus manos en forma espontánea ¡y nadie cómo ella para hacernos desayunar con los mejores huevos rancheros, el café más exquisito y las tostadas más sabrosas del mundo! Hasta el sol de hoy, todos estamos rendidos a los poderes culinarios de Gloria, que con un cariño y habilidad impresionantes sabe siempre cómo quitarnos la tristeza, el mal de amores o las preocupaciones de encima con algo delicioso, sumado a una conversación franca y sanadora. ¡Ella es una verdadera bendición!

Tan vital se fue haciendo mi Gloria querida, que un par de meses después de empezar a trabajar en casa, comenzó a vivir con nosotros. Por aquella época teníamos una casa en Yonkers, en la que poco a poco nuestro clan se iba extendiendo, no sólo con nuestros hijos, sino con la familia y los amigos. Mi mamá, de hecho, también se había mudado allí, así es que el ambiente comenzaba a ser más parecido a lo que siempre tuve a mi alrededor.

Lo curioso del caso, es que a pesar de tener a mi madre conmigo, mi relación con ella no era tan cercana como la que tuve con Gloria desde el primer instante. Creo que hay personas con las que simplemente se da algo mágico y no importa cuánta agua corra bajo el puente de esa relación o si el paso del tiempo las aleja físicamente, siempre existe un vínculo casi inexplicable, incapaz de romperse. Pues con Gloria se dio de esa manera y se convirtió en mi confidente. Con mi madre, en cambio, nunca tuve una conexión tan poderosa. Especialmente en aquella época, todavía mi corazón guardaba mucho resentimiento por el tiempo en que habíamos estado separadas, cuando era una niña. Y es que la separación de nuestros padres, por la razón que sea, genera un sentimiento de abandono que es muy difícil de sanar. Se requiere de mucha voluntad, de reconocer nuestra historia y, sobre todo, de una inmensa cuota de comprensión para entender las razones que hay detrás del distanciamiento. Y todavía faltaba bastante para que yo llegara a ese nivel.

Con Gloria, las cosas eran distintas. Además, sentí su cariño y buena disposición desde el principio, por lo tanto, confiar en ella se hizo muy sencillo. Podía expresarle y compartirle todo lo que me pasaba interiormente, incluso, hasta los sentimientos más vergonzosos que sentía en mi alma respecto a mi propio hijo mayor, algo que me atormentaba como madre y de lo que ya te hablaré más adelante.

¡Adoro a Gloria! Es una persona tan humilde, pero con tanta sabiduría y ternura. Recuerdo que cuando recién llegó, su imagen era completamente diferente a lo que es hoy. Usaba unas largas trenzas, unas inmensas batas abotonadas y tenía problemas serios de sobrepeso, pues también guardaba mucha tristeza en su corazón. Siempre he sido el tipo de mujer que se cuida. Me preocupo de mi peso, de mi salud y de mi imagen. Por supuesto, antes no era al nivel que lo llevo hoy en día, pero siempre tuve ese interés y no sólo por mí, sino también por quienes están a mi alrededor. Así es que Gloria entró en ese círculo y juntas comenzamos a trabajar en ella. ¡Era increíble ver su proceso de transformación! Poco a poco fue modificando la manera de arreglarse, fue perdiendo peso y tomando control de su vida.

Cuando comenzó a vivir con nosotros, también empezó a tomar las riendas de la casa en todo sentido, pues me ayudaba en más de lo que se suponía debía hacer. Aunque su labor oficial sólo era cuidar de mis hijos, la verdad es que trataba, a toda costa, de hacer mi vida lo más sencilla y agradable posible. Antes de su llegada, yo era una típica mujer hispana: cocinaba, trabajaba fuera de mi hogar, cuidaba a los niños…Y mi marido, como muchos, también trabajaba, pero cuando llegaba a casa, era el rey y su única tarea era descansar. Actuaba como el típico hombre machista y darse cuenta de que su mujer poco a poco se desentendía de las labores de la casa, lejos de tranquilizarlo, le incomodó.

Hay que saber perder, para aprender a ganar

No cabía duda de que con Gloria en casa la vida para mí era mucho, ¡muchísimo más fácil y agradable! El contar con ella me permitió concentrarme más en mi trabajo y dedicar el tiempo que requería a continuar avanzando. Gracias a eso, poco a poco iba ganando más dinero y las cosas iban mejorando.

Mi primer esposo siempre fue un soñador y se pasaba la vida inventando proyectos, que normalmente, nunca llevaba a cabo. Pero, por aquellos años, seguía con la ilusión de sacar mi matrimonio adelante y quería confiar en cualquier cosa que me diera una mínima ilusión. Por eso seguía poniendo todo de mi parte.

Habíamos ahorrado veinte mil dólares durante algún tiempo y mi esposo volvió a tener una de sus brillantes ideas para poner un negocio. Durante los seis meses que duró con aquel sueño nos mantuvimos con ese dinero. Yo, acababa de dar a luz a mi segundo hijo, así es que estuve un mes sin trabajar, lo cual nos obligó a mantenernos con el cinturón ceñido para poder salir adelante. Finalmente, el negocio no funcionó, el dinero se esfumó y tuve que retomar rápidamente mi vida laboral, pues de otra forma, habríamos tenido serios problemas.

Como te conté en el capítulo anterior, fue mi ex compañera de trabajo que, cuando el cargo de conciencia no la dejó tranquila, me contó su hazaña, acostándose con mi esposo. Por supuesto que, frente a una evidencia así, una cosa era seguir tratando de reparar mi matrimonio, pero otra muy distinta era seguir trabajando con ella al lado. Así es que decidí dejar esa consulta y buscar un nuevo empleo. Ya en ese momento mi acento se había reducido bastante porque me esforcé muchísimo en lograrlo. ¡Ah! Es que si a mí me dicen que me falta sazón, ¡pues ahí mismo le agrego especias! Y es lo que hice. Cuando me dijeron en tantas ocasiones que mi acento hispano tan marcado me perjudicaba, pues me puse de lleno a estudiar para reducirlo. ¡No nos podemos quedar con las flaquezas que tenemos! ¡No podemos estar toda la vida llorando nuestra desgracia! Hay que tomar el toro por los cuernos, lanzarse por lo queremos y pulir cada detalle que podamos para estar bien preparados en nuestra travesía.

Así las cosas, cuando mi inglés estuvo relativamente aceptable, me lancé a lo grande y postulé al mejor lugar que encontré. Un centro médico que cambió mi vida para siempre y comenzó a hacer realidad todos los sueños que tuve cuando crucé la puerta del aeropuerto de Nueva York.

El paraíso de los enfermos… con dinero

Empecé a trabajar en un lugar que era más de lo que nunca imaginé. Se trataba de una de las mejores clínicas de salud de Scarsdale, Nueva York, que además está considerada entre las cinco ciudades más adineradas de Estados Unidos. El centro, además, era reconocido por contar con los especialistas egresados de las universidades más prestigiosas del país en medicina y por lo tanto, sus pacientes eran la crema y nata de la zona, mayoritariamente americanos. ¡Ya te podrás imaginar el nivel de lugar! ¿Qué hacía allí una dominicana, oriunda de la parte más pobre de Licey al Medio? Pero ahí había llegado y de hecho, fui la primera hispana que contrataron y estaba decidida a aprender todo cuanto pudiera.

A esas alturas, mi devoción por continuar con mi matrimonio contra viento y marea estaba "haciendo agua" y poco a poco el barco en el que ambos íbamos por la vida estuvo a punto de naufragar. ¡Y es que habían pasado tantas cosas! Diariamente recibía algún comentario negativo, había algún problema de parte de mi esposo o él lo inventaba para tener motivos para discutir. Tan sólo el hecho de que trabajara fuera de casa, contrario a ser algo valorado por él, era una razón más para crear líos. Y más aún, contar con la ayuda de Gloria y la presencia de mi mamá, pues lo consideraba una falta a mis labores como mujer y ama de casa. Incluso, muchas veces tuvimos enormes peleas porque veía como una falta de atención, de respeto y de dedicación que Gloria se encargara de servirle la cena. Eso era un agravio tremendo para él y diariamente había momento amargo y complicado. Todo eso me había empujado a querer acabar con esa historia de una buena vez. Pero debía prepararme pues no estaba sola: tenía dos hijos pequeños que dependían de mí.

Cuando comencé mi nuevo trabajo ya estaba decidida a dejar a mi esposo por todos los problemas que teníamos, pero si hay algo que me empujó todavía más fueron sus infidelidades. Lo confronté muchas veces, pero por supuesto, sus respuestas eran negativas, tratando de defender lo indefendible y lo que hacía tiempo yo sabía. Y aunque el amor que le tuve al principio ya prácticamente se había desvanecido, no por eso el proceso se hizo más fácil. Cuesta mucho superar la vergüenza, el sentimiento de menosprecio y el golpe tan fuerte a nuestra autoestima que deja la infidelidad. Ése fue el golpe final para decidir divorciarme. Ya a esas alturas no podía seguir con él, pues no le tenía ni el más mínimo ápice de confianza.

Algo que comencé a entender a esas alturas de mi vida es que, si había durado tantos años sufriendo, pues daría el paso final cuando estuviera lista. Desde muy chiquita había aprendido a esperar el momento adecuado para los cambios. Lo había hecho esperando recuperar a mi familia cuando quedé sola en República Dominicana, también lo hice esperando poder salir del país y comenzar una nueva vida en Estados Unidos… Sabía que para tomar decisiones sabias hay que prepararse. Y tenía que enfocarme en eso. Así es que empecé a trabajar en ese centro médico como asistente y a poner toda mi energía en aprender para seguir creciendo.

El médico que sanó mi alma

Gabriel, con quien empecé a trabajar en aquel lugar, fue y sigue siendo una de las personas más importantes de mi vida, pues fue el gestor de la base de mi desarrollo a nivel profesional, la persona que me dio las directrices por dónde desarrollarme, dónde buscar la información, qué hacer, cómo proceder, pero sobre todo, sanó mis heridas más profundas y cambió radicalmente mi autoestima, lo cual es la clave del éxito en todo.

Lamentablemente muchos padres y madres criamos a nuestros hijos aplastando sus virtudes, sus capacidades y talentos. Puede que te estés preguntando: ¿quién, en su sano juicio haría algo así? Pues lo hacemos más seguido de lo que piensas, incluso, sin mala intención. Y es que estamos más acostumbrados a destacar lo malo, los defectos y errores de nuestros pequeños, que a resaltar aquello bueno, que es donde deberíamos poner atención. ¡Ése es el molde cultural que tenemos! Mi mamá, sin saberlo, también lo había hecho conmigo. Sé que ella no sospechaba el daño que me estaba haciendo, pero era una persona que se concentraba en resaltarme todo lo que "no hacía" o "hacía mal", de acuerdo a su criterio. Y no me refiero a la manera en que había actuado conmigo en mi infancia, sino incluso, durante mi vida de adulta. Me criticaba como madre, como esposa, ¡como todo! Lo mismo ocurría con mis hermanos. Algo de lo cual ni siquiera me había percatado, hasta que conocí a Gabriel. Él fue la primera persona que me demostró admiración, respeto y me hizo notar mis virtudes y mi capacidad intelectual.

—¡Pero qué inteligente es esta muchacha!—, decía, cada vez que le demostraba que había memorizado alguna técnica o procedimiento que me acababa de enseñar.

Desde que llegué a ese lugar, demostré que era una persona con muchos deseos de progresar y de aprender. Comencé como asistente médico, pero atendía a todo lo que me pidieran hacer. No me importaba si estaba dentro de mis actividades oficiales. Lo mismo cumplía si me solicitaban ayuda en otro departamento o que limpiara alguna consulta. Todos los doctores empezaron a percatarse de mi buena voluntad y dedicación con el trabajo. Sin embargo, nadie me lo hacía notar como Gabriel.

Sus especialidades eran Medicina Primaria, Oncología y Hematología. Lo admiraba muchísimo. Y comenzó a enseñarme todo cuanto podía en las distintas áreas. De hecho, en esa época, los asistentes médicos podíamos mezclar la medicina de quimioterapia y lo hacíamos en las mismas consultas y él, me enseñaba todo lo que podía hacerse al respecto. Por mi parte, era muy buena sacando sangre y poniendo intravenosas, lo cual era un punto a favor dentro de la clínica, donde había muchos pacientes que lo necesitaban. Me llevaba durante sus visitas a los pacientes y comentaba lo buena que era frente a los demás especialistas. ¡Era la primera vez que alguien reconocía mi talento!

Aproximadamente al año de trabajar allí, comencé a cambiar algunas cosas que no funcionaban bien en la administración de la oficina y a progresar, a tal punto, que con el paso de los años, llegué a alcanzar el nivel de ejecutiva, teniendo apenas una certificación de asistente médico y un asociado de dos años. ¡Pero no vayas a creer que no seguí especializándome! Si bien es cierto, ésa fue mi base de educación formal, influenciada por Gabriel, comencé cuanto curso y clases había disponibles. Cada vez que tenía algo de dinero y de tiempo, lo invertía en mis estudios para ir progresando. De esa manera aprendí administración de oficinas, contabilidad y recursos humanos. Todo gracias a ese hombre especial que supo ver en mí las capacidades que nadie había descubierto… ni siquiera yo.

El pequeño salto de la admiración al amor

Gabriel fue definitivamente un ser de luz en mi vida. Cada palabra suya y cada conversación se fueron convirtiendo en un alimento que nutría no sólo mi vida profesional, sino también la personal. Admiraba su modo educado, la forma en que se desenvolvía en su trabajo, su capacidad intelectual e, incluso, su faceta como padre. ¡Era el mejor que había conocido! Uno completamente dedicado a sus hijos —un varón y una niña— a quienes trataba con una dulzura que jamás había visto en un hombre. De mi historia con mi padre no me había quedado sino el recuerdo de sus borracheras y el inmenso dolor de saber que me había entregado a un desalmado para que me violara, a cambio de algún favor. Y de mi esposo, en esos momentos tampoco tenía la mejor imagen paternal. Todo lo contrario, pues si había algo que me encogía el alma era la manera tan fría en que trataba a nuestros hijos. No sólo eran mi padre y mi esposo los modelos que no coincidían con el de Gabriel, sino todos los que veía en nuestra comunidad, incluyendo a mis hermanos y al resto de mi familia, que siendo padres relativamente amorosos, no se acercaban ni remotamente a lo que observaba en él. Por lo tanto, ver a ese hombre maravilloso cómo se dedicaba a sus hijos me enternecía al máximo. Incluso, toda su apretada agenda estaba pautada de acuerdo al horario de sus pequeños. Su hijo, por ejemplo, pertenecía a un equipo de hockey y todo su horario en la clínica giraba en torno a sus partidos.

Aunque Gabriel era diecisiete años mayor que yo, poco a poco comencé a pasar de la mera admiración a un sentimiento mucho más profundo. Muy a pesar de mis convicciones, comencé a enamorarme de él, hasta llegar a un punto en que simplemente lo veía ¡y me derretía!

A la única persona que podía comentarle sobre esos sentimientos, que me hacían sentir la peor mujer del mundo, por estar enamorada de un hombre casado, era a Gloria. Ella me escuchaba pacientemente, sin juzgarme. Me veía llorar y atormentarme por la vida que llevaba en casa y por este amor que sabía, era imposible.

Ciertamente ya había decidido divorciarme y estaba buscando la oportunidad de hacerlo, estabilizando mi vida económicamente, para poder llevarme a Gloria y que me ayudara con mis hijos. Pero no podía en ese momento. Lo que hice entonces, fue separarme de mi esposo, pero seguí viviendo en la misma casa. Y antes de poder mudarme de manera definitiva, estuve ocho meses durmiendo en el cuarto de Gloria, donde se afianzó aún más mi relación con ella como mi confidente.

—Gloria, estos sentimientos que estoy teniendo por Gabriel… ¡sé que no están bien!—, le contaba cada noche. Me sentía pésimo, pues siempre me he preocupado por ser una persona honesta, de buen corazón y valores sólidos. —No puede ser esto, ¿cómo voy a enamorarme de un hombre casado?—, le decía. Así es que decidí dejar aquel trabajo y de inmediato empecé a buscar otro, cerca de mi casa.

Pero, cuando finalmente le informé a Gabriel que me iba, no lo aceptó.—¿Es más dinero lo que quieres?—, me preguntó.

—No, no es por dinero—, respondí.

—Es que tengo que entenderlo. ¿Alguien te está molestando en este lugar?—, siguió cuestionándome.

—No, no puedo decirte—.

—No puedo dejar que te vayas—, me insistía. Aunque tenía otras asistentes, yo había llegado a ser alguien muy importante para él. Y ese día no me iba a dejar renunciar hasta saber la verdad.

—¿Sabes qué pasa? Me estoy enamorando de ti, pero eres un hombre casado ¡y también estoy casada! ¡No puedo tener estos sentimientos!—, le dije finalmente y quedó asombrado. Nunca se imaginó que su asistente, de apenas veinticinco años, pudiera sentir algo así.

—Sí, es verdad, estoy casado. Y no voy a negar que me hace sentir muy bien saber que tienes esos sentimientos. ¿Quién no? Eres una mujer bella. Pero no te preocupes, no pasa nada. Precisamente, como estoy casado, voy a buscar la forma para que te sientas cómoda. Seguramente sientes esto porque me admiras y ya—, me dijo, bajándole el perfil a las cosas y me convenció para quedarme.

Todo parecía haberse solucionado. Se encargaría de poner paños fríos para que yo bajara de la nube y dejara de pensar en él. Pero fue todo lo contrario. Comenzó a llegar más feliz que de costumbre al trabajo, intentaba no hablar de temas familiares, como lo hacía antes, empezaron sus miraditas de complicidad, me sonreía de manera diferente y comenzamos a conectarnos de otra forma. Sin darnos cuenta, empezamos una relación que duró ocho años y en la cual me enamoré completamente.

La magia del amor tiene distintos matices

Unos tres meses después de confesarle mis sentimientos, Gabriel y yo nos besamos por primera vez. No fue sencillo para ninguno de los dos llegar a ese momento, pero ambos teníamos razones o "excusas", si prefieres llamarlo de esa manera, para tomar el riesgo. Él también estaba en medio de una relación fría, como muchas, la cual mantenía en beneficio de sus hijos. Y sé que puedes estar pensando "pero esta mujer creyó el típico cuento que usan los infieles"… Lo sé. Suelen usar esa historia, pero por todo lo que sucedió luego, pude confirmar que, en su caso, era verídica. Llevaba cinco años sin conexión con su esposa y no se trataba sólo de sexo, pues tampoco lo tuvimos durante mucho, muchísimo tiempo, sino que él, al igual que yo, también estaba carente de amor.

Ahora, cuando reviso mentalmente aquellos momentos, me doy cuenta que me enamoré de su alma. En gran parte veía en él al padre que no tuve. A ese ser dulce y amoroso, capaz de sacar lo mejor de nosotros, de protegernos y empujarnos con ternura para ir por más en la vida.

Era un hombre que sin ser perfecto, conmigo podía abrirse de una manera que no se permitía frente a los demás. De hecho, era una persona extremadamente dulce y tierna, pero con el resto, incluyendo al personal y a los pacientes, era famoso por su actitud dura, sarcástica, fuerte y muy controversial. Mi papel en su vida fue precisamente mostrarle que esas actitudes no le hacían bien a su imagen y a su vida en general. Pude enseñarle a tratar a los demás con el mismo respeto, paciencia y ternura que tenía conmigo. Me convertí en su llamada de atención o una especie de luz roja de alerta, cada vez que aparecía el ogro que a veces tenía oculto en él.

—¡Mira cómo le respondiste a ese paciente! No necesitas tratarlo de esa manera—, le reprochaba.

—¿De verdad sientes que fui demasiado duro?—, me preguntaba.

—¡Claro que sí!—, le insistía y él, de inmediato cambiaba su trato. Poco a poco lo empecé a hacer tomar conciencia de aquellos detalles. Y comenzó a ser otra persona, más afectuosa, más paciente… Todos quedaban asombrados al ver el cambio en él, más conectado espiritual y socialmente. Le regalé también la alegría del baile, porque la danza es uno de mis placeres culpables, que me ha dado grandes satisfacciones. Él, en cambio, era una persona muy convencional y religiosa, que nunca se había dado la oportunidad de bailar o de divertirse de esa manera, ¡hasta que llegó esta dominicana a su vida, con toda su sazón!

Puedo decir con honestidad que Gabriel llegó a ser el amor de mi vida. Una persona por la quien daba mi vida por todo lo que me enseñó, me estimuló y fomentó. Mi desarrollo profesional jamás habría llegado al nivel que lo hizo si él no hubiese visto el talento, la inteligencia, el esfuerzo y las capacidades que hasta entonces yo misma desconocía en mí.

Curando el dolor

Gabriel ayudó muchísimo a mi desarrollo profesional en esos primeros años, pero si hay algo que realmente le agradeceré por el resto de mis días, es haberme ayudado a curar el dolor y el daño tanto físico, como sexual y emocional que me había dejado la violación y el abuso constante. Él fue el hombre que tuvo la paciencia, la delicadeza, la sabiduría y las técnicas que me sirvieron para curar mi alma de mujer.

Cuando comenzamos la relación, ya me había mudado a mi propio apartamento y había comenzado mis trámites de divorcio. Y cada vez que mis hijos iban con su papá, me encontraba con Gabriel, que, muy a mi pesar, seguía casado. Así es que era un amor completamente clandestino, una relación prohibida.

Nos íbamos a un parque a hablar durante horas. Así conocí toda su vida y él conoció la mía de principio a fin. Descubrí, incluso, aquellos sentimientos más oscuros o negros, que todos tenemos, pero no queremos sacar por miedo a que nos juzguen. Él no sentía ese temor conmigo, porque sabía que nunca lo haría y era una confianza mutua.

Nuestra relación fue bajo la más absoluta honestidad. No había nada oculto o a medias tintas entre nosotros. Por lo tanto, lo primero que hice fue contarle lo que me había sucedido durante mi infancia, con aquel desalmado y todo lo que había pasado también con mi ex esposo. Él también tenía sus propios bemoles que le habían complicado su vida marital. Con toda esa realidad frente a nosotros, decidimos no tener sexo hasta estar realmente seguros de lo que sentíamos y conocernos plenamente. Y comenzamos una relación netamente afectiva, romántica, de compañerismo a prueba de todo, pero sin relaciones íntimas, completamente tierna.

¿Se puede ser amantes sin sexo de por medio? Pues sí, doy fe de eso y puede ser una experiencia absolutamente maravillosa como lo fue para mí. De hecho, eso ayudó a que la relación se hiciera mucho más profunda y hermosa, porque nos dedicábamos a hablar y a descubrirnos. Sólo saber que me iba a encontrar con él me generaba mariposas en el estómago y todas las emociones que uno puede llegar a sentir. Era lo máximo, aunque durante dos años no sobrepasáramos la barrera de los besos y las caricias.

Con el tiempo, como si fuera una relación "a la antigua" y muy formal, fuimos avanzando paso a paso, sin prisas, pero sin pausas. Comenzamos con caricias más intensas que paulatinamente iban escalando como si fuéramos dos adolescentes pacatos. Y es que no era sencillo para ninguno de los dos. Yo, era una mujer que hasta entonces no sabía cómo sentir. El placer en la intimidad era una experiencia totalmente desconocida para mí. Y él, de alguna forma, también sentía el temor de sus experiencias anteriores.

Cuesta mucho ser honestos en materia sexual. Pocas parejas son capaces de abrirse a tal punto de contarle a su compañero o compañera exactamente lo que sienten, lo que anhelan y necesitan para satisfacerse en la intimidad. Y eso es el mayor problema. Con Gabriel no lo teníamos, pues si bien, cada uno había llegado hasta ese punto cargando con sus propios contratiempos, también los habíamos puesto sobre la mesa desde el principio. No teníamos expectativas uno del otro y eso, era un gran punto a favor. Sumado a la honestidad y a la paciencia de ambos, era cosa de tiempo para que todo empezara a funcionar de manera absolutamente orgánica. Y así sucedió.

La del mayor problema, sin lugar a dudas, era yo. Y hablábamos muchísimo de mi pasado. Poco a poco, pasados esos primeros dos años, nuestros encuentros fueron avanzando y él comenzó a enseñarme cómo conectarme con mi cuerpo. No era una tarea sencilla, pues cuando tenemos experiencias de violencia sexual, como en mi caso, una de las maneras que nuestro subconsciente utiliza para sacarnos adelante y seguir avanzando con nuestras vidas es separándonos de nuestra parte física. De hecho, creo que eso fue precisamente uno de los mecanismos que, sin saberlo, utilicé la noche de mi violación, que sumado al alcohol que me había hecho beber aquel hombre, me hacía salir de mi cuerpo cada cierto tiempo, evitando tener mayor conciencia de todo lo que estaba ocurriendo conmigo. Eso me ayudó a sobreponerme al dolor físico y a controlar el terror que sentía. Sin embargo, es un arma de doble filo, pues, con el tiempo, si no aprendemos a reconectarnos con todo nuestro ser, seguimos viviendo separados en cuerpo y alma, entre nuestro "yo" físico y nuestras emociones. Y trabajar en eso fue un proceso largo. ¡Había tanto por hacer! Pero Dios puso a la mejor persona para lograrlo, pues Gabriel, con su paciencia, ternura y experiencia médica —todo en combinación— pudo lograrlo.

Empezamos a conectarnos fuertemente a medida que pasaba el tiempo. Él me acariciaba mucho, destacando siempre lo linda y lo especial que me encontraba.— Ese cuerpo tuyo es como un templo—, me decía constantemente. Y había un ejercicio muy especial que realizaba conmigo, el cual me ayudó muchísimo. Recuerdo que solía ponerme frente a un espejo, donde iba recorriendo conmigo todo mi cuerpo, desde el cabello hasta los pies, suavemente, muy despacio. Me hablaba y me decía lo hermosa que era, detallando en cada aspecto de mí: desde el color de mis ojos, la textura de mi piel, el olor de mi pelo, mis formas, mis curvas, ¡absolutamente todo! Reconozco que al principio, me parecía un juego un poco extraño, muy seductor, pero algo incómodo. ¡No estaba acostumbrada a mirarme con aquel detalle! Y menos, a "admirarme". Pero precisamente de eso se trataba, de aprender a descubrirme y a amarme, tal como era, tal como soy. Ése era el primer paso para disfrutarme y disfrutar de mi sexualidad en mi plenitud.

Todo me lo explicaba desde su perspectiva médica y también de la sensual. Para muchas personas esto puede resultar fuerte o incómodo, pero si lo piensas objetivamente, esa reacción se debe precisamente a la falta de información que hemos recibido durante nuestras vidas, especialmente las mujeres. Y la escasa que nos ha llegado, suele venir vestida de morbo y abuso, ¿cómo podemos entonces tener una vida sexual saludable, sin asustarnos o sentirnos sucias?

En mi caso, además, estaba completamente destruida cuando se trataba del tema sexual, tras el abuso y tras diez años de vida en pareja sin motivación y sin la preocupación de mi esposo para que lograra superar mis traumas y sentir la maravillosa conexión que se supone debe haber durante el sexo. Para mí, todo era como comenzar de cero. No en vano, mucho antes de poder llegar a todo ese proceso, tuve que superar los mayores obstáculos: mis recuerdos. Por ejemplo, tal como te conté en el primer capítulo, cuando me desperté ultrajada aquella noche de terror, me fui al baño, me tiré al suelo y me puse en posición fetal, mientras mi cuerpo temblaba, no paraba de llorar y de sangrar. Pues ese episodio se quedó conmigo durante todos esos años. Hasta ese momento era como una película que se repetía constantemente.

A veces, sin darme cuenta, como sonámbula, esas imágenes venían a mí y repetía ese episodio. Me levantaba y me iba al baño, me sentaba en el suelo y volvía a aquella noche, con toda la secuencia de hechos en mi mente. Me pasó en reiteradas ocasiones cuando estuve con Gabriel. Entonces, con mucha ternura, él se acercaba al baño y me cargaba en sus brazos, hablándole a esa pequeñita que emocionalmente era en esos momentos:—Estás bien y estás empoderada. Estás a salvo. Te amo…—, me decía. ¡Y ésas eran las frases más bellas del mundo! Precisamente las que mi alma rota necesitaba escuchar para pegar esos pedacitos y sanar. De hecho, con el paso del tiempo, estando con él, esos episodios paulatinamente dejaron de repetirse.

Un par de años después de haber comenzado nuestra relación, tuvimos por fin la oportunidad de conectarnos sexualmente en pleno y a un nivel impresionante. Fue una bendición no sólo para mí, sino para ambos. El tiempo que nos habíamos tomado para conocernos de verdad y en profundidad, para descubrir tanto nuestros lados buenos, como aquellos oscuros, para aceptarnos con la más absoluta honestidad no había sido en vano y nos había sanado interiormente, dejando que ese crecimiento se manifestara en forma física. Él superó sus propios demonios y yo, mi pasado. Ambos nos pudimos ayudar y sanar.

Siempre recuerdo que había una canción que sonaba en aquella época que dice: "You make me feel it like a natural woman". Siempre que la escuchaba, pensaba en él, pues la verdad no me sentía mujer hasta que llegó a mi vida y tuvo la paciencia durante años para reconstruirme. ¡Tuve la bendición de que ese hombre maravilloso se cruzara en mi camino! Realmente me "creó como mujer" y es el mayor regalo que pudo darme.

Mis herramientas

* Enfoque en lo positivo

De esta etapa de mi vida, aprendí el valor de destacar siempre lo mejor en otros. Ya sea dentro de nuestra familia, en el trabajo, con nuestras parejas, ¡con todo quien se nos cruce en la vida! Destacar los errores no ayuda a mejorar, al contrario, generalmente aplasta el autoestima, especialmente en nuestros hijos. No existe ser humano en el mundo que no tenga algún don, capacidad o algo bueno que ofrecer. Poner atención en eso es la piedra angular del empoderamiento y de ahí en adelante, no existe límite de cuán alto se pueda llegar.

* Brindar esa primera oportunidad

Nadie sabe qué tan lejos puede llegar una persona en nuestra vida, si no le damos esa primera oportunidad. Cuando Gloria llegó a la mía, pude haber escogido a otra persona, pensando en que sus planes eran estar sólo un tiempo en Estados Unidos, que no tenía experiencia formal cuidando niños o cualquier otro detalle. ¡Y me habría perdido del regalo maravilloso no sólo de su ayuda con mis hijos, sino de su amistad incondicional! ¡Vale la pena aventurarse a descubrir a los demás! Podemos equivocarnos muchas veces, pero siempre habrá quienes valgan el riesgo.

* Cuidarse y prevenir problemas

No pretendo que termines estas páginas pensando que no existe persona fiel y que para iniciar una relación debes andar con un cuchillo entre los dientes para defenderte. No es así. Pero independientemente si eres una mujer casada, vives en pareja o las tienes esporádicamente DEBES protegerte y estar alerta SIEMPRE.

Llevo tres décadas en el área de la salud y he visto de todo. Te puedo asegurar que la única manera de prevenir enfermedades como el sida, papiloma, herpes y un sinfín de venéreas, es usando protección. Si eres una persona "chapada a la antigua" (no te lo recomiendo), antes de iniciar cualquier relación de tipo sexual, exige un test completo de enfermedades venéreas. Y tú, realízate al menos un chequeo anual. Si no tienes seguro médico o te avergüenza pedírselo a tu especialista, puedes ir a cualquier centro público y solicitarlo. También existen muchas organizaciones y fundaciones donde puedes realizarte uno de sangre para saberlo. Ellos también te pueden proveer de preservativos, tanto masculinos como femeninos y de toda la información que necesites. Hoy en día exigir un examen y prevenir futuras infecciones no es algo descabellado ni anormal. Al contrario, empoderarse es tomar control en todo aspecto de nuestra vida y éste, es fundamental.

* Buscar cómo superar nuestros traumas

Hoy, que conozco a más víctimas de abuso y de distintas situaciones, entiendo por qué a muchas les cuesta tanto avanzar, lograr la estabilidad en todo ámbito y ser felices. De hecho, las principales causas de los problemas y disfunciones sexuales tienen que ver con experiencias de algún tipo de abuso y autoestima, arraigadas en nuestro subconsciente. Muchas veces hemos experimentado situaciones siendo muy niños y ni siquiera las recordamos. Incluso, siendo adolescentes o adultos, también podemos llegar a bloquear los recursos como medida de supervivencia. Por eso es importante enfrentarnos a nuestra realidad, reconocer los problemas y tratarlos. Si no logramos recuperarnos, nuestra vida completa se destruye y lo que es peor, lo más probable es que continuemos dañando a otros.

Mientras mantenía mi vida sexual con Gabriel, estuve seis años bajo terapia. Además, contar con una persona como él, que además de estar conmigo como pareja, era un especialista, un médico, con formación académica, fue una inmensa ayuda. De hecho, con el paso de los años, aprendí que cada uno de los ejercicios que él realizaba conmigo, como el del espejo, tienen sentido y son utilizados por muchos terapeutas.

Ése es un ejercicio muy sencillo, que puedes realizar en tu casa constantemente, aunque no sientas que hay detalles de autoestima que superar. En cualquier caso, es un excelente ejercicio para reafirmarla. Reconoce la belleza, peculiaridad y valor de cada detalle que hay en ti.

Eres una persona única, capaz de darlo todo y con el derecho de recibir lo mejor. ¡No puedes aspirar a menos! Todo lo pasado debe quedar atrás.

* No hurgar más de la cuenta

Así como acudir a terapias psicológicas cuando vemos que necesitamos superarnos y mejorar, quiero destacar que también es importante no pasarse la vida escarbando en el pasado, pues como dice el libro El Poder del Ahora (del que ya te he hablado y te seguiré hablando), "el pasado es un barril sin fondo". Es bueno revisar aquellas conductas que nos hacen repetir ciertos patrones en el presente, pero lo más importante es realizar las acciones que nos permitan reparar nuestra conducta HOY.

Existe un momento en que necesitamos dejar de hurgar hacia atrás, pues no podemos pasarnos la vida entera recordándolo. Mientras más hablamos del pasado, mayor poder le damos en nuestra vida actual. Por eso el libro recomienda traerlo a colación sólo cuando es vital para zanjar algo presente. De ahí en adelante, nuestro foco debe estar en qué acción concreta tomar para cambiar esa situación en este momento.

MI REGALO

Cada persona que ha llegado a mi vida lo ha hecho con un propósito concreto. Algunas, han sido de paso, otras han permanecido conectadas a mí durante largos periodos y la mayoría, siguen formando parte de mi camino. Pero cada una ha representado una bendición y ha llegado en el momento preciso, con una misión única. Y por eso, agradezco al cielo por cada una de ellas y las bendigo.

La mejor parte es que todos vamos cambiando a lo largo de los años y podemos darle un giro a nuestra relación. Con mi primer esposo, por ejemplo, puedo decir con orgullo que después de todo, pudimos convertirnos en amigos. Nos conocimos y nos casamos en una época en que éramos muy distintos a lo que somos en la actualidad, pero ambos evolucionamos, mutamos y maduramos. Hoy en día él es un hombre diferente y eso demuestra que el tiempo todo lo cura y lo transforma.

" Escanea acá para
ver la galería "

IV

CAPÍTULO

Las mil caras del amor

Los seres humanos jamás podremos ser reemplazados por robots. De eso estoy completamente segura. Las máquinas y computadoras pueden ser muchísimo más productivas y resolver cientos, millones de problemas y proveernos de distintos servicios, pero las emociones y los sentimientos son lo que nos hacen únicos. Y esos, aunque a veces juegan en nuestra contra, son también el vínculo entre unos y otros.

Dicen que las emociones nos traicionan de vez en cuando… En realidad, pienso que somos nosotros quienes nos dejamos embaucar por éstas. Les damos espacio para que nos envuelvan en sus trampas y cedemos a sus encantos, como si fueran cantos de sirena. Por eso, llegamos a ser tan volubles y pasamos del amor al odio en un segundo, arrastrando con su paso a mucha gente.

73

Siempre he visualizado lo que quiero de la vida, ¡siempre! Incluso, antes de leer y aprender sobre el inmenso poder que tiene la visualización, sin saberlo, era una técnica que utilizaba frecuentemente para organizar mis ideas y enfocarme en lo que quería lograr. Y durante todos aquellos años que compartí junto a Gabriel, también lo hacía. Visualizaba una casa preciosa en Berkshires, un paraíso, a dos horas de White Plains, Nueva York. En mi imagen, en realidad, era una cabaña, lo suficientemente cómoda y grande para recibir a mi familia y amigos, y con un detalle importantísimo: una espectacular vista al lago. Y es que durante las temporadas de invierno, solíamos ir a patinar sobre el hielo en aquel lago y, mi idea era tener una casa allí, precisamente junto a ese lugar tan especial, donde pasábamos tantos momentos maravillosos.

No sólo llegué a visualizar aquella casa con él, sino además, un hijo juntos y muchos planes para nosotros, que siempre le estaba comentando. Y aunque normalmente me respondía que tendría eso y más junto a mí, tras esa relación me di cuenta que, visualizar las cosas ciertamente funciona, pero incluir en esas visiones a otros, es algo completamente diferente.

Por más amor que sintiera por ese hombre maravilloso, llegó un momento en que definitivamente nuestros caminos no iban en la misma dirección. Había dedicado tanta energía y tiempo a crecer y a mejorar interiormente, que llegué a un punto en que por más maravillosa y aleccionadora que haya sido aquella historia de amor, le había llegado su fecha de expiración.

Si bien es cierto, había comenzado sabiendo que era un hombre comprometido, muy complicado por su convencionalismo extremo y por los negocios que, de una u otra forma, estaban vinculados a su círculo social, me había cansado de estar siempre en las sombras, escondida de su mundo.

Disfrutaba mucho estar con él y lo amaba profundamente, pero no todos los instantes fueron mágicos, especialmente cuando teníamos que relacionarnos con personas en común. De partida, para encontrarnos, muchas veces tuve que esconderme en el piso de su lujoso automóvil, como si fuera una delincuente escapando de la policía, evitando que alguien me viera o bien, me apartaba bruscamente de su lado cuando había alguien conocido alrededor… En fin, cada cierto tiempo me tocaba experimentar algún momento desagradable que rompía esa magia que lo envolvía todo para mí.

Y… ¿fueron felices para siempre?

Nunca pasó por mi mente acabar esa relación. Aunque esporádicamente sucedían esos momentos agrios que echaban por tierra el encanto en el que vivía inmersa la mayor parte del tiempo —producto del enamoramiento— siempre estuve proyectándome pasar el resto de mis días junto a aquel hombre. Imaginaba que en algún punto, llegaría el instante apropiado en el que tendría las fuerzas para romper con todo ese esquema social que tanto le importaba y optar por nuestro amor, que sabía muy bien lo inmenso que era. Pero seguía pasando el tiempo y ese segundo crucial continuaba sin llegar.

Era un hombre que lidiaba con el miedo y el qué dirán los demás. Eso sin lugar a dudas pesaba mucho en nuestra relación. Sin embargo, nuestro amor llegó a ser tan fuerte que, finalmente tuvo el valor para divorciarse. Sufrió mucho por eso y yo lo sabía, por lo mucho que adoraba a sus hijos. Y durante el proceso del divorcio no sabía cómo lidiar con aquel dolor. Al principio, por ejemplo, cuando ya estaba separado y tenía a sus hijos con él, esperaba a que los niños se durmieran y se iba a un hotel donde pasábamos la noche juntos. Por la mañana, muy temprano, regresaba a su casa corriendo, antes de que sus hijos despertaran y yo a la mía. ¡Una película de intriga y acción!

Era y es, además, un hombre de dinero. Pero si hay algo por lo que siempre le voy a dar gracias es que nunca me ayudó económicamente, porque dentro de todas sus inseguridades, temía que estuviera con él precisamente por interés. Irónicamente, nunca fue así, ¡al contrario! Me sentía en deuda con él. Lo hice por el amor que me entregó y porque, quizás, veía en él esa figura que me dio seguridad, me hizo sentir inteligente y me ayudó a progresar a un nivel que jamás habría alcanzado de otra manera. Todo eso que él me daba no tenía valor, pues no había dinero que pudiera pagar por aquel regalo inmenso que me había devuelto la confianza como mujer y el conocimiento para convertirme en una profesional empoderada.

También pasé por mi divorcio y en muchas ocasiones Gabriel me vio experimentando dificultades económicas. Podía hacerle algún regalo a mis hijos en ocasiones especiales y a mí, pero nunca hubo ayuda económica de por medio. Y le doy gracias a Dios que nunca lo hizo, porque mi progreso me lo gané centavo a centavo, por mis méritos. Fue algo que luché día a día. Él me entregó las herramientas mentales y emocionales, pero lo que armé, mis bienes y mis logros, los obtuve gracias a mi esfuerzo, mi constancia y mi trabajo.

Él, sin duda, tenía miedo. Era extremadamente conservador, me sobrepasaba por casi veinte años y además, era uno de los socios de la clínica que yo administraba. ¡Imagina todo lo que eso representaba! Pero de forma increíble y certera, hasta ese momento habíamos podido separar las cosas, porque estaba realmente involucrada en mi carrera y él era una persona con mucha sabiduría al momento de tomar decisiones. De hecho, estoy consciente que tuve a uno de los mejores maestros que alguien podría haber conseguido. Pero algo que siempre he tenido muy claro es que empecé a progresar en esa clínica por mi actitud frente a las oportunidades que se me presentaban. Tenía hambre de aprender, de crecer como persona y a nivel profesional. Siempre aceptaba los desafíos que me ponían, no me negaba jamás a una nueva responsabilidad y estaba buscando permanentemente la manera de mejorar. Por ejemplo, cuando mi acento hispano era cosa del pasado, Gabriel me aconsejó que tomara clases para hablar frente al público porque estaba tratando con siete doctores, todos americanos, con la mejor preparación académica, así es que debía saber exactamente cómo manejar los temas importantes frente a ellos. Y así lo hice. Sin imaginar que en los tiempos difíciles que estaban por venir, paradójicamente, motivados por el mismo hombre que había sido mi mentor, la preparación iba a ser clave para mantener mi posición y el respeto de los demás.

El principio del fin

La gente a nuestro alrededor se imaginaba que estábamos juntos… Era un secreto a voces, que nunca se hizo oficial, pues él era incapaz de decir una palabra. Tenía miedo de lo que podían pensar los socios de la compañía, los pacientes o sus amigos. Recuerdo, por ejemplo, algo que pasó en el hotel donde se estaba hospedando cuando decidió divorciarse. Estábamos en el elevador, cuando, de pronto, vio acercarse a un paciente. Fue tanto su miedo que, como un acto reflejo, me empujó bruscamente para que no nos viera juntos. Y eso me dolió muchísimo.

Con el paso de los años he reflexionado mucho al respecto, hasta darme cuenta que a pesar de sus virtudes, él seguía teniendo ciertos atisbos de abuso conmigo que yo aceptaba, porque, nos guste reconocerlo o no, eso también es un tipo de abuso.

Pero llegó un momento en que todo eso empezó a cansarme. Jamás salíamos a un sitio juntos, jamás le hablaba a nadie de mí y me escondía permanentemente. Entonces comencé a rebelarme y por supuesto, la relación empezó a tener mucha turbulencia. Comenzamos a tener problemas constantes y empezaron las separaciones esporádicas. Nos dejábamos por un mes, por dos meses… El mismo camino que muchas parejas toman cuando se dan cuenta que las cosas no funcionan, pero siguen intentándolo, por miedo a perder lo que en el fondo, nunca han tenido.

Aunque era una relación que me aportó mucho en un momento, fue mutando hasta llegar a un punto en que me estaba destruyendo. Pero se me hacía muy difícil dejarlo porque emocionalmente estaba demasiado conectada a él. Lo amaba y la parte más complicada del proceso es que lo veía a diario. Por eso, por más intentos que hice de separarme por periodos más prolongados e incluso, tratando de conocer a otras personas, siempre regresaba a su lado.

El dinero no compra el amor

Finalmente, en una de esas separaciones decidió proponerme matrimonio. Recuerdo que aquella tarde me llevó a un hotel de Manhattan y me lo propuso de una manera que me dejó atónita: ofreciéndome un anillo que costaba unos treinta y cinco mil dólares, pero usando cero de tacto. Al principio, reconozco que cuando vi el anillo, estaba feliz, porque sentí que estaba un paso más cerca de poder estar con él de manera plena, completa, ¡al fin! Pero guardaba un as bajo la manga...

Me lo mostró y luego me dijo:—Te voy a proponer matrimonio. Aquí está el anillo, pero escúchame: no quiero que lo uses todavía. Y no puedes decirle a nadie que nos estamos comprometiendo.

—Entonces, ¿cuál es el propósito? No te entiendo—, le pregunté intrigada. ¡Sin dudas que era una propuesta muy extraña! Comenzamos a hablar y me explicó que su plan efectivamente era casarse conmigo, pero que antes de hacerlo quería preparar un acuerdo prenupcial.

—No hay problema—, respondí, pues no estaba con él por el dinero.—No tienes que darme nada—, agregué. Para ser honesta, en aquel instante no le vi nada malo a eso del acuerdo prenupcial. Me parecía que era algo normal, especialmente sabiendo que él acababa de pasar por un divorcio en el que había perdido gran parte de sus bienes.

Cuando finalmente me pasó el borrador del dichoso documento, sin embargo, y se lo entregué a mi abogado para que lo revisara, pensando en que en realidad era un mero trámite, quedé impresionada. —Este hombre no confía en ti en absoluto—. Fue el comentario de mi asesor legal luego de revisarlo. —Él, en realidad, se está divorciando de ti antes de casarse contigo. Dice que si duran seis meses casados, no recibes nada. Si permanecen un año tampoco, con dos años juntos, recibes un 2%, tres años...—, me explicó. Y es que, verdaderamente, el acuerdo era inaudito, pues me ponía unas cláusulas, en las que me "daba" cierto porcentaje de dinero por cada año que permaneciera a su lado. Es decir, asumía que tarde o temprano ¡nos íbamos a separar! Era tan absurdo que, incluso, mi abogado estaba sorprendido, pues jamás había visto nada igual. Era el resultado de su inseguridad y su miedo.

¿Cómo era posible? En aquel momento no lograba entender dónde estaba el hombre del cual me había enamorado. Teníamos una conexión tan poderosa, que no me permitía procesar bien lo que estaba pasando. Recordaba las ocasiones en que estábamos abrazados y nos decíamos lo mucho que nos amábamos, a tal punto, que queríamos asegurarnos de que al morir, ¡nos enterraran juntos! Él siempre decía que era capaz de sacrificar su propia vida para evitar que alguien me hiciera daño. Así nos

amábamos, con ese nivel de locura, cursilería y pasión. Entonces, ¿cómo podíamos dejar algo tan bello? ¡Los sentimientos de ambos eran maravillosos! Pero él tenía ese miedo permanente que evitó que me presentara como su pareja a sus amistades o a sus hijos. Y finalmente, cuando se decidió a proponerme matrimonio, lo hizo poniendo la sentencia de divorcio por adelantado. ¿Cuál era entonces el sentido de casarnos si desconfiaba de esa manera?

Me di cuenta que no estaba listo para un nuevo matrimonio y ni siquiera eso era lo que él quería. Me alejé y decidí que definitivamente no había vuelta atrás.

Le devolví el anillo y aunque él no lo quiso aceptar en un primer momento, renté una caja fuerte en un banco para ponerlo mientras lo recibía. —No lo quiero. Te voy a enseñar que no estaba contigo por dinero. A mí no me compra nadie—, le dije, entregándole la llave de ese casillero.

Recuerdo que cuando le conté a algunas amigas e incluso, a mi mamá lo que había sucedido, me decían: —¡Pero si eres boba! ¿No crees que después de ocho años de relación, puedes tomar esos 35 mil dólares que bastante falta te hacen?—

—Nadie me compra, nadie—, les respondía. Y le doy gracias a Dios que lo hice de esa forma.

No hay clavo que saque a otro… sin dejar huella

Rechazar la propuesta de matrimonio bajo esos términos significaba también acabar con todo. Y finalmente tiré la toalla: decidí separarme de Gabriel.

Algo que siempre me ha ayudado a sobreponerme de cualquier situación compleja es pensar que ya he vivido lo más difícil y si nada me destruyó antes, ¡nada podrá hacerlo nunca! Si pude sobrepasar los traumas de mi niñez, ¡todo lo demás es pan comido! No he vivido otra cosa similar a la violación con que pueda compararla y espero que nunca suceda. Si pude reparar mi vida cuando estaba tan destruida, al punto de producirme ganas de morir siendo sólo una niña, y pude curarme, seguir viviendo y, además, aprender a disfrutar de la vida, entonces ¡el resto es cuento! Cuando tienes una experiencia similar, todo lo demás es superable, se hace más fácil. ¿Qué más terrible puede ocurrir?

Duramos casi un año sin tener ningún tipo de contacto con Gabriel y la verdad es que, contrario a lo que pensaba, sufrí mucho en ese periodo. ¡Fue un dolor inmenso dejarlo! Fue una de las cosas más difíciles, que sólo puedo comparar a la época cuando mamá se fue de Santo Domingo y me dejó sola, siendo pequeña. De verdad que debí hacer uso de todas mis fuerzas.

Sabía que podía superarlo, pero ¡qué difícil era! Y no lo hice usando el viejo estilo de "un clavo saca otro clavo", ¡noooo! Decidí no comenzar ninguna otra relación, porque seguía adorando a aquel hombre y lo extrañaba. El que hubiese entendido que no podíamos seguir juntos era una cosa, pero eso no me quitó el amor de un día a otro.

Decidí entonces usar ese tiempo para enfocarme en mí. Normalmente la naturaleza me facilita mucho el proceso de conexión conmigo, especialmente la playa, así es que aproveché la oferta de una amiga que tenía un apartamento en Long Island Beach, New Jersey, para ir a ese lugar y reflexionar.

Escribí muchísimo tratando de entender cuáles eran las razones por las que había estado en una relación en la que, si bien, había tenido muchos logros, también me aplastaba de ciertas maneras. Aunque Gabriel me había enseñado a reconocer mis talentos y él había sido el primero en hacerlo, existía un nivel en el cual no me valoraba y de hecho, yo tampoco lo hacía, al punto de permitirle que me escondiera de su familia y de sus amigos, que me apartara de su lado por temor a lo que su círculo pudiera opinar de mí. En esos instantes comencé a pensar: "¿todavía no me doy el valor a mí misma? ¿Cómo le permito a un hombre que me haga eso? ¿No soy lo suficiente para él? ¿No valgo al punto de que un hombre se sienta orgulloso de mí?"

Y algo que comencé a entender a través de esas reflexiones, es que prácticamente tenía la imagen de Gabriel como la de un semidiós. Era muy joven cuando lo conocí, tenía mi autoestima por el suelo y vi a ese hombre, a quien todo el mundo respetaba y eso fue lo que me llevó a mirarlo como alguien fuera de este mundo, a "admirarlo". Entendí, sin embargo, que a fin de cuentas, todas las personas somos iguales, todas, en algún punto de nuestras vidas, estamos vulnerables y carentes de algo. Da igual la raza, la edad, la preparación o el dinero que tengamos, en algún sentido o ámbito sufrimos de carencias, de mal de amores, de pérdidas o cargamos traumas, como cualquier mortal. ¡De eso no se escapa nadie! Y de hecho, ahí estaba él, un hombre adinerado, con tres títulos médicos, pero herido, inseguro, temeroso de volver a fracasar, plagado de miedos y presionado por sus propias ideas.

Durante ese tiempo de reflexión me di cuenta que en realidad era yo quien me había creado la historia de que "él era mejor". ¡Pues así lo hacemos! Somos nosotros, con nuestras propias cargas emocionales e inseguridades quienes nos armamos esas películas mentales. ¡No existe tal superioridad! ¡Si aquel semidiós estaba tan destruido como yo, tenía tantos miedos como yo los tenía! Era una persona común y corriente, con las mismas necesidades, frustraciones y dolores.

Algo que me llamó poderosamente la atención cuando tomé conciencia de todo lo que había pasado conmigo durante aquella relación es que, incluso, ¡había llegado a desear que mis hijos se parecieran a los suyos! ¿Por qué? Porque los había idealizado e irónicamente, con el correr de los años me he dado cuenta de lo equivocada que estaba mi percepción, pues ellos tuvieron sus propios caminos y tropiezos, como todos.

Wow… ¡Me había equivocado incluso en referencia a mis expectativas durante aquella relación! Lo bueno de todo eso, es que le di buen uso a mi tiempo, analizándome para entender mis evaluaciones de las personas, mis expectativas, mis patrones y mi manera de reaccionar. Y empecé a trabajar en mi propio respeto y valor. Es cierto que era un trayecto que había comenzado casi una década antes cuando conocí a Gabriel, pero acababa de entender que era un proceso continuo, del cual me faltaba mucho, muchísimo para avanzar.

Segundas partes… no siempre funcionan

Debo reconocer que cuando terminé con Gabriel tenía algo de temor de lo que podía pasar en cuanto a mi futuro profesional, porque al fin y al cabo, continuábamos trabajando juntos, en la misma empresa. Pero si no me había imaginado nunca estar en ese punto de mi vida, "separada" de aquel amor, menos había pasado por mi mente la posibilidad de que al terminar una relación tan hermosa como la nuestra, nos convertiríamos en enemigos. ¡Jamás! Al separarnos, sin embargo, las cosas para mí se volvieron muy complicadas.

Todo lo dulce, humano, tierno, bondadoso y generoso que había sido aquel hombre conmigo se trasladó hacia el extremo opuesto y se convirtió en el ser humano más odioso y belicoso que alguien pudiera imaginar. Y es que toda la frustración que sintió por no lograr su objetivo de reconquista, la convirtió en resentimiento y en un deseo de venganza que nunca pensé que un ser tan especial como él pudiera mostrar. Pero me había equivocado. Las personas reaccionamos de las más diversas maneras y no en vano, se dice que no conocemos a nuestra pareja sino hasta el momento en que nos separamos. Y es ahí cuando aflora el verdadero "yo", el auténtico desarrollo interior que tiene cada quien. No quiere decir que esa persona sea mala en esencia, sino que no ha trabajado su nivel espiritual de la manera correcta y suficiente para ver el regalo de aquella relación y para seguir siendo alguien especial en su vida, a otro nivel, bajo otras circunstancias o bajo otro título.

Finalmente, después de un año separada de Gabriel, empecé a salir con Alejandro. Él era un hombre interesante, más cercano a mi edad, de un área profesional completamente diferente, dedicado a los negocios y ajeno a la industria de la salud. Lo cual era un punto a favor para mí en ese momento. Estuvimos juntos alrededor de nueve meses y aunque no era un amor desbocado, las cosas poco a poco iban marchando, pues estábamos aprendiendo a conocernos. Pero como suele pasar con los caballeros, que apenas ven que otro les está acaparando lo que consideran de su propiedad, empiezan a antojarse de nuevo ¡y zas! Gabriel, apenas se enteró de que estaba saliendo con otra persona, reaccionó, al pensar que me iba a perder y ahora sí, de manera definitiva. Así es que ni corto ni perezoso decidió buscarme nuevamente.

¡Qué mal momento! Precisamente cuando ya había comenzado a curar mi dolor y mis sentimientos empezaban a mutar. De hecho, ya había pasado un año sola y otros nueve meses saliendo con alguien, cuando decidió que no podía vivir sin mí.

Una de mis amigas, conocía muy bien mi proceso para superar esa separación, pues era quien me prestó su apartamento en la playa donde fui a reponerme y, además, trabajaba con Gabriel. Él, entonces, comenzó a hablarle, pues sabía que en esos momentos era una de las personas más cercanas a mí. ¡Nada como aliarse al círculo de alguien para llegarle al corazón! Una táctica muy astuta.

—María, este hombre no puede ni siquiera trabajar. Él necesita hablar contigo. Lo está perdiendo todo. No puede enfocarse, no puede dormir, se está volviendo loco…—, me dijo un día mi amiga, afligida por todo lo que él le contaba.

—Ok. Voy a reunirme con él en un parque, cerca de la clínica, para hablar—, le dije, pensando en calmar un poco las aguas. Y así lo hice, aunque mi intención era dejar todo claro, pues no sentía esa conmoción en el corazón ni las mariposas en el estómago, como me había pasado durante los ocho años anteriores. Pero quería asegurarme de mis sentimientos.

—¡No puedo perderte!—, me dijo Gabriel cuando nos encontramos. —Te daré todo lo que quieras. Estoy dispuesto a casarme contigo, estoy dispuesto a hablar con todo el mundo, con mis socios, con mis hijos y todos mis amigos…—, agregó. —Te voy a comprar esa casa en el lago con la que tanto sueñas… Te voy a comprar una casa en Scardale. Voy a pagar por la escuela de tus hijos, así no tendrás que preocuparte por eso. No vamos a firmar ningún acuerdo prenupcial. Si quieres tener un hijo conmigo, lo vamos a tener… ¡Haré todo lo que quieras! Me he dado cuenta que lo más importante en mi vida, el regalo más grande que he tenido, eres tú—, y por supuesto, eso era todo lo que siempre quise escuchar de su parte. Luego se arrodilló y me mostró nuevamente el anillo. —Por favor, cásate conmigo—.

¡Todo lo que yo quería, todo, me lo ofreció en ese momento! Y no es que me haya puesto caprichosa o exigente, pero en aquella ocasión no sentí la misma emoción. Había pasado tiempo y sobre todo, ese lapso me lo había dedicado a mí, a mi interior, a reflexionar y eso, definitivamente nos cambia.

—¿Sabes qué? Vamos a vernos nuevamente en otro lugar. ¿Por qué no vas a mi casa?—, le sugerí. La verdad, es que quería intentarlo de nuevo. ¡Había luchado tanto por esa relación! ¿Cómo no iba a tratar una vez más? Pensaba en que, si al menos, lograba estar íntimamente con él… Quizás, todavía había sentimientos por ahí guardados y afloraban en ese momento, que suele ser clave para darnos cuenta si la magia persiste. La prueba de fuego para mí, definitivamente era ver si aún funcionábamos en la intimidad, pues cada vez que estaba con él, me sentía en el cielo. Era como una sensación de electricidad que me recorría por completo. Nos habíamos conectado de una manera tan bella, tan pura, que si todavía la sentía, aunque fuera un poquito, entonces había una oportunidad para nosotros.

Cuando estuvimos juntos nuevamente, sin embargo, no sentí nada. ¡Absolutamente nada! Toda esa magia, esa corriente que me erizaba la piel durante años, había desaparecido por completo... ¡No lo podía creer! Y empecé a llorar. —¡Dios mío! ¿Cómo es posible que esta historia acabe de esta forma? Ya no siento lo mismo por ti... El amor que te tenía, la conexión que había entre nosotros era tan grande, que si me caso contigo, te estaría engañando. Ya no te quiero de la forma en que lo hacía. Lamentablemente es así—, le dije entre lágrimas, pues me dolía enfrentar esa realidad.

No lo esperaba, pues, desde el fondo de mi corazón, anhelaba que al momento de estar juntos volviera a encantarme y recuperara todo ese misticismo y locura que había sentido por tanto tiempo. Estaba sufriendo, porque de verdad ¡quería volver a sentir ese amor! Pero así somos las mujeres, cuando algo se termina, ¡se termina! Y él me dio mucho tiempo y espacio para sanarme, y aunque había sido difícil, finalmente lo hice, me curé.

—¿Sabes qué? El miedo destruyó completamente un amor precioso. Nuestra historia fue tan bella, que ahora ya no puedo seguir contigo, porque en realidad, aunque no te des cuenta, lo que estás haciendo es intentando comprarme y no estoy en venta—, le agregué. Y es que verdaderamente eso era lo que estaba sucediendo. Él me estaba "ofreciendo" todas aquellas cosas materiales y la estabilidad que, a fin de cuentas, a todas nos encantaría tener y nos merecemos. No puedo desconocer que una parte de mí me decía: "¡estás loca! Este hombre te está ofreciendo la libertad financiera absoluta. ¡Ya no tendrías que preocuparte de nada!" Pero mi integridad es más grande que eso y no se trata sólo de una frase cliché, es la verdad: no estoy a la venta. Si me iba con él, habría sido por beneficio económico, porque el amor apasionado se había desvanecido.

No fue una decisión sencilla porque a ratos me bajaba la duda al pensar si en realidad había dejado de amarlo o era una respuesta de mi orgullo y mi ego heridos. ¿Se podía superar tan rápido un amor tan profundo y de tantos años? ¿Y si era una reacción pasajera y luego me daba cuenta de mi error? Es que la magia había sido tan intensa, que el desapego fue igual de potente.

La única forma que él tuvo para sacar todo lo que guardaba en su interior fue a través de una carta que me escribió y que todavía conservo como uno de mis más valiosos tesoros. Es una larga misiva de siete páginas, algo que nunca había hecho. No era una persona expresiva y menos que dejara evidencia de su "talón de Aquiles". ¡Era tanto su miedo a que alguien usara ese tipo de cosas en su contra! En todos los años que estuvimos juntos, apenas si me había escrito un par de tarjetas para algún cumpleaños, por lo tanto, dejar impresa una prueba de su vulnerabilidad fue un acto de verdadero amor y lo valoré muchísimo. Por eso la conservo.

En esa carta describe cada aspecto de su vida que se vio modificado tras conocerme. Fue capaz de reconocer cada detalle y cada área que logró mejorar, según él, gracias a mi compañía, mis cuidados y mi amor incondicional. Incluso, gracias a esa cuota de locura dominicana que le había aportado y que le había enseñado a ser más feliz con las cosas simples de la vida como el baile y la naturaleza. También dice que el día en que esté listo para morir, allí en su cama estará gritando mi nombre, porque por el resto de su vida me amará y sé que todavía lo hace. De otra manera... pero me ama.

Los príncipes a veces se vuelven ogros

Después de ese episodio tan romántico de la carta, sin embargo, las cosas cambiaron drásticamente. Una vez que Gabriel se dio cuenta que para mí ya no había vuelta atrás, que no acepté su propuesta, no había forma de conquistarme y sobre todo, cuando vio que estaba saliendo con otra persona, su amor se convirtió en venganza. ¡En una terrible revancha! Pues comenzó a buscar la forma de sacarme a toda costa de la compañía en la que habíamos trabajado durante tantos años.

Lo primero que hizo fue tratar de poner al resto en mi contra para complicarme la vida y obligarme a dejar la empresa. Así, de un momento a otro comenzó a cuestionar mi gestión y a ver problemas donde nunca los hubo. Al parecer, durante todo el tiempo que estuvo conmigo, no se dio cuenta de la mujer tan fuerte que había tenido a su lado, ¡la más fiera que pudo encontrar!

"¡Ah no! ¡De aquí no me saca nadie!", pensé. "Sé que todo esto lo conseguí con mi esfuerzo, con el sacrificio del tiempo que le quité a mis hijos por avanzar". Me sacrifiqué como madre, como persona y en todas las formas posibles para llegar al nivel donde estaba. ¿Por qué entonces me iba a dejar aplastar por su vendetta pasional? ¿Acaso él merecía más que yo estar en ese lugar? ¿No había demostrado con mi trabajo que me había ganado con creces la posición que ocupaba?

A esas alturas, la compañía estaba ganando muchísimo gracias a mi gestión, pues ejecutaba bien mi trabajo. Yo, por supuesto tenía un buen salario, y ése era el trabajo que mantenía a mis hijos. Durante diecisiete años fui madre soltera y como conté anteriormente, a pesar de que él era una persona con poder adquisitivo, jamás recibí algún tipo de ayuda económica de parte suya. Además, como estaba en una posición ejecutiva, desde que comencé a ascender en la empresa, fui sumando a hispanos en los distintos puestos, algo de lo que siempre me he sentido orgullosa, por darle la oportunidad a personas que quieren trabajar, se esfuerzan y demuestran su compromiso. Por lo tanto, no me podía dejar pisotear por su desamor. ¡Él no me iba a destruir! ¡No señor!

Afortunadamente él mismo me había motivado a tener las herramientas para defenderme y para validar mi trabajo. Por eso, entre todos los cursos y entrenamientos que había realizado en los años previos, estaba el de recursos humanos. Así es que hice uso de todos mis conocimientos y comencé a dejar constancia por escrito a diario de lo que pasaba. A fin de cuentas estaba encargada de los empleados y sabía cómo funcionaban las leyes. No había razones para sacarme. Era simplemente su manera de darme un escarmiento.

Vino un largo periodo que se convirtió en una batalla campal diaria. En un momento, incluso, decidieron llevar a un consultor externo para probar "mi ineficiencia", pero como todo en la vida tiene un efecto boomerang, incluyendo las malas intenciones, irónicamente aquel especialista no sólo validó mi trabajo, sino que funcionó a mi favor y su evaluación me consiguió treinta mil dólares de aumento. Él les dijo:—María está realizando el trabajo de cinco personas. Si ustedes la pierden, van a tener que contratar a varias personas para llenar su posición—. Sus conclusiones sirvieron también para que finalmente me pusieron ayudantes, porque trabajaba demasiadas horas extras en labores que no me correspondían.

Todo eso fue un golpe bajo para Gabriel, sin embargo, no se rendía. Y el desgaste emocional y económico que todo eso significaba era inmenso. Dios, sin embargo, me mandó un angelito llamado Mister OW. Él era un paciente muy adinerado que acudía semanalmente para someterse a un tratamiento intravenoso que necesitaba para poder vivir. Sufría desde hacía mucho tiempo de una enfermedad en los pulmones y sin ese medicamento simplemente moría. Lo conocí cuando mi trabajo era como asistente médico y era la encargada de administrárselo. Y aunque, con el paso del tiempo empecé a crecer y a subir de posición, Mister OW jamás aceptó que otra asistente me reemplazara. Era un hombre muy dulce que desde el principio me generó una ternura especial. Hablábamos mucho, me escuchaba y me aconsejaba sobre qué hacer con mis hijos, con mis finanzas, con mi gestión laboral y mi vida personal. Le tenía mucho aprecio, así es que nunca dejé de hacer una excepción con él y aunque ya fuera una ejecutiva, cuando él necesitaba su tratamiento, siempre estuve allí para dárselo. Sin imaginar que más adelante, cuando todas estas complicaciones llegaron a mi vida, él se iba a convertir en ese ángel de la guarda que me sacaría de aquel lodazal.

Cuando le conté lo que estaba pasando me dijo:—Esto es injusto. No te preocupes. Voy a buscar un abogado para ver cómo se arregla todo esto—. Y me puso al mejor.

Estar bien preparada: un arma letal

Mis intenciones nunca fueron demandar a Gabriel o a la compañía. ¡Jamás había deseado algo así! Al contrario, le tenía un amor inmenso a esa empresa y mi meta siempre fue continuar ayudándola a crecer y seguir hasta retirarme de aquel lugar. ¡Tenía la camiseta más que puesta por ellos! Lo que quería era que me dejaran trabajar en paz.

En un momento determinado, viendo que la situación no se arreglaba, la empresa decidió llevar a una abogada para que mediara entre Gabriel y yo. Lo más gracioso del caso, es que lejos de mejorar la situación, ella, al igual como sucedió con el consultor externo, sumó puntos para mí, pues lo único que dijo fue:—Es que él está muy abatido porque te ama demasiado. Por eso actúa así—. Ese comentario demostraba que todo el "problema laboral" se debía simplemente a un capricho personal. Nada más.

El abogado que consiguió Mister OW decidió entonces enviar una carta a la compañía explicando que mi intención no era demandar a nadie. Simplemente quería que mi trabajo estuviera protegido, para seguir desarrollándolo en las mismas condiciones anteriores y que el acoso se detuviera. Si eso no sucedía, las cosas serian diferentes. Esa carta era precisamente para prevenirlo.

Cuando recibieron aquella notificación y se dieron cuenta que estaba siendo asesorada por un prestigioso abogado y amparada por Mister OW, quien no era un paciente más, sino también una persona muy respetada dentro de la comunidad, afortunadamente se tomaron las cosas en serio. Decidieron llamar a otro abogado para que los asesorara y quitaron a Gabriel de todos los comités, para evitar encuentros con él y calmar las aguas. Tenía prohibido dirigirme la palabra.

Estaba harta del maltrato y las injusticias. Era una madre soltera y ese trabajo era extremadamente importante para mí y mis hijos. No había razón para crear semejante caos. Pero muchas veces la ira y la soberbia nubla la sensatez de las personas.

Gabriel finalmente nunca volvió a ser parte del comité ejecutivo hasta siete u ocho años después. Todo volvió a la calma y seguí luchando por ese lugar, como siempre. Cuando tomé las riendas de ese negocio contaba con siete doctores y al final de mi gestión había cincuenta; de un edificio de diez mil pies cuadrados llegó a ser de ochenta mil construidos. De 35 a más de 200 empleados. De generar cinco millones de dólares anuales, a muchos millones más. ¡Una dominicana de Licey al Medio, pobre, violada, sin tanta educación, con apenas un asociado llegó a ser la ejecutiva de un exitoso centro médico de primera clase! Por eso debía luchar por esa posición que me había ganado a pulso y por el respeto que me merecía.

Cuando habían pasado alrededor de ocho años, los directivos del centro me preguntaron si era posible que Gabriel volviera a participar del comité y acepté. Él comenzó a asistir nuevamente a las reuniones, a dar su opinión y eventualmente intercambiábamos algunas ideas. Ya estaba más tranquilo, había reflexionado mucho y cambió en varios aspectos de su vida.

La verdad, a pesar de todo lo que me hizo, nunca lo odié. Me molesté cientos de veces con él y me entristecía pensar cómo era posible ese cambio de actitud tan radical. ¿Cómo podía olvidar todo lo que habíamos pasado juntos? ¿Cómo había cambiado el pacto que teníamos de amarnos y cuidarnos siempre, bajo cualquier circunstancia? Pues a pesar de toda el agua que había corrido por nuestro puente, seguía viéndolo con amor… Un amor distinto, pero amor al fin y al cabo.

Durante todo aquel tiempo de combate que tuvimos, tuve que dejar de lado muchas veces esa incondicionalidad que sentía por él, como alguien que fue importante para mí, para proteger mi trabajo, mi familia y a mis hijos. Pero nunca lo llegué a odiar. Siempre mantuve el recuerdo y el agradecimiento por todo lo bueno que hizo por mí. De hecho, irónicamente, todos aquellos años tan difíciles entre los dos, que él mismo generó, pude sobrevivirlos y salir airosa dejando que mi trabajo y mi esfuerzo hablaran por mí, con las mismas herramientas que él me había enseñado.

Mis herramientas

• Prepararse, siempre prepararse

Lo insisto una y otra vez, pues el no tener una carrera universitaria con posgrados no significa que tengamos un límite para nuestros sueños y nuestras posibilidades. Hay que buscar las alternativas para seguir creciendo y educándose de manera permanente. En mi caso, lo primero que tuve que hacer para crecer fue mejorar mi inglés. Recuerda que ni siquiera había internet en aquellos años, así es que tomé clases en el centro comunitario de mi ciudad. Lo mismo para continuar mejorando y aprendiendo en diversas áreas como contabilidad y recursos humanos. Gracias a mi constante preparación, fui adquiriendo distintas acreditaciones que me ayudaron a ascender y llegar a una posición ejecutiva. En cada ciudad existe un centro comunitario, organizaciones sin fines de lucro, fundaciones y ¡la bendita internet! No hay excusa para mantenerse al margen. El conocimiento es poder.

* Conocer mi talón de Aquiles y todos mis puntos débiles, antes de entablar una nueva relación

Parece muy tonto, pero la mayoría de las personas hacemos caso omiso de esa recomendación de "esperar, indagar en nosotros, descubrir nuestras propias fallas, aprender a disfrutarnos" y luego, volver "al mercado" de la soltería. El gran error que cometemos es usar esa vieja idea de que un clavo saca a otro. Lo más probable es que si el clavo anterior deterioró la pared, si no la reparas y verificas cómo está la base, el próximo romance no sólo sacará al anterior, ¡sino que puede tumbar la muralla completa!

Necesitamos tiempo para nosotros, para descubrirnos y analizarnos. Cada vez que dejamos que nos maltraten, abusen o pisoteen, lo hacemos por una razón de peso. Algo estamos arrastrando internamente y la única manera de averiguarlo es analizándonos y trabajando en nosotros.

Después de terminar mi relación con Gabriel, durante un buen tiempo tomé el camino de descubrirme, dedicándome a conocerme, para ver qué patrones había detrás de mis elecciones, qué podía mejorar, en qué había errado y qué aciertos había tenido. Eso fue precisamente lo que me ayudó a ser más objetiva en cuanto a mi relación y me enseñó a tomar las decisiones trascendentales basadas en las emociones del momento. ¡Aprendí tanto de mí! Gracias a eso dejé de temerle a la soledad ¡pues descubrí la maravillosa compañía que soy yo! Pero todo eso, toma tiempo.

MI REGALO

Gracias a la compleja relación, tan "bipolar" que tuve con Gabriel aprendí no sólo a curarme como mujer y a contar con el arsenal que necesitaría el resto de mi vida para salir adelante y sobresalir en la vida. Otra de las grandes lecciones que me dio fue entender que los seres humanos somos iguales como personas. Sin nuestra cubierta de apellidos, títulos, razas o posiciones, somos tan vulnerables e indefensos unos como otros. Comprenderlo y asimilarlo, sin lugar a dudas me ayudó a enfrentar mis temores ante los demás, esa sensación de sentirme menos que el resto, "poca cosa" e insuficiente. Nunca más le tuve miedo a las posibilidades, ni a enfrentarme a otros con la cabeza en alto. ¿Por qué yo no? Si ellos pudieron, ¡también puedo! Definitivamente aprendí a perderle el miedo a vivir.

" Escanea acá para
ver la galería "

CAPÍTULO

Mi propia ecdisis

Mutamos muchas veces a lo largo de nuestra vida. Es como si cambiáramos de piel, en nuestra propia versión de ecdisis, como una serpiente que cada tantos meses se quita su traje como si fuera un desgastado disfraz, para quedar con uno brillante, colorido y luminoso… Así nos sucede también a nosotros, pero es un cambio interior, en el que a veces, dejamos prácticamente todo, por aquello nuevo que hayamos aprendido.

La vida de Gabriel cambió durante nuestros años juntos y ese cambio ha perdurado en el tiempo. Él, de alguna manera, fue transformado por mí y así me lo dejó saber en aquella maravillosa carta que me escribió cuando nos dejamos de manera definitiva. En realidad, ambos nos transformamos las vidas, uno al otro. Él logró lo mejor de mí y yo, también obtuve lo mejor de él, independientemente de los capítulos desagradables que ocurrieron después.

No soy perfecta. Soy una mujer que ha cometido errores —como todo el mundo—, y seguramente voy a seguir cometiéndolos, pues, nos guste o no, eso es parte del proceso maravilloso de "vivir". Pero si hay algo que para mí es vital es la autenticidad, el poder mirar a otros de frente, con honestidad. Y eso me ha llevado a reconocer el gran error que cometí al involucrarme en una relación con alguien casado. En aquel momento no tenía el desarrollo espiritual que tengo hoy en día para estar clara y determinada frente a una situación como ésa. Da igual las razones que haya puesto sobre la mesa para justificar lo que estaba pasando… ¡Siempre existen justificaciones! Hoy, créeme que no lo haría bajo ningún concepto. Y eso es lo importante: aprender y no volver a ceder en nuestros principios. Cuando ya tenemos la información y la claridad sobre un tema o comportamiento determinado, lo importante es mantenernos firmes para respetar nuestra escala de valores. Allí está la clave del crecimiento.

Indudablemente, la experiencia con Gabriel fue muy importante en mi trayectoria como mujer, como madre y fue fundamental en mi proceso de sanación emocional, pero también me trajo mucho dolor, porque sabía que era una relación prohibida y estaba ese permanente remordimiento por estar ignorando mis principios. Sin embargo, los dos éramos, de alguna manera, seres destrozados. Él provenía de una familia donde el amor no se expresaba de forma cotidiana. Cargaba con mucho dolor, el cual nunca había expresado y mucho menos, superado.

Su madre había fallecido de cáncer cuando él era muy joven y se estaba graduando como médico general. Cada evento importante que nos sucede en la vida, va determinando nuestras decisiones y, en su caso, fue esa misma pérdida devastadora la que le inclinó a estudiar oncología y optó por esa especialidad. Era una forma de "sanar" su tristeza ayudando a otros que padecían de la misma enfermedad que se llevó a la persona más cercana a él.

Su padre, en tanto, era un hombre financieramente exitoso, pero muy frío y distante, con el cual nunca logró conectar. Irónicamente, cuando lo conocí, Gabriel también se mostraba como una persona fría e incluso, prepotente. Al trabajar cerca suyo, pude ver ese lado tan bello, amoroso, delicado y dulce que tenía con sus hijos y luego, conmigo. Pero, cuando debía relacionarse con los empleados o los pacientes, era completamente distinto, al punto que muchos le temían. Sin darse cuenta, seguía repitiendo el patrón de su papá, que en busca de respeto, sólo generaba temor y dolor a su alrededor.

Desde que nos encontramos, sin embargo, las cosas comenzaron a ser diferentes, aun sin imaginar que entre nosotros íbamos a llegar a conectarnos románticamente. Y a pesar de esos años tan difíciles que tuvimos tras terminar definitivamente nuestra relación, es alguien a quien amaré por el resto de mi vida. ¡No vayas a creer que esa historia quedó ahí! ¡No señor! Con el tiempo y las circunstancias de la vida, pudimos reencontrarnos de la manera más hermosa imaginable. Y desde ese momento he tenido claro que siempre podremos contar el uno con el otro. No como pareja ni como amantes, sino con ese amor incondicional que traspasa cualquier situación y tiempo. Pero ya hablaremos de eso… Lo cierto es que, durante un buen tiempo, Gabriel y yo pusimos distancia entre nosotros.

El hombre "casi-casi" perfecto

Después de pasar ese primer impulso de introspección en mi "ruta del autoconocimiento", en la cual estuve sola, analizándome, hurgando entre los rincones más recónditos de mi ser para entender mejor mis flaquezas y las decisiones que estaba tomando respecto a mi vida personal, como te mencioné levemente antes, llegó el momento de volver "a las pistas". Y fue entonces que conocí a Alejandro. Él era un hombre muy interesante y guapísimo, aunque con un punto débil, hasta ese momento desconocido para mí: pues era completamente descontrolado con el dinero. Y si bien, en ese punto de mi vida, eso no lo veía como un inconveniente demasiado determinante, había otra cosa que sí fue lo suficientemente poderoso como para interponerse entre nosotros: su escaso interés en el sexo.

Conocerlo fue, sin embargo, una experiencia increíble. A esas alturas de mi vida, mi parte sexual había dado un vuelco completo. En realidad, venía de descubrirme y renacer como mujer tras los años de "terapia" en todos los sentidos posibles que habido experimentado con Gabriel. Mis miedos y traumas en la mayor parte habían sido superados y añoraba encontrar a mi alma "gemela", a ese hombre con quien disfrutar al fin de mi cuerpo, de mi alma y de mi mente por completo. Luego, se cruza en mi camino Alejandro, un tipo atractivo, que me trataba como a una reina. Pero cuando llegaba el instante en que, al menos por mi lado, estaba lista para entrar a la siguiente etapa, porque el cuerpo y todas las emociones estaban a punto de ebullición, pues entonces… ¡ahí quedaba!

Era un hombre de gustos exquisitos, por lo tanto, le gustaba lo mejor. Viajábamos cada vez que podíamos, tratando de hacer coincidir nuestros planes de negocios o bien, organizando vacaciones para pasar más tiempo juntos. Recuerdo, por ejemplo, una ocasión en que fuimos a California. Los días previos me preparé con todo, pensando "ésta es mi oportunidad para aprovechar el tiempo con él". A fin de cuentas, estaríamos solos, sin hijos, sin jefes ni nadie que pudiera interrumpirnos y hospedados en un maravilloso hotel. El viaje era por cuatro días y por supuesto, cargué

YO DIGO NO MÁS

con mi arsenal de lencería, preparada por completo para disfrutarlo. Tenía todas mis expectativas puestas en esas mini-vacaciones…¿Qué podía fallar? ¡Tenía todo para seducirlo! Pero ¡no tuve ni una sola noche de pasión!

Como soy una persona a la que le gustan las cosas claras, aunque sin llegar a herir los sentimientos de los demás, cansada de la falta de interés, un día finalmente lo confronté. Nos llevábamos muy bien y era encantador. Pero nuestra relación era más parecida a la de un par de mejores amigos con ciertos privilegios que a la de una pareja. Sin embargo, para mi sorpresa, a pesar de esto, al poco tiempo me pidió matrimonio.

Sabía que era un buen hombre, con sus detalles, como todos, pero de gran corazón, educado, encantador, atractivo, solvente… ¿Pero era suficiente para pensar en casarme con él? Después de todo lo que me había costado normalizar y desarrollar mi sexualidad y ahora, ¡dejarla a un lado nuevamente! ¡Nooo!

Alejandro podía ser un hombre maravilloso, pero definitivamente no era para mí. Dejamos nuestra historia romántica hasta ahí y continuamos siendo amigos durante varios años.

¿Otro niño? ¡No, gracias!

El año 2001 estaba soltera, con un excelente trabajo, una vida estable, en equilibrio, con dos hijos maravillosos y gente espectacular a mi alrededor. El pasado estaba superado y ya mis últimos intentos amorosos habían quedado atrás. Habían pasado también unos cuantos meses desde mi quiebre con Alejandro, cuando un amigo me invitó a una fiesta que daría en su casa, para celebrar su cumpleaños. Era algo muy familiar, así es que llevé a mi hijo Jeff, que por aquella época tenía unos trece años.

Mi amigo era bastante popular, pero a pesar de eso, aquel día nadie se apareció a la celebración. Los únicos éramos nosotros y Carlos, un compañero suyo de la universidad. Era un chico encantador, de 26 años, doce menos que yo en ese momento… Y se le notaban. Debo reconocer que era muy dulce. De inmediato conectó con mi hijo y comenzaron a jugar. La verdad es que, hasta ese instante no le había prestado mayor atención, pues me parecía "otro niño más". Hasta que de pronto, mi amigo me hizo un comentario muy perspicaz. —Oye, ¡parece que le gustaste!

—¡Por favor! ¡Es muy joven! Te recuerdo que ya tengo dos niños en casa, no necesito un tercero—, le respondí. Y verdaderamente así lo sentía. Aunque nunca había tenido la diferencia de edad como un punto a discutir en una relación, al tener dos hijos adolescentes, no me llamaba la atención alguien mucho más joven. Pero mi amigo, a quien le encanta andar de Cupido por la vida, se le ocurrió darle su propia versión de las cosas y le dijo:—Bueno, parece que ella está interesada en ti—. Y a Carlos, a quien efectivamente le había llamado la atención, eso le sonó como un boleto directo al próximo paso.

Mi propia ecdisis **91**

Al día siguiente, Carlos llamó a mi oficina para invitarme a salir y como seguía pensando que era una pésima idea, decidí aceptar, pero llevando a una amiga coreana que estaba buscando novio. "Voy a llevarla a ella para ver si hacen clic", pensé, haciendo uso de mi manía de poner en contacto a las personas. —Reúnete en el bar conmigo. Voy a ir a comer previamente con un amigo que quiero que conozcas—, le dije a ella.

Ni siquiera me arreglé ni puse énfasis en sacar a relucir mi mejor versión. Mi intención era servir de nexo entre mi amiga y este chico encantador, a ver si había química entre ellos.

Recuerdo que, primero, fuimos a un restaurante indio a conversar y a disfrutar de la comida. Algo que siempre me ha hecho famosa entre mi familia y amigos, que bromean con esto, es que ¡soy un huracán comiendo! Aunque siempre he sido delgada, no soy la típica mujer que va a un sitio y apenas pide ensaladas o come algo pequeño, ¡para nada! Me encanta comer y no me importa si estoy en una primera cita o llevo una vida conociendo a alguien; no tengo poses en la mesa. Pido y como lo que me da la gana. Y curiosamente, lejos de impresionarlo y hacer que saliera huyendo de mí, Carlos quedó maravillado con mi espontaneidad. —¡Eres la primera mujer con la que salgo y que en la primera cita, come como lo hace normalmente!—, me dijo. Y es que muchas mujeres, a veces, cuando estamos en "modo de conquista", intentamos portarnos de cierta manera para impresionar, ¡y eso no funciona! ¡Ser auténticas es primordial!

La verdad, es que en ese instante no estaba interesada en él, así es que no estaba en plan de lucir como una diva de Hollywood. Aunque a medida que la noche iba avanzando y también la conversación, me iba pareciendo un tipo muy inteligente y ése es un requisito que me gusta muchísimo en los hombres. ¡Me atraen las mentes brillantes!

Al rato, fuimos a reunirnos con mi amiga coreana. Todo parecía ir bien, pero a poco andar ella me dijo:—Ah, no María, aquí no tengo nada que hacer. Este hombre está loco por ti y se le nota—. Sin embargo, seguía sin interesarme en él, así es que le dije que quería continuar disfrutando de la velada con mi amiga, para que él pudiera irse y dejarnos solas.

—No, si te busqué, seré quien te lleve a tu casa—, respondió, muy chapado a la antigua. No le di mayor importancia y después de un rato, me fui con él, pero al llegar a casa, seguimos hablando durante horas y la verdad, muy a gusto. Días más tarde me volvió a invitar a salir y como lo había encontrado bastante interesante, acepté.

Carlos trabajaba —y aún lo hace— en el área de análisis financiero de Wall Street. Se había titulado de ingeniero y sin lugar a dudas, demostraba ser una persona muy preparada. Empezamos a salir semanalmente. Y como cualquier relación que comienza, al principio, todo era maravilloso. Cada vez que llegaba, por ejemplo, lo hacía llevándome una flor. Era un detalle mínimo, pero romántico al fin y al cabo, que no todos los hombres tienen. No era la gran cosa, pero esas demostraciones de afecto y de pensar en uno a las mujeres nos parecen una hazaña y van calando en nuestros corazones.

En aquella época, yo, estaba en una buena posición económica, tenía un buen automóvil, mi propia casa y él, a sus 26 años, trabajando y estudiando, comenzando su carrera, todavía tenía mucho por recorrer. Recuerdo, que me recogía en un vehículo viejísimo, herencia de su abuelo. En realidad no era algo que me importara, porque nunca había salido con alguien por su situación económica. Mi familia, sin embargo, era más objetiva y se daba cuenta de detalles que yo no percibía.

Nunca fui una mujer que llevara diferentes hombres a casa. Mis hijos sólo me habían visto con Gabriel durante muchos años y luego con Alejandro. Posteriormente Carlos empezó a visitarme y comenzamos a conectarnos de manera más profunda. Pero seguía pensando que era algo pasajero, que no avanzaría más allá por nuestra diferencia de edad. Y aunque había situaciones que de pronto me encendían la luz roja para detenerme y dejar la relación hasta ahí, seguía dejando fluir las cosas, sin prestarles atención.

Esos pequeños detalles

Las señales de alerta siempre están presentes, así como el instinto que nos dice lo que es bueno o malo, lo que funciona o no… ¡Todas están ahí!, pero las ignoramos. Y yo no fui la excepción. Creo que lo hice porque en ese momento me sentía sola. Mi hijo Franco ya estaba preparándose para ir a la universidad, empecé a analizar que en unos cuantos años también se iría Jeff y sentía que "tenía que buscar a alguien", porque me quería volver a casar. Llevaba diecisiete años soltera y me gusta la vida en pareja, organizada y bajo todas las leyes. En eso, soy bastante tradicional. Creo en el matrimonio y en su estructura. Lo creo desde el punto de vista espiritual, como una forma de sellar un compromiso ante Dios, proyectándose a futuro y con la firme convicción de avanzar juntos en proyectos comunes. Y por eso mismo, creo también en el matrimonio desde la perspectiva legal y civil, pues es la manera de organizar todo lo necesario, como bienes, propiedades, seguros, impuestos, etc.

Muchas veces privilegiamos el romanticismo, intentando no cederle importancia a estos detalles, pero nos guste o no, vivimos insertos en una sociedad, donde nacemos, nos desarrollamos y morimos. Cada proceso contempla deberes y derechos, especialmente cuando hay hijos de por medio. La única manera de responder ante estos es planificando, organizando, dejando claro cada aspecto. Y créeme que después de dos divorcios, estoy más convencida que nunca que la legalidad evita muchos dolores de cabeza e injusticias.

En fin, decidí seguir con Carlos, aunque poco a poco, a medida que pasaba el tiempo, me fui dando cuenta de que esos "detalles" que me generaban ruido no eran tan insignificantes o podían mermar fácilmente nuestra relación. Por ejemplo, algo que jamás me ha gustado en los hombres es la tacañería, la mezquindad y la falta de caballerosidad. Soy una mujer generosa y siempre me ha gustado compartir lo poco o mucho que tengo con otros. Por eso, mi pareja debe estar a la par conmigo.

Hubo situaciones que me mostraron que no teníamos la misma forma de pensar respecto a eso e incluso, en alguna oportunidad le dejé hablar por un mes, molesta por detalles que me parecían de poca caballerosidad o desatinados. Pero los dejé pasar, pensando en que se debía a que aún estaba estudiando y comenzando su carrera. Seguramente tenía demasiados gastos y lo que para mí en ese instante era una suma insignificante para él no. Además, el amigo que nos presentó siguió insistiendo en que era un hombre bueno y me pedía que le diera otra oportunidad. Así es que empezamos a vernos nuevamente, pero esta vez le puse las cosas claras. —Ésta es mi manera de pensar, aunque sea una tradición old school: si tú me invitas, tú pagas. Si yo invito, yo pago. Y la mayoría de las ocasiones tú vas a pagar. Si quieres seguir de esa forma, pues bien—, le aclaré. Empezamos a salir otra vez y efectivamente, él pagaba, aunque me daba cuenta que no le gustaba.

Seguimos conectándonos más y al principio disfrutábamos muchísimo el estar juntos. Él estudiaba bastante porque se estaba preparando para obtener una certificación de CFA, que es muy difícil de conseguir, pero quien la recibe, puede llegar a un nivel mucho más alto como inversionista en Wall Street.

Trabajaba todo el día durante la semana y estudiaba después del trabajo; el domingo era su único día disponible. Su tiempo era muy escaso. Para facilitarle las cosas, iba de vez en cuando a la biblioteca para acompañarlo. Y estuvimos con esa agenda de encuentros durante los tres años que estuvo estudiando. Para mí funcionaba bien ese esquema, porque también era una mujer muy ocupada. Tenía un trabajo exigente, estaba constantemente preparándome para obtener nuevas certificaciones, con dos hijos adolescentes de quienes ocuparme, una inmensa familia con decenas de situaciones, muchos amigos y además, siempre he sido una mujer muy independiente. De hecho, aunque pudimos haber vivido juntos durante esos años de noviazgo, decidimos no hacerlo y cada quien tenía su espacio.

Uno de los paseos favoritos que siempre realizábamos como familia, con mis hijos era a las montañas. ¡Amamos los inviernos allí! Nos encantan todos los deportes y actividades que se pueden realizar durante la época de frío. Por eso es que antes, con Gabriel, hablábamos de comprar una casa junto a un lago y poder practicar patinaje sobre el hielo cuando se congelara. Bueno, pues en los años que estuvimos de noviazgo con Carlos comenzamos a viajar mucho a Vermont y desde el primer momento ese lugar se convirtió en uno de mis favoritos. Por eso, cuando él finalmente terminó sus estudios de posgrado, me pidió matrimonio allí.

Recuerdo exactamente el momento. Estábamos finalizando un día de esquí en las montañas de Killington, cuando me pidió que nos casáramos. Y entonces empezó nuestra trayectoria juntos.

Volver a intentarlo… ¿por qué no?

Vuelvo y repito: la vida siempre nos da señales de lo que viene con las personas. Todos, de una forma u otra, a lo largo de una relación, demostramos de qué estamos hechos, cuáles son los valores que nos rigen y qué estamos dispuestos a hacer por el otro. Pero cuando estamos en ese proceso de "enamoramiento" ¡nos negamos a verlo! Y por eso, los problemas se suscitan después, cuando estamos con el agua hasta el cuello. No se trata de que uno sea malo o bueno, es la mezcla de estilos de vida y formas de pensar que a veces no funciona.

Nosotros, antes de darnos el sí tuvimos muchos problemas. Tan sólo para organizar la bendita boda fue todo un proceso. Él, proviene de una familia en la que no acostumbran a celebrar con otras personas. Lo entiendo, pues conozco a algunas personas con esa forma de llevar sus vidas y las respeto. El punto es que yo, en cambio, vengo de una familia en la que todo se celebra, ¡todo! ¡Y por todo lo alto! No en vano, en mi casa, cada viernes era para celebrar. ¿La razón? ¡Daba lo mismo! Tan sólo llegar al final de la semana era motivo más que suficiente para armar parranda, poner música, preparar algo delicioso y divertirse con los amigos que llegaran. ¡Los tigres y las tigresas somos cosa seria!

Él, por otro lado, no quería gastar en la boda y estaba siempre molesto con hablar del tema. Todo eso, yo no lo entendía. ¿Cómo era eso de casarse discretamente? ¿Cuál era el sentido? Tengo una inmensa familia que no perdonaría no ser invitada a una ocasión tan especial como ésa. En fin, eran tantos nuestros desacuerdos respecto a la ceremonia y la manera en que queríamos hacer las cosas para nuestra unión, que días antes, quise cancelar la boda.

Otra alerta roja gigante se encendió cuando tuvimos que reunirnos con el pastor de la iglesia a la que estábamos asistiendo, la misma a la que Carlos y su familia pertenecieron durante toda su vida. — Te he estado observando y eres pura vida, todo positivismo y ellos son muy distintos. Son extremos tan opuestos que dudo que seas feliz—, me advirtió el reverendo. Lo escuché y cancelé la boda.

Otra cosa que me había hecho pensar mucho al respecto era la relación tan fría que él tenía con su madre. No en vano, se dice que para saber el trato que un hombre te dará a futuro, basta fijarse en el que le da a la mujer de su vida: su madre. Me preguntaba qué habría detrás de todo eso.

Con su papá había otra historia. Curiosamente Carlos también me mantuvo "escondida" por largo tiempo, tal como lo había hecho Gabriel. En este caso, me mantuvo alejada de su familia durante los primeros cuatro años y no podía acompañarlo a ninguna de las escasas actividades familiares que realizaban. Luego, cuando por fin les habló de mí, su padre se molestó al enterarse de que era una mujer mayor y además, madre de dos niños. De hecho, le advirtió a su hijo que no iría a nuestra boda, pues según él, jamás me iba a aceptar. ¡No era fácil querer ingresar a ese círculo teniendo aquel escenario! Pero Carlos me convenció de que valía la pena sobrepasar todos esos inconvenientes y diferencias para apostar por nuestra vida juntos. Y finalmente acepté intentarlo.

Siempre he pensado que lo bueno es más poderoso que lo malo, que lo positivo se puede imponer a lo negativo y que hay que apostarle al amor. ¡Y suceden milagros! Confiaba en que sólo me hacía falta una oportunidad, un instante con ellos para ganármelos. Y esa instancia se dio el día en que estábamos realizando el ensayo de la ceremonia nupcial, cuando el padre de mi novio, a último minuto, apareció en la iglesia. Todos estábamos impresionados y por supuesto, felices. Luego, fue a cenar con nosotros y desde aquella noche, aquel señor que juraba que nunca me iba a aceptar, se conectó conmigo para siempre. ¡Sentí que lo había conquistado!

A pesar de todas nuestras diferencias y formas completamente opuestas de ser, mi cariño hacia ellos y mi disposición a conocerlos era genuina. Para mí, la familia lo es todo. Siempre me doy la oportunidad de descubrir a los demás y si los hago parte de mi vida, quiero que lo sientan de verdad.

Al padre de Carlos le encantaba contar historias y los domingos, cuando nos quedábamos en su casa, después de ir a la iglesia, me sentaba con él a escucharlas. Nadie más parecía interesarse en sus cuentos. Pero esta dominicana, a la que había rechazado durante cuatro años, era la persona con la que mayor conexión lograba tener. ¡Cuánto pierde la gente por no darse la oportunidad de acercarse a los demás antes de juzgar!

Que no se diga que no lo intenté…

Finalmente me casé y estuve diez años junto a Carlos. Pero era una persona completamente ajena a mi manera de vivir.

No puedo negar que tuve unos años maravillosos, pues juntos pudimos avanzar económicamente hasta niveles que no me hubiera imaginado. Viajamos y recorrimos el mundo. Durante ese tiempo, también pude conectarme verdaderamente con mi madre y celebrarla hasta el último día de su vida. Pude ayudar a mi familia y a mis amigos cuando lo necesitaron, porque tuve la bendición de contar con los recursos para hacerlo. También conté con las posibilidades financieras para ofrecerles a mis hijos la mejor educación posible. Y el mayor regalo de toda esa historia, es que de esa unión nació mi princesa Natasha, la cual ha sido mi tercera gran bendición. Y es que sin lugar a dudas, cada persona que se cruza en nuestro camino tiene un propósito único, maravilloso, y ése es el tesoro a descubrir. Sin embargo, siempre me generó una sensación de dulce y de amargo, de confusión e inestabilidad.

Por un lado, era el ser más encantador, generoso y comprometido con la iglesia a la que asistíamos. Sus donaciones anuales eran algo sagrado para él y dedicaba gran parte de su tiempo a colaborar administrativamente con la congregación. ¡Todo el mundo lo amaba! Era el tipo de hombre que corría a ayudar a un feligrés si lo requería. Y lo hacía con el mayor placer y honestidad del mundo. De eso no me cabe duda. Sin embargo, sus opiniones y actos con respecto al resto de la humanidad, especialmente aquella en situación de vulnerabilidad, distaban muchísimo de aquel hombre de fe.

Por otro lado, la relación con mis hijos tampoco era la mejor. De hecho, solía referirse a ellos de forma despectiva como "sanguijuelas", dando a entender que le tocaba hacerse cargo económicamente, algo que no era tal. Si bien es cierto, él tenía el mejor salario de los dos, yo también trabajaba y ganaba muy bien. Y era quien organizaba todo en casa para que pudiéramos vivir cómodamente y sin ningún problema cotidiano. De eso, me encargaba cada día.

Y si mis hijos le parecían sanguijuelas no te puedes imaginar el concepto que tenía del resto de mi familia, a la que simplemente no soportaba. Era tremendamente difícil poder tenerlos en casa de visita sin tener que aguantar su pésima actitud. Y es que definitivamente éramos completamente opuestos en la manera de relacionarnos con los demás, como el día y la noche… No se trataba de quién era el malo de la película… Teníamos —y seguimos teniendo— estilos muy diferentes y eso, sin lugar a dudas, a medida que avanza el tiempo y la cotidianidad, se convierte en una carga muy pesada de llevar.

Empecé a ver a mi esposo como una persona tan fría y desconectada de sus emociones, que no lograba imaginar mi vida con él a largo plazo. Cada día sentía que nuestros caminos se iban separando más y más, y no había manera de volver a unirnos porque él no me cedía ese espacio, no me dejaba entrar en su vida como una verdadera esposa.

Había demasiadas cosas y detalles que me hacían dudar de su amor, de su intención de ser feliz conmigo y de si yo era capaz de seguir asumiendo ese estilo de vida junto a una persona que día tras día, se convertía en una más lejana y extraña. ¿Qué sentido tenía continuar unidos?

Mis herramientas

* No autoflagelarme por mis errores… Pero no volver a caer en ellos

Tal como te contaba al principio, uno de los grandes pesos que sentí sobre mi espalda durante mi relación con Gabriel era el estar con un hombre casado. Sé que para muchas personas eso no es un problema e, incluso, a veces es muy atractivo, pues representa un desafío. No es mi caso y nunca lo ha sido. Creo firmemente en la honestidad y fidelidad cuando se está en una relación y eso corre en ambos sentidos.

Además, lo que para algunos es "karma", para mí, como una mujer de fe cristiana, tiene que ver con el efecto o reacción que se da cuando hay una acción que no corresponde o que involucra mala intención, porque hay daños colaterales a terceros. Siempre hay una persona que sufre, que se siente humillada por el engaño del que es víctima. Pero eso se devuelve hacia nosotros, los protagonistas del engaño, pues nunca podemos estar en paz, ni llevar una relación abierta, de cara a los demás. Por eso nos "esconden", nos mantienen en las sombras.

Me castigué durante todos los años que estuve llevando esa historia, me sentía perversa y creo que parte de eso es el resultado final que tuvo esa historia de amor. Luego, con mucha introspección, fui dejando atrás la culpa por ese comportamiento, teniendo siempre en cuenta que la única manera de superarlo es no volviendo a cometerlo. Fue un error, claro que sí. Pero eso no quiere decir que mi naturaleza sea la de una mujer fría, malvada, a quien no le importa destruir una familia. Ésa no soy yo. Por lo tanto, mi tarea es estar atenta para no volver a repetir una situación similar y puedo decir con orgullo que nunca más ha ocurrido en mi vida. Ése es el aprendizaje: tomar acción y no volver a caer en la misma tentación.

* Ser auténtica SIEMPRE

Como te decía en este capítulo, pienso que un gran error que cometemos cuando estamos tratando de conectarnos con alguien es intentar impresionarlo, fingiendo ser de una manera que no es nuestro "yo" real. No existe mejor arma de seducción que ser honesta a nuestra naturaleza. Fingir para complacer las exigencias del otro nos puede dar resultados temporales, pero a largo plazo es imposible mantener una "máscara" permanentemente. No podemos vivir siendo un personaje de ficción.

Puede ocurrir, en el peor escenario, que nuestra manera de ser no guste, no tengamos "química" con alguien o no nos ajustemos a sus requerimientos. Es doloroso a veces, molesto o hasta, humillante. Pues en ese caso, nos toca simplemente dejarlo pasar para que él o ella encuentre lo que busca y nosotros, permitirnos seguir honrando nuestra manera de ser. Ya vendrá quien sepa valorarla y disfrutarla como lo merecemos.

* Escuchar a los demás

Todos necesitamos a alguien que nos escuche, que nos vea, que se dé cuenta que estamos aquí y tenemos algo que contar. Mucha gente pierde oportunidades únicas de conocer personas maravillosas simplemente por ignorar lo que hay a su alrededor, por temer, por prejuzgar y por no darse la oportunidad de estar presentes a disfrutar de otros. Incluso, cuando los demás no piensan de la misma forma que lo hacemos o cuando nos equivocamos respecto a ellos, nos defraudan o nos fallan, de igual manera, siempre obtenemos algo. Y sobre todo, le brindamos la oportunidad a un ser humano de hacerse ver, de hacerse escuchar, de darle sentido a su existencia. ¡Hay tanta necesidad de tiempo entre las personas! ¡Tanta! ¿Por qué no regalar un poquito de atención?

• Permitirme cambiar de opinión, mutar

Las personas cambiamos a lo largo del tiempo. ¡Ésa es la idea! Debemos ir creciendo, madurando y modificándonos. Cada circunstancia, cada individuo, cada lectura, cada cosa que escuchamos o vemos debe ser un aporte en nuestra vida y eso, de una u otra forma va a provocarnos mutaciones. Y si cambiamos como personas, van a cambiar también nuestras relaciones. No siempre esto ocurre en sincronía. Unos avanzamos más, otros menos… En ocasiones podemos seguir caminando juntos, en otras, ese cambio va a generar que la relación tenga una fecha de expiración y eso, aunque no lo parezca, ¡no es tan terrible! Es parte del proceso.

No podemos tener la garantía de seguir eternamente con alguien, pero no por eso debemos dejar de intentarlo. Y la clave es estar siempre abiertos a darle esa nueva oportunidad a los demás. Puedo decir con orgullo que casi todas las personas que han pasado por mi vida, incluso aquellas que hicieron daño, con el tiempo maduraron y pudimos mutar nuestra relación. Todos tenemos derecho a esa oportunidad.

* Atenta y objetiva ante las señales

Como te contaba anteriormente, con el paso del tiempo y lo que he ido aprendiendo, me he percatado de que siempre he tenido señales de alerta ante las personas que me han mostrado sus verdaderas intenciones, sus características y su esencia. Pero, sucede comúnmente que, en el caso de las relaciones sentimentales, las ignoramos. El romance nos nubla la visión y el olfato. Dicen que el amor es ciego, aunque creo que realmente no lo es, pero sí el enamoramiento. Sin embargo, siempre podemos estar alerta a esas banderas rojas… Tomarlas en cuenta es decisión nuestra.

MI REGALO

Como dije anteriormente, toda persona que llega a nuestra vida tiene un propósito y su trayectoria junto a nosotros tiene fecha de duración. No siempre es eterna. Pero podemos seguir amándola de manera distinta y agradeciendo siempre el tiempo y lugar que ocupó en nuestras vidas. Yo, vivo agradecida por cada una de las que han pasado en mi historia y han moldeado el ser que veo hoy en día frente al espejo. Y en este caso, no puedo más que agradecer la existencia de mi princesa Natasha. Toda aquella trayectoria, con sus luces y sombras valió cada segundo por el sólo hecho de tenerla en mi vida. A veces, nuestro plan es completamente distinto e involucra a otros protagonistas. En mi caso, añoré durante años tener otro hijo con Gabriel. Sin embargo, el plan de Dios, que es más que perfecto, me la envió luego, y de la mejor manera posible, pudiendo además, convertir el momento de su arribo en un evento mágico, que tocó la vida de mucha gente.

" Escanea acá para
ver la galería "

VI

CAPÍTULO

Una raya más ¡a esta tigresa!

La vida tiene tantos vaivenes que nos ponen en uno y en otro escenario constantemente. Si bien, hay quienes corren con la suerte de estar cómodos durante la mayor parte de sus trayectorias por esta tierra, también suelen ser poco aguerridos. Pues, nos guste o no, los altibajos, los cambios, las pérdidas y los nuevos comienzos son las mejores escuelas para capacitarnos en voluntad, fuerza interior, poder de adaptación y valor. Las cicatrices que nos dejan las pequeñas y grandes batallas, no son más que recordatorios de todo aquello que nos ha hecho crecer.

Siempre me he sentido como una combatiente, capaz de adaptarse a cualquier situación en un campo de batalla. De la misma manera en que sobreviví a la pobreza, he podido hacerlo a través de los distintos escenarios en los que me ha tocado pararme y lo hago con la misma dignidad. Me acoplo ¡al merengue que me pongan! Y es que la vida nos puede cambiar ¡de la noche a la mañana! Puede ser que en un momento determinado, lleguemos a sentir que tenemos todo bajo control: hemos alcanzado la estabilidad económica, tenemos buena salud, la casa de nuestros sueños, nuestros hijos bien encaminados, la pareja perfecta y el trabajo ideal… Y de pronto, una enfermedad, un despido, un divorcio o incluso, una catástrofe natural nos lleva al suelo y nos pone todo de cabeza.

Lo primero que aprendí en la etapa que te compartiré a continuación es que nadie nos "construye" o "destruye". La frase más común que lanzamos a nuestro ex o a un jefe, una amiga o a quien sintamos que nos falló es: "me arruinó la vida". Pero eso no es cierto. ¡Hay que dejar el melodrama! Los únicos protagonistas de nuestra historia somos nosotros. Cada uno somos responsables y gestores de lo que nos sucede.

Eso, sí, aclaro, existen personajes en nuestra película que son "detonantes" de algunos procesos o "aceleradores", como te mencioné antes, pues funcionan como una especie de cerillo que enciende la mecha para crear un gran incendio interior o se convierten en esa pequeña piedrecita que al empezar a caer por la montaña nevada, se va transformando en la gran bola que puede acabar con todo.

Lo importante es saber reconocer a esos personajes, valorarlos por su aporte y tomar el cambio que producen siempre como algo positivo. Nunca el resultado será peor de lo que teníamos al principio de ese proceso si aprendemos a descubrir el regalo que hay para nosotros. Ni siquiera el perderlo todo significa realmente "pérdida", sino un nuevo comienzo. Eso, siempre que sepamos mirarlo con nuestros ojos internos.

¿Y por qué no?

Durante mucho tiempo sentí que mi segundo esposo le tenía mucho rencor a mis hijos y creo que eso se debía a lo estrechamente apegados a mí que fueron siempre. De hecho, Jeff, mi segundo hijo, aun cuando viajaba constantemente, seguía viviendo conmigo cuando salió de la escuela. Y Franco, mi hijo mayor, a pesar de mi comportamiento durante una época —que ya te detallaré más adelante—, irónicamente, siempre ha sido muy cercano.

El 2014 tuve un remezón muy grande en mi vida que terminó de alinearme con mi propósito real, eso, después de ponerme al filo de la muerte. Los detalles ya te los daré… Pero, como podrás imaginar, cuando Dios nos pone al borde del abismo, cara a cara con la posibilidad de morir, todas nuestras prioridades y hasta nuestra filosofía de vida se modifica. ¡Y la mía había sido completamente trastocada!

Dicen que aprendemos a ver con quiénes realmente contamos en la vida cuando ésta nos pone a prueba. Ahí es cuando sabemos quiénes están con nosotros en las buenas y en las malas, en la salud o la enfermedad, en la riqueza y en la pobreza. No es sólo saber si se quedan dando la pelea a nuestro lado, sino la forma en que lo hacen. No es lo mismo quedarse a dar más problemas, ocupar un espacio o convertirse en un verdadero soporte emocional. Y la manera en que mi esposo se comportó fue tan decepcionante, que sentí como un cristal hecho trizas en mi alma. De hecho, en ese instante comencé realmente a cuestionarme si era con él con quería envejecer… ¿Y para qué? No sentía su amor en esos pequeños detalles que necesitamos cuando estamos mal y dependemos de los demás. Al contrario, me hizo sentir como una carga en muchas ocasiones. Tampoco veía ese compañerismo o ánimo de colaborar, así como lo haríamos, al menos, con cualquier ser humano en un estado de fragilidad.

Hasta ese instante, llevaba un vida absolutamente acomodada. Como te he mencionado anteriormente, había pasado veintiséis años en la misma compañía, donde había crecido profesional y económicamente. Había logrado establecerme, comprar algunas propiedades de inversión, educado a mis hijos e, incluso, ya me había comprado —junto a ellos—la casa de descanso de mis sueños, en medio de las montañas. Viajaba, me daba todos los gustos que quería, podía consentir y apoyar a mis seres queridos… En fin, no tenía razones para quejarme. Sin embargo, mi corazón se sentía vacío.

Mis orígenes como "inmigrante" hispana y mi permanente contacto con nuestra comunidad me habían permitido palpar la realidad de la salud. Conocía de primera mano, por muchos integrantes de mi familia, todo lo que debían hacer para conseguir sus citas médicas, tratamientos, cirugías y medicinas… ¡cuando lograban hacerlo! De hecho, mi madre se enfermó estando todavía aquí en Estados Unidos, y cada vez que la acompañaba a sus citas, veía con horror el trato que tenían los pacientes. Aun cuando tenía pautadas sus visitas con los doctores con anterioridad y contando con un seguro médico, nos pasábamos el día completo en esas clínicas impersonales y poco acogedoras. ¡Eso me partía el alma!

Empecé a cuestionarme constantemente sobre el gran abismo que observaba, al trabajar en la otra cara de la moneda, con pacientes que tenían acceso a cualquier necesidad relacionada a su salud y en las mejores condiciones.

Desde hacía mucho tiempo que rondaba en mi cabeza el deseo de ver a mi comunidad accediendo al cuidado de salud en iguales condiciones, con DIGNIDAD. La situación médica que padecí el 2014, que casi me cuesta la vida, la pude superar precisamente gracias a contar con este acceso privilegiado a los cuidados de salud. Sin embargo, esa misma experiencia me puso aquellas ideas en el corazón… Y cuando algo entra allí, ¡hay que agarrarse fuerte! Pues nunca más saldrá.

Mi nuevo propósito

La decisión la tomé en Vermont. ¡Por eso adoro aquel lugar, pues me ha dado la paz y las respuestas que busco! En medio de aquellas majestuosas y coloridas montañas he tomado las decisiones más trascendentales, ésas que han cambiado mi vida por completo. Y aquella ocasión no era algo sencillo, porque daría un giro a mi destino. Era un riesgo enorme…

Fui por un fin de semana a Wellington, como solía hacerlo, y regresé el lunes siguiente sabiendo que esa misma semana presentaría la renuncia a mi trabajo. Sí, tal como lo lees. Iba a renunciar a mi maravilloso trabajo estable, con aquel salario envidiable, tantos beneficios y un retiro que me garantizaba la más absoluta tranquilidad para mis últimos años de vida. ¿Para qué? Para dedicarme a mi propósito, a aquel llamado que me venía persiguiendo desde hacía tanto tiempo, de suplir las necesidades de salud digna para los míos, para mis paisanos.

Estaba tan emocionada con mi nuevo plan de vida, que aquel mismo día lunes hablé con mi esposo para contárselo. Pero su respuesta estuvo lejos de ser el apoyo que esperaba tener de mi pareja.

—¿Estás loca? ¿Quién hace eso?—, me dijo.

—¿Sabes qué? He trabajado por treinta años y nosotros estamos en una etapa financiera estable, por lo tanto ese dinero menos no va a representar un gran impacto en nuestras vidas. Tengo esta visión y lo único que te pido es que me des tres meses, porque en ese tiempo sé que voy a conseguir lo que quiero—, respondí.

Si te gusta leer o escuchar a líderes y motivadores, puede ser que hayas escuchado esto muchas veces, pues una de las cosas más importantes que hay que tener cuando quieres contagiar a otros con una idea es hablar con convicción. Lo aprendí hace mucho tiempo y cada vez que quiero trasmitir mis ocurrencias, las expongo como si ya estuvieran hechas. Cuando tienes esa convicción, ¡puedes lograrlo!

—Dame tres meses—, le insistí.

—No, tú no lo vas a hacer. No vas a dejar ese trabajo—, me respondió. No lograba entender su negativa. ¡Él ganaba muy bien! No teníamos necesidad de más dinero. ¿Y no quería que dejara mi trabajo?

—¡Pero es que no quiero seguir allí! Quiero construir esta misión que siento es mi llamado—, le reclamé y decirle eso fue peor, pues más prendió aquel incendio.

No hubo manera de que aceptara mi idea y se fue completamente en mi contra. Aunque a esas alturas no me importaba. Estaba decidida y sin su consentimiento, fui al consejo de doctores y renuncié.

¡Hasta aquí llego con esta historia!

Ya te contaré cómo fue todo aquel proceso tras mi renuncia, que se convirtió en otra novela. Era el año 2015 cuando finalmente tomé las riendas de mi vida y dejé la seguridad laboral y financiera por seguir un sueño.

Independientemente de todo lo que venía por delante en el aspecto financiero, lo más impactante fue haberme dado cuenta de que definitivamente no contaba con el apoyo de mi pareja para mi proyecto. Y eso, duele. Si a eso le sumaba su reacción durante el complicado proceso de salud que había tenido el año anterior, la verdad es que a esas alturas de "nuestro partido" había una gran distancia entre nosotros, que se hacía cada día más evidente.

Mi mamá, además, se había mudado de regreso a República Dominicana y había enfermado poco tiempo antes y ya, en aquel momento, su salud estaba bastante deteriorada. De hecho, temíamos lo peor.

Recuerdo que el fin de semana del cuatro de julio del 2016, fui a Santo Domingo, como lo hacía cada mes. Usualmente iba el jueves y regresaba el domingo a Nueva York, pero en esa ocasión decidí quedarme un poco más. Aproveché esos días para compartir con mi hermano William y me fui con él a su apartamento, en la paradisiaca playa de Puerto Plata.

Necesitaba reflexionar sobre los pasos a seguir, las decisiones que sabía que debía tomar, porque mi vida, a pesar de los muchos privilegios que me ofrecía, no era color de rosa. Y ya, todo lo que hacía o comentaba mi esposo había comenzado a perturbarme. Hay un punto en la vida en que las relaciones se agotan. A veces es un desgaste natural por el tiempo, la rutina, los problemas… Pero si el amor es intenso, la unión es más profunda y todo aquello que los une es más fuerte que las diferencias, entonces se puede reparar, con voluntad de ambos lados. Sin embargo, cuando lo que hay es un gran abismo entre ambos, de posturas, de puntos de vista, de aspiraciones e incluso, de sueños en común, entonces se hace muy difícil lograr llenar ese espacio vacío. Y yo o "nosotros", estábamos en ese segundo escenario. Ya no sólo se trataba de falta de amor, sino que tampoco lo admiraba como persona. Ni siquiera quería responderle el teléfono y durante aquel viaje estuve días sin hablar con él.— ¡Ni siquiera te comunicas conmigo! Llevas tres días sin hablarme—, me dijo, cuando volvimos a contactarnos.

—¿Para qué? ¿Para que comiences a criticarme, como siempre?—, le respondí muy molesta. Y aunque tenía rabia en mi corazón, también había una fortaleza diferente en mí. Algo había cambiado y a partir de aquel fin de semana me sentí diferente. Estaba hastiada y ¡cuidado con una mujer aburrida!

Cuando llegué al aeropuerto de Nueva York, para mi sorpresa, él me estaba esperando, lo cual era todo un acontecimiento, porque nunca estaba disponible para detalles como ése. Tratamos de llevar una conversación normal y empecé a contarle del estado en que había dejado a mi mamá que estaba realmente mal. De hecho, creo que ella presentía que estaba pronta a partir y tenía mucha ansiedad, lo cual le generaba problemas para conciliar el sueño. Y la noche anterior, antes de mi viaje, mamá casi no había dormido. Seguramente presintiendo que era nuestra última noche juntas. Y bueno, cometí la imprudencia de comentárselo a mi esposo.

—¡Qué mala hija eres! ¿Mantienes a tu mamá despierta para que esté contigo? ¡Qué egoísta!—, me dijo.

—Pero, ¿de dónde sacas eso?—, le pregunté, riéndome de la locura que acababa de decirme.—¡Dios Santo! Pero ¡qué estupidez! ¿Cómo le iba a hacer eso a mi madre? ¡Ella no podía dormir porque estaba ansiosa!—, agregué. Pero ese comentario suyo fue el toque final, la gota que rebasó la copa de nuestra relación.

Y para ser honesta, su sola presencia ya me generaba ansiedad. Me ponía mal... Fue entonces que decidí decir: ¡basta! Mi decisión estaba hecha, ya la sentía desde hacía tiempo, pero en ese momento fue cuando me di cuenta que no había vuelta atrás. Esa historia no daba para más.

Al día siguiente, le dije a mi esposo que me iba. —No más. Esto se acabó—. No se lo expresé molesta, pero sí con fuerza y seguridad. —Ya es suficiente. No puedo estar contigo, porque no te quiero. Y no sólo eso, pues, para serte muy honesta, no me gustas como ser humano. Eres una persona tan religiosa, pero la forma en que te refieres a los demás, muestra un corazón duro como roca... Llamas a mis hijos sanguijuelas, rechazas a mi familia, a mis amigos... No compartes mis proyectos... ¡No más!—.

Recuerdo que, contrario a lo que esperaba, su primera reacción fue comenzar a llorar y a suplicar que no lo dejara.—Yo te quiero... Mira, hago lo que sea, voy a cambiar...—, respondió. Pero lejos de abrir una ventana de posibilidad durante los días previos a nuestra separación física, su insistencia con la idea de mantenernos juntos fue tan severa, que se convirtió en obsesión... Y más me alejó.

Ni siquiera me dejaba dormir y eso, me obligó a cambiar de cuarto.—Vamos a hablar... Nosotros nos casamos por la iglesia, esto es para siempre—, me decía. Pero sus argumentos ya no generaban eco en mí. Sabía que era sincero y que quería continuar unido a mí. Se le notaba que estaba sufriendo, pero ya no había vuelta de hoja.

Incluso su padre me llamó para interceder por él.—Te pido María, por favor, no lo dejes. Inténtenlo de nuevo—, me pidió.

—Mi querido "old man" (como le decíamos de cariño), lo siento mucho, pero mi decisión ya está tomada—.

Mi esposo también intentó usar otros intermediarios como el pastor de la iglesia a la que asistíamos.—¡No puedo con eso! Lo siento mucho pastor, pero ya no más—, le respondí, con toda la seguridad que sentía en aquel momento.

Carlos seguía intentando modificar mi decisión e, incluso, después de tanto rechazar a mis hijos, decidió invitarlos a cenar para tener una charla "de hombres", mostrando que al menos tenía la intención de reconstruir la relación con ellos. Creo que era sincero, realmente quería hacerlo, pero no había resultados. Sus intenciones no lograban canalizar por ninguna parte porque sus conceptos sobre la vida, la sociedad, la familia y la manera de actuar en él son muy estrictas, muy cerradas y completamente opuestas a las mías. ¡Y nadie necesita un dictador en su vida!

En síntesis, no había fuerza humana ni divina que pudiera intervenir. Esa historia ya estaba irremediablemente rota.

Del amor al odio… ¡menos de una pulgada!

Él estaba destrozado y lejos de lograr salvar nuestra relación, seguir bajo el mismo techo nos estaba haciendo mal… me hacía muy mal, pues no me estaba dando espacio, así es que decidí mudarme en julio del 2016. Y a finales de ese mismo mes ya había encontrado un lugar para reconstruir mi vida.

El cambio fue radical, pues pasé de una espectacular casa de cinco mil pies cuadrados, muy espaciosa y a todo lujo, a un apartamento pequeño de dos cuartos. ¡Ni siquiera tenía comedor! Pero a cambio, tenía una vista maravillosa y la sensación de libertad, de poder ser "yo" nuevamente, sin restricciones ni críticas, algo que no se compara con nada.

Cuando Carlos se dio cuenta que no había vuelta atrás, su actitud pasiva y conciliadora cambió radicalmente. La rabia se apoderó nuevamente de su alma y empezó a hacerme la vida lo más complicada que pudo. Su primera acción fue dejarme sin un centavo, sacando todo el dinero de todas nuestras cuentas de banco en común, sin que me diera cuenta.¡Es que jamás pensé que teniendo una hija suya pudiera reaccionar de aquella manera! Mi sorpresa fue cuando acudí al banco para pagar la renta y no tenía un quinto con que hacerlo.

Hasta entonces, mi ilusa cabeza había pensado que nuestro divorcio sería un trámite más, que resolveríamos rápidamente y sin mayores dramas. A fin de cuentas, pese a su reciente forma de actuar, habíamos tenido una buena relación, un agradable matrimonio y éramos personas de bien, ¿qué podía salir mal? Pero las cosas se empezaron a poner tan álgidas, que se podía vislumbrar una verdadera guerra que se venía por delante. No en vano, mi abogada, que era una amiga en común y hasta ese momento, había intentado mediar entre nosotros, me sugirió buscar un abogado fuerte. —Este caso va a ser difícil—, dijo. De hecho, ella misma me consiguió a uno de los mejores abogados en la materia… ¡Y carísimo! Pero a esas alturas sabía que debía protegerme.

De inmediato, iniciamos el proceso legal, porque ya llevaba dos meses sin dinero. Usé todas mis tarjetas y acudí a todo cuanto podía, buscando la manera de sobrevivir. Parecía que estaba viviendo mi propia película de acción, donde cada día era una batalla de astucia, recursos, concentración, habilidad y ¡mucha fe! A ver, ¿cuál será su próxima jugada? ¿Cómo saldré adelante de ésta?

Afortunadamente las leyes en este país funcionan y cuando el juez analizó la situación, lo castigó.—Un hombre que está ganando tanto dinero, que trabaja en Wall Street y sin embargo, saca todo el dinero de las cuentas de ambos, sin siquiera dar manutención… ¿Qué es esto?—, le dijo. Por fin, en ese momento, sentí que no estaba abandonada a mi suerte.

Las bendiciones siempre caen del cielo

Cada vez que escucho a madres compartiendo detalles de sus batallas en corte por la manutención de sus hijos o el Child Support como se llama en Estados Unidos, recuerdo lo que fue esa disputa para mí. Mi ex esposo quería darme una cantidad que era absurda para los gastos que tenía y el nivel de vida que llevaba mi hija. Y hablo de ella, porque si bien, era también mi estilo de vida, recuerdo muy bien de dónde provengo: de la pobreza. Sé lo que es pasar hambre y otras necesidades, así es que puedo adaptarme a lo que me toque vivir, pero mi hija nació y hasta entonces, siempre había vivido en otras condiciones, ¿por qué debía acabar abruptamente con su realidad, sin tener poder de decisión y ni siquiera opinión en esa guerra?

Ya te contaré cómo ha sido mi relación con el dinero y la forma en que logré cambiar "mi chip" para convertirlo en una bendición constante en mi vida, pero lo cierto, es que en ese momento aún no empezaba a ganar un salario en mi nuevo proyecto, así es que lo que él proponía era insuficiente. Había que seguir peleando en corte, lo cual implicaba más dinero en abogados.

En aquel momento de incertidumbre, sin embargo, empecé a no preocuparme por el dinero porque había aprendido que siempre aparecía. Contrario a pensar: "¡Ay Dios mío, no tengo nada!, ¿qué voy a hacer?", me concentraba en la idea de: "el dinero que necesito va a aparecer. Sé que esto se va a resolver". No me preocupaba y nadie a mi alrededor podía imaginar lo que estaba pasando conmigo.

Tiempo después, de hecho, el propio juez lo obligó a que mientras durara el juicio de divorcio, me pagara mensualmente cinco veces la cantidad que mi esposo proponía, más los gastos de cuidado de mi hija. Eso no implicaba darme ese dinero el resto de la vida, sino hasta que el divorcio se resolviera, pero ese proceso se seguía dilatando innecesariamente, precisamente por su culpa. Era él quien complicaba las cosas por el tema económico. Y es que no aceptaba tener que dividir los bienes, pues consideraba que no me lo merecía, ya que era él quien siempre había aportado la mayor cantidad, de hecho, duplicaba mi salario. Tanto le molestaba el tema y era tan obstinado al respecto, que se lanzaba contra su propio abogado, cuando éste intentaba explicarle cómo funcionan las leyes respecto a la división de bienes.

La situación se extendía sin sentido. Pero, en realidad, una vez que el juez le ordenó los pagos, a mí no me afectaba su testarudez, pues mensualmente estaba recibiendo una buena cantidad. Sin embargo, ese divorcio me estaba desgastando demasiado. Me tomaba mucho trabajo prepararme para cada audiencia en corte. Eran toneladas de papeles y documentos que debía preparar y buscar para poner frente al juez la evidencia de mi vida entera durante esos diez años con mi esposo.

Calculó todo el dinero que yo ocupaba en regalos para mi familia, el que gastaba, todo lo que enviaba para los cuidados de mamá en Santo Domingo… Y lo presentaba como prueba. Sin embargo, tanto mis abogados como los suyos le explicaron que, estuviera de acuerdo o no, eso era parte del matrimonio, donde se comparten los bienes. Él pretendía conseguir como una especie de "crédito" por todo el dinero que gasté. Pero olvidaba que yo también trabajaba y ganaba un buen salario. Por supuesto, no a su nivel, pero tenía lo suficiente como para apoyar económicamente a los míos y darme ciertos gustos.

Todo el proceso, además, estaba ocurriendo en una época en que se habían aglomerado demasiadas situaciones para mí. Estaba comenzando un nuevo negocio, a mi madre le dio un derrame cerebral que la dejó completamente incapacitada y perdí a Lisa, una de mis mejores amigas. Eran demasiados retos al mismo tiempo, pero debía seguir. No había de otra.

—¡Deberías escribir un libro de cómo sacar adelante un divorcio! De la forma en que lidiaste con tu hija, con él, de la manera en que te comportabas, ¡era increíble!—, me dijeron después de toda esa batalla los tres abogados que llegué a tener. Y es que por más desprecio y rabia que él me mostraba, mi reacción siempre fue respetuosa. Y no era sólo una pose, realmente quería concentrarme en los buenos años que pasamos juntos y en todo lo maravilloso que pude vivir con él.

—¿Cómo no te molestas? ¡Mira lo que dijo!—, me decían después de algunas audiencias.

—No importa. No le daré ni un minuto más de mi energía a él porque ya le di muchos años. Me voy a concentrar en lo que yo tenga control y no le daré poder a algo que no puedo controlar. Y con él, no tengo control de nada. Puedo prepararme con lo que ustedes necesitan presentar y ya. De ahí en adelante, dependo de la voluntad de Dios—, les respondía.

Nunca le respondí de la misma forma que él lo hacía. Estaba consciente de cuál era el propósito de todo aquel engorroso proceso y era mi hija. Al principio, por ejemplo, ella no quería compartir mucho tiempo con él. Estaba sufriendo y hablé con la jueza para intentar que me diera tiempo y espacio para prepararla emocionalmente.

—No quiero que usted piense que estoy tratando de que mi hija rechace a su padre. Al contrario, quiero que lo quiera y se críe cerca suyo, y sé que él quiere hacerlo también. Pero lamentablemente, la niña en estos momentos no quiere. Está ansiosa y estoy preocupada por eso. Si usted quiere comprobarlo, hable con ella—, le expliqué. Entonces, le pusieron una abogada y una psicóloga para que se encargaran exclusivamente de mi hija. Luego, lo obligaron a él a acudir con una psicóloga, que iba a evaluar el mejor momento para hacer el cambio de régimen de visitas y definir los días en que podían compartir.

Finalmente, después de que ambos gastáramos unos setecientos mil dólares en abogados y en corte, y de un año y medio de litigio, nos divorciamos en diciembre del 2017. No le guardo ningún rencor ni sentimiento negativo alguno. Estoy completamente desconectada de él y desde entonces no he vuelto a escuchar su voz. Sólo nos comunicamos a través de mensajes de texto. No es la forma en que hubiese querido que terminaran las cosas, pero cada quien tiene sus propios métodos de cerrar sus capítulos y éste ha sido el suyo hasta ahora. Aunque me encantaría que con el paso del tiempo y la madurez, esa relación también pueda mutar y tomar una nueva forma, en beneficio de nuestra hija.

Por mi parte, podría estar en cualquier lugar con él sin rencores. Dejé ir su presencia y decidí concentrarme en todo lo bueno que me dejó aquella relación: mi maravillosa hija. El resto, es parte de la trayectoria y el aprendizaje.

Mis herramientas

* ¡Nadie me arruina la vida!

Como te mencioné al principio, tomar consciencia de esto es vital ¡para dejar de crear constantes antagonistas en nuestra película de vida! ¡No necesitamos darle ese poder a nadie! Somos nosotros quienes creamos cada cosa que nos pasa con nuestras acciones, decisiones y hasta pensamientos. Y mientras más pronto ocurra, más rápido tomaremos también el control de nuestra trayectoria.

* Si lo creo, ¡puedo lograrlo!

Soy una convencida de eso y creo, que esa parte ¡vino conmigo de fábrica! Pues a pesar de toda mi revolucionada y triste infancia, siempre tuve la certeza de que si me proponía algo, podía conseguirlo. Si no tienes esa actitud, ¡puedes trabajarla! Como todo en la vida. Es un ejercicio mental y hasta físico, pues puedes ayudarte escribiendo la meta que tienes en tu teléfono, dejando mensajes que te lo recuerden en sitios donde acostumbras pasar (espejo, cocina, computadora, etc.) Y lo más importante, es tomar esos pequeños pasos que se requieran para conseguirlo, pues ¡sin acción no hay resultados!

* Mostrar la convicción

No obtenemos nada si, cuando queremos conseguir algo de otros, nuestro mensaje es contradictorio o inseguro. Me refiero, si queremos, por ejemplo, solicitar un trabajo y, al hablar con nuestro posible empleador le damos a entender que no estamos preparados para obtenerlo, ¡pues no lo vamos a conseguir! Es importante demostrar con nuestra seguridad en nuestra voz, imagen y palabras que estamos 100% convencidos de lo que habla nuestra boca. Ponle atención a cada detalle. Más adelante, de hecho, te comentaré sobre algunos de mis tips para lucir radiante, sin gastar mucho y aunque por dentro estés temblando.

* Hacer lo mejor hasta donde se puede y ¡soltar el resto!

No podemos permitir que nuestro estómago se reviente frente a cada situación que se entorpece o complica. Tal como sucedió durante mi divorcio, en que cada día aparecía una sorpresa y dependía de la acción y decisión final de otros. Hay situaciones en nuestra vida que podemos controlar. Otras en cambio, se salen de nuestras manos. ¿Qué hacer en estos casos? Pues ¡aceptarlas! No importa de qué se trate, lo único que podemos hacer es que no nos afecten o logren el menor impacto posible en nosotros. La lluvia por ejemplo, no podemos controlar que llueva durante un día en que tenemos cientos de cosas por hacer o una celebración. No nos queda más que aceptar que las condiciones del clima cambiaron, que tenemos que ajustarnos a esos cambios y disfrutarlos de la mejor manera posible. Pero no se nos acaba la vida por esto.

No quiero que interpretes que, frente a las dificultades debemos quedarnos quietos, de brazos cruzados y dejar que el agua nos ahogue. No. Se trata de prepararnos, de ejecutar y de resolver lo que nos corresponde. El mejor consejo que he podido encontrar en mi vida y que me ha llevado al mayor estado de paz, es poder entender que las cosas en las que no tengo control, ¡debo dejarlas ir! Y eso es posible.

Se trata de "soltarlas" por completo, empezando por sacarlas de nuestra mente. Nada de lo que estás pensando va a cambiar la situación, nada de lo que quieras hacer va a cambiarlo, entonces no queda más que dejarlo ir, orar y confiar.

* Respirar

Te puede parecer una bobería, pero estamos tan desacostumbrados a ponerle atención a este proceso, que olvidamos ¡su infinito poder sanador! Lo que los yogis saben hace miles de años en la India, la ciencia ahora lo ha podido probar y es que la manera en que respiramos puede curar muchas dolencias, simplemente ¡porque nos modifica la mente! Está comprobado que al respirar la actividad de nuestro cerebro se modifica, ésa es la clave del yoga.

Algo tan simple como pausar la respiración cuando estamos bajo mucho estrés puede evitar o liberarnos de un ataque de pánico, por ejemplo. ¡ES MARAVILLOSO! Imagina la cantidad de malos momentos, disgustos, malestares físicos y hasta peleas sin sentido que te puedes evitar simplemente respirando antes de decir una sola palabra.

A este punto de mi vida lo hago automáticamente y, de hecho, hace algún tiempo, una de mis amigas me regaló un "reloj inteligente", que tiene múltiples funciones para ayudar a mejorar nuestro estado físico y nuestra salud ayudándonos a monitorearla. Puedo decir con mucho orgullo que desde que lo estoy usando, sólo en dos ocasiones me ha alertado que necesito tomarme tiempo para respirar. He llegado a este estado en que estoy de calma y entiendo que cuando más necesito prestarle atención al aire en mi cuerpo, es cuando siento apretado el cuello. Ésa es mi señal.

*Responder con amor, no importa la agresión ni quien la genere

Esta herramienta también fue clave para sobrevivir a mi segundo divorcio, pues nunca reaccioné a las provocaciones de mi ex esposo. ¡Jamás! Y hasta la actualidad, mantengo esa misma reacción. Por eso, frente a cualquier mensaje que me mande, reacciono con mesura. Si lo enfrento y respondo de la misma manera, esa rabia irá en aumento. En cambio, si devuelvo un mensaje agradable, rompo esa energía o al menos, no le doy combustible para que siga encendiendo la hoguera.

Y esta herramienta sirve en todo. En el trabajo, por ejemplo, cada vez que noto que alguien de mi oficina está estresado, molesto o alterado, contrario a alzarle la voz para dominar la situación, le hablo suavemente. Mientras más alterada está la otra persona, más suave le hablo y puedo sentir como poco a poco se va calmando. ¡Es automático!

* Analizar los mensajes y ver cuándo obtengo resultados positivos

Hay que convertirse en nuestro propio "analista de comportamiento" para conseguir nuestros propósitos. Y no lo digo desde la soberbia, intentando manejar a los demás, sino como una forma de generar empatía, que finalmente es lo único que nos ayuda a mejorar las relaciones: el ponernos en el lugar del otro para entender o al menos, intentar, comprender sus razones.

Cuando necesito algo de mi ex esposo con respecto a mi hija, por ejemplo, sé cómo lograrlo. Y lejos de disputar su decisión respecto a algo, lo hago partícipe del proceso. Si tengo un plan con ella, para el cual necesito su autorización, le escribo: "¿Qué opinas de esto?"

Debemos ser detallistas en la manera en que los demás reaccionan ante nuestros estímulos, pues cada reacción viene de una necesidad y nosotros podemos apelar a ésta para lograr metas que van mucho más allá de una discusión.

* Olvidarme de querer estar en lo correcto

Estar o querer estarlo siempre ¡destruye muchísimas cosas hermosas! En ocasiones, aunque lo estemos, es mejor demostrar lo contrario porque lo importante es el resultado. En mi caso, cada vez que pienso en qué mensaje enviarle a mi ex, evalúo primero qué quiero para mi hija en esa ocasión. Y otra vez, no es lo mismo que intentar "manipular" la situación, pues la manipulación es negativa. Estoy haciendo lo que "necesito" para tener los resultados, pero de una manera cariñosa e inteligente, que finalmente es buena para todos.

Cuando manipulamos no nos importa lo que podemos destruir, y yo no quiero destrucción, quiero paz para todos, incluso, para mis enemigos.

* Usar palabras mágicas

"Por favor", son las palabras que más uso, mis claves mágicas. Y las empecé a descubrir analizando precisamente los textos de mi ex, pero funcionan con todo el mundo. Son tan sencillas y ¡hacen tanta diferencia! Pues demuestran que no estamos dando una orden ni intentando manejar a nadie. Es simplemente "pedir" y en eso, como dice el dicho, "no hay engaño".

* Enviar amor y ternura a todos

Hay una aplicación que uso desde hace un par de años llamada Calm y para mí ha sido increíble. Allí hay una meditación de gratitud hacia los demás que practico frecuentemente y en parte dice: "Envíale amor y ternura a las personas que son tus enemigos. Piensa en ellos y envíales este mensaje: Que seas saludable, que seas feliz, que seas activo, que encuentres paz".

Muchas veces, cuando las cosas se ponen muy difíciles no sólo con mi ex esposo, sino también con su familia, que interviene con mi hija, utilizo esta meditación varias veces durante el día. En una época, en que las cosas con ellos estaban muy complicadas, medité de esa manera cada día durante seis meses. Lo mismo hago en la iglesia, ¿por quién oro? Por todas esas personas que me han querido hacer daño, por sus almas. "Dios dales la sabiduría para que puedan entender las decisiones que han tomado. Que escojan las mejores para que encuentren paz. Que tú estés con ellos. Dales paz. Sé que el único que puede hacer eso eres tú". Y ¿sabes qué? La energía funciona.

* Mantener MI PAZ

Hay tres palabras en inglés que siempre utilizo para mantener este propósito en mente: cooled, calmed & collected, es decir, cabeza fría, relajada e imperturbable. Cuando tienes todo tranquilo, en calma y en control, en las situaciones más fuertes, los resultados van a ser mejores.

Cuando pasa algo complicado, las preguntas que me hago son: ¿por qué está pasando? ¿Qué tengo que hacer para sobrepasarlo? Mi energía se concentra en lo que tengo que hacer y no en el drama. Lo mismo lo llevo a cada área de mi vida, lo hice en mi divorcio, en mi oficina, con mi hija y con distintas situaciones que vienen de vez en cuando… Ok. Y ¿ahora qué? Ésa es la belleza de poder vivir en el poder del ahora, porque el presente es lo único que existe y eso es suficiente para brindarnos paz.

MI REGALO

Aprender a dominarnos, a estar "presentes" es el camino a la plenitud total para dejar de dañar a quienes más amamos.

" Escanea acá para
ver la galería "

VII

CAPÍTULO

¿Dónde está el verdadero éxito?

Nuestra vida es un regalo invaluable, maravilloso, un verdadero milagro. Pero así como es de increíble, lo es de delicada y frágil. Somos completamente vulnerables. Lo mismo da lo abultada de nuestra cuenta en el banco, las joyas que carguemos, los automóviles que nos desplacen o dónde vivamos… Podemos perder el tesoro más grande que tenemos en un abrir y cerrar de ojos. Por eso, hay que vivir bebiéndonos gota a gota nuestra existencia, hasta el último sorbo, día a día. Y encontrar ese nicho creado especialmente para nosotros, para nuestras destrezas y habilidades, y sobre todo, para canalizar nuestro propósito. ¡Que valga la pena la inversión de vivir!

Como te mencioné en uno de los primeros capítulos, aunque mi gran deseo era convertirme en doctora, sabía que mis recursos económicos en esos momentos no me lo permitían, por lo tanto, opté por algo "realista" que me diera la oportunidad de acercarme al área de la salud. Luego de conseguir mi certificación como asistente médico en un centro comunitario, seguí estudiando permanentemente, preparándome, mejorando y complementando mis conocimientos. ¡Eso es vital! Ésa es la fórmula básica del éxito.

Dentro de toda mi preparación, también fue importante mejorar mi inglés y disminuir mi acento. Sé que muchas personas pueden no estar de acuerdo con esto y defienden a ultranza su derecho a hablar su idioma original, en el caso de ser inmigrantes. Mantener nuestra primera lengua es muy importante, porque nos permite contar con una herramienta adicional. ¡No te imaginas la cantidad de veces que me ha servido ser de origen hispano y hablar español! Un segundo idioma es una llave que abre muchas puertas y a partir de ahí, ¡todos los idiomas que quieras! Pero igual de importante es aprender el idioma del lugar a donde hemos llegado. No sólo se trata de una vía para conseguir mejores trabajos, sino también es una manera de mostrar respeto por nuestro nuevo hogar y sus habitantes. "Donde fueres, haz lo que vieres", dice un refrán y se trata de adaptarnos al lugar donde hemos llegado, a sus costumbres, a su idiosincracia, a sus leyes y eso comienza con la lengua local.

Los años en este país me han demostrado que no importa si al principio no hablamos bien el idioma, pero cada vez que hacemos el esfuerzo de darnos a entender en inglés con personas nacidas en Estados Unidos, ellas lo valoran. Es mejor hablarlo mal pero intentarlo. Recuerda que no son los estadounidenses quienes deben adaptarse a nosotros, sino nosotros quienes debemos ajustarnos a su modo de vida. Y eso es igual en cualquier país donde vivamos. Es como si llegáramos de invitados sorpresa para hospedarnos en una casa y pretendiéramos que los anfitriones se ajusten a nuestra manera de vivir. ¡Es ilógico! En cambio, mientras más dispuestos a acoplarnos a ellos nos mostremos, más sencilla será nuestra convivencia e integración.

Los primeros escalones

También te conté cómo a pesar de mi marcado acento hispano, después de muchos intentos, logré obtener mi primer trabajo en la consulta de un doctor. Y luego de poco más de un año, en el que estuve perfeccionado mi inglés, por fin logré acceder a una clínica más grande, privada, con varios doctores y dedicada a los pacientes de gran poder adquisitivo. Fue allí donde pude hacer mi carrera, desarrollarme y avanzar durante los siguientes veintiséis años de mi vida.

La verdad, es que me sentía muy afortunada de la oportunidad que tenía, al poder trabajar en un sitio como ése, con personas americanas, que aceptaban mi acento y que se convirtieron en una gran escuela para mí. Como te conté también en un capítulo anterior, allí conocí a Gabriel, quien, si bien, se convirtió con el paso del tiempo en mi pareja, antes de llegar a ese punto y durante lo que duró toda nuestra relación, él fue, por sobre todas las cosas, "mi mentor", la persona que me inspiró y me orientó en los pasos que debía seguir para avanzar en mi carrera. Gracias a sus consejos fui motivándome a seguir con mi perfeccionamiento, a no bajar la guardia y conformarme con lo que tenía, y a buscar las áreas correctas que podían complementar mi título original.

Si bien es cierto, tenía un grado como asistente médico, él me fue guiando y explicando cuáles serían aquellas clases que debía tomar para potenciarme. De esa manera aprendí sobre recursos humanos, administración y contabilidad, entre otros. ¡Es tan importante poder visualizar la educación como una herramienta de desarrollo! Podemos ser personas muy talentosas, pero si no aprendemos a canalizar ese talento, a ver por dónde podemos encausarlo de manera concreta, quizás no lleguemos nunca a ningún buen puerto.

La pieza que empuja el juego

Estuve dos décadas y media en esa clínica de salud y siempre creí que desde allí pasaría directamente a mi retiro. No pensé que podía dejar aquel trabajo. Nunca antes quise hacerlo, ni siquiera en aquella época en que Gabriel intentó complicarme las cosas. No era mi plan, pues adoraba trabajar en aquel lugar, con su gente, crear nuevas estrategias para crecer, ver los resultados, ampliarnos… En fin.

La empresa estaba facturando más de cuatro veces lo que hacía cuando recién entré como directora ejecutiva. Tenía 250 empleados y veinte de ellos eran parte de mi equipo. Era una labor intensa, pero no era sólo eso lo que me mantenía allí, pues sabía que estaba realizando un impacto importante con ese grupo en la comunidad adinerada que, muchas veces, ni siquiera lo sabían apreciar. Muchos de ellos, lo han tenido todo, pero han perdido la humildad. Y es que el dinero, del cual te hablaré en mi próximo capítulo, a veces es peligroso porque, eventualmente, si no sabemos como relacionarnos con éste, nos hace perder valores como la sencillez, la empatía, o el poder mirar a los demás a los ojos y desde el corazón. Nos olvidamos que da lo mismo si nacemos sobre una cuna costosa o una de paja, pues todos llegamos al mundo en igualdad de condiciones y nos vamos de la misma manera de esta tierra. Todos provenimos de una mujer y todos terminamos convertidos en polvo. ¡Todos! No hay excepción a esta regla.

Sabía que durante todos esos años había logrado, de alguna manera, que muchos de los pacientes y médicos, que pertenecían a esa elite, recordaran esa regla básica de la vida: el ser iguales y tratarnos como tal. Tuve experiencias maravillosas con varios de ellos que me agradecían el cariño, la dedicación y mi esfuerzo por poner énfasis en la humanidad que compartíamos y no en su condición económica. Muchos de ellos sabían apreciarlo, pero el resto pasaba por aquel lugar buscando un servicio más, con una actitud que no les dejaba apreciar los cuidados que se les ofrecía.

Sabía también que, en aquel lugar, había podido hacer un impacto considerable en nuestra comunidad, ya que ese recinto pasó de tenerme a mí como la única hispana contratada, a prácticamente un 60% del personal hispano. Es decir, muchas familias latinas estaban siendo beneficiadas con un excelente trabajo, con un salario justo y con condiciones laborales dignas. Todo lo cual había generado mi gestión. ¡Eso era tremendamente importante para mí! Me sentía muy orgullosa de haberlo logrado, pero… ¡quería más!

Fue entonces que decidí crear un impacto en la salud, pero entre la comunidad hispana, pues en la ciudad, donde trabajan muchos de los nuestros prestando distintos servicios y realizando aquellas actividades que nadie quiere hacer, no había un recinto de salud con las características que tenía la clínica donde trabajaba. Si bien es cierto, existen centros de salud comunitaria y clínicas privadas, nuestra comunidad no contaba con la dignidad y la atención que merece. Y yo, estaba acostumbrada a tenerla. ¿Por qué nuestra comunidad tiene que atenderse en sitios que desde el momento en que entra les hace sentir menospreciada? ¿Por qué debemos acudir a lugares sucios o fríos, donde no se siente el calor humano? ¿Por qué atender a una cita puede implicar perder un día entero de trabajo? ¡Horas y horas de espera! Y eso, es lo que en muchas ocasiones va desencadenando que nuestra comunidad no ponga su salud como una prioridad, pues es tiempo que pierde de trabajo, dinero que no gana y más problemas que se vienen encima.

Dios llama de distintas maneras

En el mes de abril del 2014, junto a mi segundo esposo, estaba a punto de ir a un viaje a Bahamas. Lo habíamos planificado hacía un tiempo y tenía cierta ilusión de que quizás aquel lugar paradisiaco reavivara la llama que entre nosotros parecía casi extinguida.

Como muchas mujeres, especialmente latinas y, considerando el nivel de vida que había llevado hasta entonces, que me permitía darme algunos gustos, había sucumbido a la moda de los implantes mamarios. ¡Claro! Siempre he buscado lucir y sentirme sexy, segura de mí. Y tristemente, la sociedad, los medios y el machismo nos han llevado a creer que parte importante de la femineidad está en nuestra talla de sostén. ¡Qué error y engaño más grande! ¿Cómo dos globos llenos de agua y sal o silicona nos pueden determinar si somos más o menos mujeres? Ahora lo entiendo, pero hasta entonces, gran parte de mi seguridad estaba concentrada en mis prótesis "frontales".

Un día, después de realizar mi sesión diaria de ejercicios, me fui a bañar y me percaté de que el implante en el seno izquierdo había explotado. De inmediato llamé al cirujano, para preguntarle cómo arreglar eso antes de mi viaje. Y por supuesto, lo primero que respondió es que el viaje quedaba pospuesto porque tenía que operarme. Así es que tres días después estaba bajo el bisturí.

Todo iba normal, hasta que en medio del procedimiento, descubrieron que habían ordenado el tamaño del implante incorrecto. Es decir, no era el mismo que tenía anteriormente y en el otro seno. Como ya estaba bajo los efectos de la anestesia, el doctor le preguntó a mi ex esposo qué hacía al respecto, si esperaban a ordenar el que correspondía, cambiaban ambos o ponían ése. Y él respondió:—Arréglale el seno a mi esposa y luego que ella decida—.

Cuando desperté, vi a toda mi familia alrededor mío con caras extrañas. No entendía qué les pasaba hasta que me contaron lo sucedido y me explicaron que debía volver a operarme para solucionar el error. Dos cirugías seguidas significaba un largo tiempo de recuperación y quería regresar lo antes posible a mi vida normal. Por lo tanto, opté por hacerla cuanto antes. Y es que a veces, la vanidad y la presión por los conceptos errados nos lleva a tomar malas decisiones.

Mi ex esposo, por su parte, estaba molesto porque esa segunda operación significaba que tendría que pagar nuevamente. Increíblemente, contando con un trabajo que le permitía darse prácticamente cualquier gusto, el dinero era su piedra de tope. ¡Jamás quería gastar! Y aunque en muchas ocasiones lo apoyé con sus decisiones, realmente, al mirar hacia el pasado, creo que esa actitud tuvo mucho que ver en el desenlace de esta historia.

Si realizábamos la cirugía para corregir el tamaño del implante en el hospital iba a costar lo mismo que la primera vez. Sin embargo, si lo hacíamos en la oficina del doctor, que tenía una pequeña sala de cirugías, el costo sería mucho menor. ¿Y qué crees que pasó? ¡Exactamente! Así es que cuatro días después, fui a operarme a su consulta. Y aquí hay una lección para ti… Para eventos como estos, lo barato puede llegar a costar demasiado caro… tanto, como tu vida.

Ya me estaban poniendo la anestesia y la verdad, es que aquel lugar me dio una pésima impresión. Al mirar hacia arriba, vi que había óxido en el sistema de ventilación. Paradójicamente, en la clínica donde trabajaba, acabábamos de construir un inmenso centro de cirugías. Y yo, sin embargo, estaba en esa camilla pensando: "este sitio no está lo suficientemente higienizado". Si me hubiese dejado guiar por mi instinto y mi experiencia en salud, jamás me habría operado en aquella consulta. Pero ya no había mucho por hacer, salvo ponerme en las manos de Dios. A fin de cuentas Él y sólo Él es quien escribe nuestro libro y nos pone en el camino que debemos para aprender la lección que nos toca.

Reconozco que apenas desperté pude comprobar que los senos me habían quedado como esperaba. Todo era perfecto… Aparentemente. Una vez en mi casa, al día siguiente, comencé a mostrar, sin embargo, los primeros problemas y a sentirme mal. A pesar de esto, después de revisarme, el doctor consideró que todo estaba bien. Pero definitivamente las cosas no lo estaban, pues un día más tarde no podía caminar, ni comer y tenía un dolor inmenso.

Regresé de inmediato con el cirujano y jamás olvidaré su rostro cuando me abrió las vendas para ver qué estaba pasando. Estaba pálido. —Tus dos senos están completamente infectados, ¡completamente! Necesitas ir a emergencia ahora mismo. Te vamos a internar y hay que operarte de nuevo—dijo sin pausa.

Al día siguiente, estaba llena de antibióticos, en un intento por controlar la infección que me estaba recorriendo el cuerpo. Una de las doctoras con las que trabajaba y que me estaba revisando, me dijo: —María, esta infección es muy fuerte. Necesitamos controlar las células blancas antes de operarte. El tiempo va a depender de eso—.

¿Cómo era posible que hubiese llegado a ese punto por un simple implante de senos? Cirugías como ésas se realizan todos los días, ¿cómo podía complicarse de esa manera? Pero sucede con más frecuencia de la imaginamos y sus complicaciones pueden ser terribles, desde deformaciones a daños en órganos por las infecciones o, incluso, la muerte.

Ese mismo día decidieron operarme a las cinco de la tarde. Había que abrir mi pecho nuevamente y sacar los implantes. Usualmente el cuerpo forma una cápsula alrededor de estos globos rellenos de agua o silicona. Muchas veces la dejan como parte del cuerpo, pero en mi caso estaba tan infectada que había que sacarla.

Mis hijos se despidieron de mí con toda la angustia que les cabía en sus rostros, ¡jamás lo podré olvidar! Pensando en que cualquier cosa podía suceder conmigo… Mi hija era mucho más pequeña y afortunadamente no se percató de lo que estaba pasando. Mi esposo, en tanto, se acercó a la sala donde me estaban preparando, y en vez de darme un beso o decirme cuanto me amaba, como podría hacerlo cualquier pareja, me hizo un gesto y me dijo: "te veo luego".

Todo puede ponerse peor…

Si las cosas ya estaban mal, no tardaron en empeorar. Aquella noche, mi cuerpo además, tuvo una reacción alérgica a la penicilina y comenzó a hincharse y a ponerse de color violeta. Literalmente, me estaba muriendo y los médicos se lo dejaron saber a los míos. Mis hijos, mi mamá y mi familia casi completa entraron a despedirse de mí. ¡Había treinta personas en la sala de espera!

Luego, me llevaron a cuidados intensivos pensando en el peor panorama. Afortunadamente, Dios tenía otros planes y me dejó fastidiando otro rato por acá. Recuerdo que, cuando desperté en mitad de la madrugada, había un enfermero al lado mío. Abrí los ojos y no sabía lo que había pasado. Estaba muy débil. —Te pusiste muy mal durante la cirugía. Estás en cuidados intensivos—, me dijo. —Tus hijos están afuera esperando. ¿Quieres que les diga que se vayan a descansar?—, preguntó.

—Sí, por favor— respondí.

Al día siguiente, tempranito, mis hijos y mi familia corrieron al hospital a visitarme, mientras mi esposo, recién a media mañana, tomó su teléfono sólo para llamarme. Sentí un inmenso cariño y preocupación de todos, excepto de él.

Me dejaron un drenaje en el seno y debían ver cómo lograban bajar mis células blancas o bien, operarme de nuevo. Dos días después, me abrieron levemente y me enviaron a mi casa. Pero seguía muy mal. No podía hacer nada, no podía caminar, ni cuidarme. Dependía de la ayuda de alguien para cualquier actividad, incluyendo las más íntimas. ¡Te puedes imaginar lo mal que puede llegar a sentirse un ser humano con eso!

Afortunadamente, esa experiencia me permitió darme cuenta de los fuertes lazos que he creado con mi familia y muchos amigos a través de los años, pues me sobraban manos cariñosas para atenderme, cuidarme e intentar mantenerme lo más cómoda posible. El único que se mantenía al margen era mi esposo, quien además, siempre estaba molesto al ver a tantas personas rondando por la casa. ¡Increíble! Lejos de estar agradecido por la gran ayuda que todos ellos representaban, les hacía sentir incómodos. ¡Todo el mundo estaba preocupado por mí, ayudándome a caminar, a comer, a asearme… mientras él discutía conmigo y me estresaba con su comportamiento!

Recuerdo que aquella primera noche me fui a dormir a otra habitación, acompañada de una prima, para no perturbar a mi esposo. Había pasado unas horas horribles y cuando me levanté en la mañana, me sentía realmente mal. Mi hijo Jeff, que normalmente trabaja fuera de la ciudad, decidió quedarse con nosotros esa semana. Una decisión vital para lo que venía, pues apenas bajé las escaleras, comencé a tener problemas para respirar.

Curiosamente, hacía muy poco tiempo, había comenzado a retomar contacto con Gabriel después de todos aquellos años distantes. Estábamos hablando nuevamente como compañeros de trabajo y amigos. Pero fue precisamente aquel evento que casi me mata lo que nos volvió a probar el nexo tan fuerte e indestructible que hay entre nosotros. Después de la cirugía, fue él quien comenzó a hacerse cargo de mi cuidado médico y puedo decir que gracias a eso, logré salir viva de todo aquella travesía.

Judy, la hija de mi querida amiga Élida, a quien ya vas a conocer en estas páginas, fue a visitarme una mañana al hospital y me vio en tan mal estado, que decidió llamar a Gabriel y, dejando atrás todo el pasado, me visitó. Él, que me había visto crecer y convertirme en una mujer tan independiente, poderosa y llena de energía, me veía allí, postrada, moribunda, débil, muy delgada e irreconocible. En su cara se le veía el dolor al observarme de esa manera.

El doctor que me atendía hasta ese momento estaba hablando de realizar otras cirugías, mientras yo, sin fuerzas, apenas podía entender.—No se preocupe, yo me voy a hacer cargo de su cuidado—, le dijo Gabriel y así lo hizo a partir de entonces, vigilando y asegurándose de que todo lo que venía se hiciera correctamente. Por esa razón, mi hijo lo llamó aquella mañana y le explicó que estaba teniendo problemas al respirar. —Cárgala y la traes al hospital inmediatamente—, le indicó Gabriel y así lo hizo mi hijo, temiendo lo peor.

Durante el trayecto en el automóvil mi estado se seguía agravando. Sinceramente sentía que la vida se me estaba escapando.

Apenas entramos al hospital, todo el mundo corría pensando que tenía un coágulo en el pulmón. Una vez que lo descartaron, me hicieron un examen de sangre y comprobaron que la infección se estaba pasando al resto del cuerpo. Y fue entonces que empezó la verdadera travesía. Estuve dieciocho días hospitalizada, tuve cuatro operaciones más y estuve un total de dos meses con drenaje, pues aquella terrible infección tardó en salir de mi cuerpo.

¡Pensar que todo comenzó por tener unos senos deslumbrantes! Y finalmente, me los tuve que quitar por completo. No hubo implante más grande ni más pequeño. Nada de nada. Era eso o mi vida.

Gracias a Dios, hoy, mi pecho hoy es pequeño, pero lo amo y lo acepto de esa forma. Aprendí casi cruzando el umbral de la muerte, que esa vanidad para mí no vale la pena. Mis hijos, muchas veces me han dicho que si alguna vez me lo quiero rehacer, ¡me dejan de hablar! Sufrieron mucho viéndome atravesar todo aquel proceso, sintiendo tantas veces que me estaban perdiendo. No sería justo para ellos y para nadie volver a caer en un acto tan superficial y riesgoso.

Lo mejor de todo es que ya no lo deseo. Agradezco mi cuerpo tal cual es. Obviamente, me sigo cuidando mucho y más adelante te contaré cómo lo hago, con tratamientos para mi piel y con mucho ejercicio, pero no a través de cirugías. Ya me he aceptado de la manera en que soy ¡y no es tan mala!

Mi resurrección

A pesar de todo cuanto crecí y avancé económicamente durante mis años trabajando en la clínica, donde me convertí en ejecutiva, fue el problema de salud que viví ese año 2014 lo que cambió mi forma de mirar las cosas.

Cuando empecé a reflexionar acerca de mi vida, aun teniendo un espectacular salario de cientos de miles de dólares al año, con todos los beneficios que alguien pueda imaginar, gozando de una casa inmensa y preciosa, de muchos lujos, vi que, sin embargo, era tan vulnerable como cualquiera.

Recuerdo que el primer día que regresé del hospital, desde mi baño, observé por la ventana una planta que crecía en mi hermoso jardín de Tarrytown. Me encantaba disfrutarla, especialmente durante los días de verano, en que daba unas flores espectaculares. Vivíamos una existencia preciosa en cuanto a lo material. Pero ese día me di cuenta que había estado a punto de no volver a mi casa para gozar de esas flores y de nada de lo que tenía a mi alrededor. Entonces, ¿valía la pena todo aquello?

"En realidad, ¿quiero estar aquí?", comencé a cuestionarme sobre lo que hasta ese momento había sido para mí el trabajo ideal. Quizás, precisamente por provenir de la pobreza, siempre había visto el éxito como sinónimo de prosperidad económica, de lograr esa estabilidad financiera que me permitiera regalar sueños a los míos y momentos inolvidables. Pero algo había cambiado desde mi complicación de salud. Lo que hasta entonces había sido sólo una inquietud de crear un legado y un propósito, se había convertido en una necesidad, en casi una obsesión.

"¿Sabes qué? Voy a dejar mi trabajo", pensé. Ésa, en realidad, era una decisión que ya había tomado hacía un tiempo, pero me estaba preparando para ejecutarla, pues era un cambio drástico.

Nadie anhela pasar por situaciones al límite que funcionen como "las grandes escuelas" de nuestra vida, pero lamentablemente los seres humanos nos distraemos fácilmente y sin darnos cuenta, vamos dejándonos seducir por la comodidad, por lo que otros hacen… Y lentamente, sin casi darnos cuenta, vamos dejando nuestros sueños y nuestros propósitos de lado.

La comodidad y el buen vivir suele ser lo más engañoso, pues nos hace sentir tan bien con el estilo de vida que alcanzamos, especialmente si nuestros orígenes han sido difíciles, que dejamos que la venda del estatus y el sentirnos bien no nos permita ver más allá y nos mantenga en el mismo lugar. Pero el plan de Dios suele ser distinto, pues Él nos creó con una idea en su mente y con algo maravilloso para cada uno. Él lo sabe y a medida que crecemos nos va dando las pistas para entenderlo y para averiguar por dónde llevar a cabo nuestro proyecto personal. En mi caso, desde niña, internamente sentía que esa experiencia abominable de la violación debía tener algún sentido.

Una vez que llegué a Estados Unidos y durante muchos años, pensé que mi historia de superación sería exclusivamente mi aporte para quienes se cruzaran conmigo en la vida. Sin embargo, a medida que fui avanzando, me fui dando cuenta que había más por dar, pues mientras más recibía, mayor sentía que era mi responsabilidad y compromiso con los demás. Todo lo cual quedó revelado tras ese difícil tramo de lucha por mi vida.

Esa dura batalla de quirófano en quirófano, me dejó grandes lecciones que de otra manera, ¡jamás habría aprendido! Aprendí a valorar más que nunca a los míos, a mis amigos, a mi familia y a mis hijos. Descubrí quiénes estaban ahí para mí y estarían en ese lugar el resto de sus vidas, entre ellos, Gabriel, a quien, irónicamente, mi estado de salud lo trajo nuevamente a mi vida. Desde entonces ha seguido siendo mi amigo, alguien a quien amo, adoro, no con el amor que se limita a estar físicamente con una persona; es parte de mi misión y siempre será parte de mi círculo de hierro. Las relaciones humanas no tienen títulos ni están condicionadas, salvo que nosotros le demos ese poder.

Me enfrenté también a mi realidad sentimental: estaba casada con una persona que definitivamente no era la que quería como compañero hasta el fin de mis días. Hoy, he aprendido a perdonar sus agresiones, su indiferencia y su manera tan distinta de mirar las cosas. E incluso, creo que he empezado a entender sus motivaciones. Quizás, no me di tiempo de conocer profundamente su niñez y su vida antes de aceptar casarme con él. Hoy no lo culpo. También es mi responsabilidad haberlo elegido. Pero sin lugar a dudas ese episodio doloroso de la infección en mi pecho me ayudó a quitar la venda de mis ojos y tomar la decisión correcta.

Y sin lugar a dudas, el más poderoso de los efectos de mi gravedad fue funcionar como el acelerador para empezar a cambiar mi vida y llevarla a otro nivel, donde estoy ahora.

El nacimiento de mi misión

Mi deseo de ser empresaria nació de una misión… Y la tenía muy clara. Quería buscar la forma de ayudar a aquellas personas que no cuentan con un seguro médico para atender sus necesidades de salud, con un especial enfoque en aquellas que son indocumentadas, pues no hay forma de que lo obtengan. Me parece increíble que a estas alturas de la vida nadie les esté poniendo atención a aquellos que no tienen cómo asegurarse. ¡Se encuentran en un limbo y en total abandono en todos los sentidos posibles!

Aunque, gracias a Dios, nunca me tocó vivir esta situación de manera directa, lo he visto con miembros de mi familia, con amigos y con personas que conozco a diario. Una muy buena amiga indocumentada ha sido una de las personas que me inspiraron a enfocar mi energía en esta dirección. Jamás olvidaré su caso. Ella tenía muchos problemas de salud, los cuales aumentaban por su sobrepeso. Entonces, la motivé a ejercitarse conmigo, mis hijos, Marco, un amigo de Franco y Gloria. Su constancia y tesón hicieron una gran diferencia en ella y logró perder cuarenta libras. ¡Lucía y se sentía maravillosamente bien!

De pronto, mi amiga comenzó a sentir molestias en una de sus rodillas y necesitaba operarse. Fue ahí cuando apareció el gran problema, ¿cómo lo hacía? No tenía documentos y por eso no podía obtener ningún tipo de ayuda. De inmediato tuvo que dejar de hacer ejercicio y en menos de lo que pestañeaba recuperó las cuarenta libras.

Mi corazón estaba en llamas. Entiendo perfectamente que una cirugía no sea cubierta cuando se trata de vanidad, pero no cuando esa operación o tratamiento es de vital necesidad. Y eso es lo que sucede entre nuestra comunidad, que un problema desata otro, y como no cuentan con las vías para resolverlo de forma oportuna, van creciendo como una bola de nieve.

Siempre he tenido el caso de mi amiga en mente. De la misma manera, he recordado a mi mamá. Como te mencioné antes, durante un tiempo, cuando vivía en Estados Unidos, tenía seguro del gobierno, pues ya estaba enferma y no trabajaba. Recuerdo cómo, cada vez que la acompañaba a sus citas médicas en las clínicas comunitarias, nos tocaba esperar cinco o seis horas para que la atendieran. Allí, sentada, observaba cómo el personal la trataba como un número más. Su voz —y la de todos quienes estaban en su misma situación— no era escuchada. Y si bien, desde hacía una década que había comenzado a nacer la inquietud de hacer algo para la comunidad, todas estas experiencias de los últimos años, sumado a la mía, tras estar a punto de morir, desataron esa necesidad de concretarlo.

Ser emprendedora no me nació porque sí. Me di cuenta que sólo de esa manera podría generar el impacto que quiero.

—Lamentablemente he tomado la decisión de dejar la compañía—, dije en la clínica donde trabajaba una vez que recuperé mi salud. —No es por dinero. Lo que necesito en estos momentos ustedes no me lo pueden dar. Quiero hacer un impacto en la comunidad de pocos recursos, especialmente en la que no tiene seguro médico. Ésa es mi misión—, agregué.

Increíblemente, su reacción fue absolutamente distinta a lo que esperaba tras tantos años trabajando para ellos y considerándolos casi una familia. Y a pesar de que les di tres meses para encontrar quien me reemplazara, me quitaron de inmediato el control de todo.

El 30 de junio del 2015 finalmente dejé uno de los centros médicos más prestigiosos de la comunidad… Y lo hice por un sueño.

Mi primer acercamiento con Gina

Si lo recuerdas, una vez que le conté mi plan de renunciar a mi trabajo a mi esposo, le pedí tres meses para demostrarle que mi sueño de crear una clínica para hispanos e indocumentados iba en serio. Por lo tanto, tenía el tiempo en contra si quería probarle que podía conseguirlo.

Con esa visión en mente, me armé con toda mi lista de contactos y posibles socios para empezar a concretar mi plan.

Gina, mi actual socia, fue la primera persona que me contactó apenas se enteró que estaba dejando mi antiguo trabajo. Nos habíamos conocido anteriormente, sabía de mi trayectoria profesional y siempre quiso contar conmigo en su empresa. Y curiosamente, en esa época, ella había contratado a la compañía de mi hijo Franco para que le ayudara a promover su nuevo proyecto. Pero comenzar a trabajar juntas no fue "amor a primera vista"… ¡Nada de eso!

Gina lleva décadas dedicada a la vida empresarial. Había construido una clínica que cumplía con todos los requisitos que yo andaba buscando. Sin embargo, nuestras visiones sobre cuáles eran nuestros mercados a los que queríamos llegar eran dispares en ese instante. Además, al momento de reunirnos por primera vez, ella estaba pasando por un complejo panorama administrativo, de pérdidas y desorganización que yo no podía asumir. No era su culpa directamente, pues en realidad, ella nunca había estado realmente vinculada a cómo funcionaba su clínica. La había dejado en manos de terceras personas que no supieron responder a su confianza, llevándola a perder una gran cantidad de dinero.

Una de las cosas más importantes que debemos tener presente cuando comenzamos un negocio es el orden mental, el orden en nuestras vidas, en lo cotidiano y ¡en todo! Es lo que determina nuestra claridad para poder actuar conforme a las prioridades de nuestros proyectos, que nos impulsa a tomar las decisiones correctas, a reconocer los errores y a tomar acción para repararlos. En fin, ¡para crecer! Cuando no tenemos clara nuestra película mental, se refleja en todo, hasta en nuestra presencia y, por ende, en nuestro negocio.

Salí de mi trabajo anterior con un propósito en mente y eso fue lo que le planteé a Gina. Sin embargo, en ese momento no estábamos sintonizadas sobre lo que queríamos hacer. Así es que durante los meses siguientes seguí buscando opciones de inversionistas que pudieran entender mi misión. Pero siempre ocurría algo… algún detalle que lo estancaba todo.

Ya el tiempo se estaba acabando y no lograba visualizar por dónde seguir. Entonces decidí hablar con un abogado, perteneciente a una consultoría concentrada en el sector de la medicina. ¡Y yo tenía mucha experiencia en eso! Él me ofreció parte de la sociedad como consultora y decidí aceptar. Sin embargo, una vez más pude comprobar que cuando Dios siembra un deseo de genuino altruismo en nuestro corazón, ¡no hay forma de echar marcha atrás! Hay que seguir sus indicaciones y entender que detrás de cada obstáculo hay una señal para indicarnos el camino.

Sucedió que el dueño de la compañía era quien me iba a entrenar. Pero al momento de comenzar, debieron operarlo de uno de sus hombros y todo se atrasó. Luego, tuvo un pequeño accidente doméstico que volvió a dañar los planes. Así es que debía seguir esperando.

¡Ya estaba ansiosa por trabajar! Entonces se me ocurrió volver donde Gina y ofrecerle una asesoría temporal con su empresa, hasta que mi supuesto nuevo socio en la oficina de abogados estuviera recuperado. La idea le pareció perfecta, así es que comencé a revisar cómo estaban las cosas para tratar de organizarla. Y me dolió comprobar una y otra vez la manera tan absurda en que habían manejado su clínica, simplemente porque ella no estaba al tanto. Eso, para mí ¡fue una gran lección! Pues no se puede querer ser empresaria y dejar todo en manos de terceros. Claro que hay tareas que delegar, pero la cabeza siempre debemos ser nosotros o de lo contrario, podemos perderlo todo.

¡Dios mío, cuántos errores que la habían hecho perder parte importante de su capital! Su negocio iba cuesta abajo, lo cual la tenía completamente deprimida y descontrolada. Había confiado durante más de dos décadas en las personas equivocadas y enfrentarse a eso, dolía casi más que las pérdidas financieras.

Recuerdo que un día, estaba revisando algunos contratos, cuando me horrorizó el descaro con el que muchos estaban recibiendo prácticamente el doble de lo que les correspondía. Cuando vi eso, fue como si de pronto una sacudida interior me mostrara una señal. Miré al cielo preguntando: "¿es aquí donde estoy supuesta a estar para cumplir esta misión?" ¿Sería ése el lugar donde podría llevar a cabo mi propósito?

Precisamente, esa mañana, Gina y yo habíamos desayunado juntas y me había dicho: —Si quieres, te hago socia del 50% de la compañía. Y haces lo que quieras con tu misión. El negocio te lo entrego. Creo tanto en ti, que lo que me digas, lo voy a hacer—.

¿Acaso no lo estaba viendo? ¿Sería posible? ¡Entrar a aquel centro era como hacerlo al Riltz Carlton! Es decir, mi requisito de contar con un centro DIGNO para mi comunidad hispana estaba entre esas paredes, en un espacio precioso. ¡Es que definitivamente la mano de Dios es maravillosa!

Salí de la oficina que ocupaba aquel día y le dije: —Aquí estoy. Vamos a hacer esto—. Y aquella noche ¡lloré de la emoción! Mi misión estaba comenzando exactamente tres meses después de renunciar a mi empleo. Tal como lo había prometido.

¿Dónde está el verdadero éxito? 127

El límite es el cielo

El 25 de septiembre del 2015 comencé oficialmente mi misión. Cuando me uní a Gina, todavía estaba casada, haciendo mucho dinero y llevaba una vida muy buena. Pero cuando me senté y vi el estado de su negocio, sabía que estaba llegando a un sitio en el que empezábamos bajo cero. Iba a tener que modificar mi vida. Y mentalmente empecé a prepararme para eso.

¿En qué cambiaría? Pues lo primero, en que bajaría drásticamente mi salario. De hecho, comencé ganando una quinta parte de lo que recibía en mi antiguo trabajo. Y luego, las cosas se complicaron todavía más, dejando incluso de recibir lo que tenía asignado para suplir otras necesidades de la compañía. No en vano, esta vez estaba como socia, por lo tanto, la responsabilidad era de ambas, no sólo suya.

Desde hacía años que había estado ahorrando dinero, preparándome para el futuro, especialmente desde que había decidido divorciarme. Sabía que dinero no iba a faltar. La gente cree que tener un negocio es extremadamente difícil. Pero éste no era un negocio, sino una misión y yo estaba dispuesta a ceder todo mi patrimonio por llevarla a cabo. De hecho, asumí deudas durante tres años para suplir necesidades.

Nosotras estábamos claras que queríamos llegar al mercado hispano y a las personas sin seguro médico, así como también a aquellas que tienen cómo pagar uno. Algo que ningún político menciona ni nadie reconoce es que las personas indocumentadas no están siendo mantenidas por el gobierno. ¡No son una carga fiscal! ¡Al contrario! Ellas trabajan ¡y muchísimo! Tienen la forma de pagar por sus consultas a un precio razonable. Y eso es precisamente lo que comenzamos a ofrecerles en el Centro Médico de Formé, nuestra compañía. Allí nuestra comunidad puede acceder a una membresía médica que le ofrece los servicios de salud de una forma digna, a un costo mínimo individual o como familia, o gratuito si no cuenta con los recursos para acceder a uno.

La dignidad con la que cada uno es atendido, en tanto, comienza desde la entrada, porque ahí es donde ya puede intuir cómo será tratado. También cuidamos mucho que no tengan una espera eterna para sus consultas, pues por lo general son atendidos como máximo, media hora después de llegar. Y la voz de cada paciente nos importa. Tanto así, que cada vez que se atiende a uno, le envío una encuesta con cinco preguntas en español para conocer sus opiniones sobre los aspectos que podemos mejorar y cada semana analizo esas respuestas. Llamamos al paciente y hablamos con él si no estuvo satisfecho con la visita, para ver qué cambios podemos tener, algo que comúnmente no se hace en las clínicas.

Basta ponerse en el lugar del otro para entender sus necesidades y es lo que hago constantemente. ¡Hay que ver la realidad a nuestro alrededor!

Ahora, junto con esa "misión" genérica han ido naciendo otras paralelas y complementarias, y hay muchas más que vendrán, como suplir la atención de salud mental, el uso de tratamientos alternativos y holísticos a precios asequibles o incluso, servicios gratuitos. ¡Hay mucho por hacer por nuestra comunidad!

—Sé que ésta no era tu misión, era la mía. Pero de la única manera en que puedo unirme a ti es si te sumas a esto—, le dije a Gina al iniciar esta travesía.

—Tú tienes un propósito y lo has tenido desde que viniste aquí. Y a mí a veces se me ha hecho difícil, porque me siento como una impostora tratando de estar acorde con esa misión. Tú te levantas cada mañana y estás feliz. Tu vida tiene sentido, pues tú ves a diario cuánto estás impactando… Te conectas con tu comunidad, pero para mí no es sencillo ya que ¡ni siquiera soy hispana!—, me dijo Gina en algún momento. Es cierto, pero la humanidad no tiene distinción étnica ni religiosa y cuando queremos hacer algo por mejorar la calidad de vida de las personas y brindarles esperanza, el único requisito necesario es hacerlo desde el alma. ¡Somos humanos! No somos hispanos, negros o asiáticos, musulmanes, judíos o cristianos, ¡simplemente humanos! Y cuando estamos ayudando, Dios no está pendiente de cuál es la raza o grupo al que estamos tendiéndole la mano.

Estoy dispuesta a hacer lo que tenga que hacer para cumplir con mi misión. Sé que Dios quiere que esto se haga y que su plan es perfecto, conforme a sus tiempos, pues incluso, los obstáculos tienen un fin.

Nuestra vida, es cierto ha cambiado. Se ha modificado la mía, pues he tenido que ajustarme a decenas de situaciones diferentes, a disminuir muchos privilegios y ajustar prioridades, ¡y lo hago con alegría! Hay una meta hermosa detrás de todo y eso es lo que me inspira día a día.

La vida de Gina, en tanto, también ha cambiado. Durante todos estos años hemos compartido como socias, como amigas y casi como hermanas. Tanto, que de alguna manera nos hemos ido asimilando en detalles y formas, que a veces parecemos ¡el clon una de la otra!

Sus dudas sobre si debía sentirse parte de la misión ya no existen. E incluso, hemos creado una organización sin fines de lucro llamada PTA, Promise To Aid, Promesa de Ayuda. PTA es responsable de pagar operaciones, exámenes como colonoscopías, medicamentos que son muy costosos o difíciles de conseguir para nuestra comunidad, entre otras cosas. ¿No es maravilloso?

Gina y yo trabajamos fuertemente cada día para llegar a más pacientes, conseguir nuevas vías que nos permitan mejorar, ofrecer más servicios e impactar a más gente. Creo que Dios la mandó hacia mí porque ambas nos necesitábamos y nos complementamos. La sinergia entre nosotras sin duda que ocurre. Sus fortalezas apoyan mis debilidades y viceversa. Ella me dio la libertad para crear mi misión y para superar los obstáculos que han venido en el camino.

—Esto era tu misión y es tu llamado, pero hoy también es el mío porque todo esto ha transformado mi vida—, me dice. ¡Y para mí no hay regalo mayor que eso!

Mis herramientas

* Contar con personas que nos apoyen en momentos en que necesitamos invertir en tiempo para crecer y avanzar

¡Es tan importante y marca una diferencia impresionante! Como me ocurrió durante la época en que Gloria llegó a mi vida para cuidar de mi casa y mis hijos. Su ayuda fue lo que me permitió poder concentrarme en estudiar, trabajar y seguir hacia adelante. Muchas veces tratamos de abarcarlo todo, pero lo único que nos queda de eso es cansancio y pérdida de un tiempo valiosísimo. Ella me vio cuánto había avanzado, por eso estuvo dispuesta a confiar en mí y trabajar durante un año sin recibir prácticamente un salario, hasta que logré establecerme nuevamente. Y por supuesto que aquella nobleza y generosidad tuvo resultados. Ésa fue su inversión, la cual rendirá frutos el resto de la vida, pues siempre estaré agradecida.

* Tener en mente que en materia de salud lo barato cuesta caro

¡No podemos descuidar detalles como el lugar donde confiamos nuestra salud, que es finalmente nuestra vida. Tras aquella horrorosa experiencia en la oxidada consulta del cirujano donde me realicé el segundo procedimiento para corregir mis senos, confirmé que debemos ser cautos y exigentes con el lugar donde nos atendemos. Por ahorrar unos dólares evitando los gastos de una clínica, acabamos gastando muchísimo más y poniendo al filo de la navaja nuestra vida.

* Recordar que la vanidad no siempre paga bien

No se necesitan unos senos perfectos ni inmensos para ser mujeres sensuales y seguras. ¡Tardé, pero lo aprendí! Es una idea que además de estar pasada de moda, no nos corresponde como mujeres empoderadas. Una verdadera mujer se mide por su confianza, por sus valores, por su ternura, por su capacidad de sentir y expresar, por lo que puede ofrecer de sí, sus ganas de reír y disfrutar del momento, su capacidad de adaptación… En fin, ¡por todo lo que hay dentro de cada una y que nos hace diferentes!

* Ignorar las aves de mal agüero y ¡seguir nuestros sueños!

En ocasiones estos pueden ser descabellados, como en mi caso, que dejar un trabajo seguro y un salario abundante parecía una auténtica locura. Pero si sentimos que es realmente un llamado y hay, además, una vocecita interior diciéndonos que existe algo que nos corresponde hacer para impactar la vida de otros, ¡hay que escucharla y olvidarse de las críticas!

* Mantener los objetivos claros

Definitivamente hay que estar claros en lo que queremos hacer y ésa es normalmente la parte más difícil. Nos llenamos de ideas y buenas intenciones, pero necesitamos definir cuál o cuáles son prioridades. Si no estamos claros, ¡es mejor no lanzarse! Debemos tener nuestro objetivo definido. Un negocio en sí, es un camino difícil de recorrer, pero cuando la misión no es clara el camino será tortuoso. Muchos negocios se cierran o se acaban porque simplemente no está claro cuál es el propósito, a qué mercados quieren llegar, etc.

* Conectar con distintas personas y crear una red de contactos

Éste es otro punto importante, pues hay que conectarse con personas que puedan impactar nuestro negocio o proyecto de manera positiva y que a la misma vez, cuando necesitemos ayuda financiera podamos conseguirla a través de ellos. Es importante asistir a encuentros, eventos y organizaciones donde podamos ir armando esa red.

* Buscar un mentor

Tan importante como educarnos es encontrar un mentor o mentora que nos inspire, nos oriente y nos aclare el panorama. No hay mejor escuela que la experiencia y alguien que cuente con un bagaje tras de sí será un inmenso impulso en nuestro proyecto. La guía de Gabriel en mi camino fue fundamental. Los hispanos rara vez pedimos esta ayuda. Pedirlo se nos hace muy difícil. Se cohiben, pero te aseguro que si escoges la persona correcta, será de gran impacto para ti.

*Buscar nuevas vías para encontrar recursos

Hay que informarse para buscar los recursos que hay disponibles. Todas las ciudades tienen sitios donde pueden orientarnos sobre todo lo que necesitamos para empezar un emprendimiento.

Si eres una mujer hispana, documentada, también existe muchísima ayuda para empezar un negocio. La compañía del gobierno llamada SBA te puede aportar entre el 15 al 20% de lo que necesitas si eres mujer, pues ese dinero está destinado a minorías y cuenta además con préstamos a muy bajo interés.

También se puede recurrir a los organismos sin fines de lucro. Hay muchas compañías que organizan los negocios y orientan cómo sacarlos adelante. Así como existen clases disponibles de asesoramiento, otras que ayudan a manejar la contabilidad, enseñan cómo usar los programas computacionales, etc.

* Entender que los empleados son nuestro principal capital

¡No podemos maltratarlos! Un empresario que maltrata o no reconoce el valor de su personal, nunca tendrá trabajadores comprometidos, dispuestos a dar el cien por ciento. ¡Es imposible! Tienes que comprender que en muchas ocasiones van a estar sometidos a mucho estrés laboral y al que tienen con sus propias vidas, por lo tanto, pueden estar irritables o sensibles. Ponernos en sus zapatos siempre nos hará más sencillo comprenderlos y buscar la mejor vía para superar esos momentos.

MI REGALO

Constatar que cuando Dios pone un sueño y una misión en nuestra alma, jamás nos deja solos en el proceso para llevarlos a cabo. Si la intención es genuina, allí estará paso a paso, para levantarnos, sostenernos y ayudarnos a cumplirlo.

" Escanea acá para
ver la galería "

VIII

CAPÍTULO

El poder creador de recuerdos del dinero

Nací pobre y en un país, donde, como cualquiera de América Latina, la movilidad social es bastante difícil de alcanzar. Sin embargo, fueron precisamente esas vicisitudes las que obligaron a mi madre a buscar nuevos horizontes y su sueño americano en Estados Unidos. Si bien, eso marcó la tristeza del abandono durante mis primeros años y aquel incidente macabro de la violación, también es cierto que tuvo una contraparte esperanzadora: ser la puerta para crear mi propio sueño.

Las oportunidades laborales, la bonanza y la prosperidad económica en la vida nos pueden llegar de distintas maneras y con ésta, los bienes materiales. Muchas personas se han criado con la idea equivocada de que el dinero es nefasto, que nos carcome el alma y es símbolo de frivolidad. Y eso, es el principio básico de la pobreza. Se trata también de un concepto religioso tergiversado, pues no hay sustento bíblico que nos indique que los bienes y la riqueza sean negativos. Es el uso que le damos lo que marca la pauta, convirtiéndolo en un arma destructiva o en una vía para generar bendiciones. Y es ahí donde debemos tener cuidado.

Mi relación con el dinero ha sido distinta. Si bien es cierto, conocí la escasez, afortunadamente, gracias al esfuerzo de mi madre y de mis hermanos mayores, durante mi etapa como adolescente inmigrante en Estados Unidos, mi situación mejoró considerablemente. No teníamos lujos y ni siquiera podíamos tener todo lo que queríamos o siquiera, estudiar, como todos lo hubiésemos querido hacer. Sin embargo, ya no pasábamos hambre, teníamos un techo donde cobijarnos, un hogar digno y podíamos sentir que estábamos avanzando. Lentamente, pero avanzábamos. Y eso, era una gran diferencia.

Sin lugar a dudas que, esa sensación que tuve apenas crucé la puerta del aeropuerto de Nueva York por primera vez, sintiendo que éste era el lugar donde haría algo grande, había comenzado a gestarse. ¿Sabes por qué? Porque precisamente allí radica el primer secreto para lograr la prosperidad y el éxito: en desearlo con el alma y en visualizarlo como algo real, algo posible de alcanzar. De ahí en adelante, hay que tomar acciones concretas para llevar a cabo todo lo necesario para se convierta en una realidad.

Cambiando el chip interno

Recuerdo que a mi mamá le gustaba mucho la música, sobre todo el mariachi. Es por eso, que cada uno de los últimos diecisiete años de su vida, cuando le celebrábamos su cumpleaños, mis hermanos y yo nos asegurábamos de que un grupo le cantara Las Mañanitas y que su día entero estuviera amenizado con lo que ella quisiera escuchar.

Cuando mamá volvió a vivir en República Dominicana, se convirtió en una tradición para nosotros el viajar a celebrarla solos, sin parejas ni hijos. Nos íbamos todos durante cuatro o cinco días para estar con ella, para consentirla y demostrarle nuestro cariño. Le celebrábamos el cumpleaños con toda la gente del pueblo. ¡Nos hicimos famosos por las parrandas que le armábamos a nuestra madre! Hasta el cura del pueblo nos decía:—¡Nunca he visto una familia como ésta!—. Y es que todo lo que ella quería se lo dábamos. Tanto así, que logramos tener a su bachatero favorito para festejar sus ochenta años: Héctor Acosta, El Torito.

—Me encantaría tener al Torito. ¡Qué bonito sería si viene a mi cumpleaños!—, me dijo, como un sueño, pues creo que jamás pensó que podría ocurrir. Pero como para mí no hay imposible y menos tratándose de un deseo de mamá, comencé a pensar en cómo contactarlo. De inmediato, empecé a visualizar al Torito cantando en la fiesta de mamá y a pensar en vías para conseguirlo.

Para mí todo es posible. La idea es ponérselo a Dios y Él empieza a realizar los pasos necesarios en el universo para que ocurra. Por mi parte, también empecé a hacer mi tarea y durante el tiempo que estuve en Santo Domingo, comencé a hablar sobre el tema. Pero para que veas que hacer la primera gestión "con el jefe" funciona, mientras visitaba a una de mis primas, sucedió casi un milagro, pues conocí a la novia de su hijo, quien resultó ser prima-hermana de la esposa de El Torito. ¿Puedes creerlo? Recuerdo que estábamos bebiendo algo cuando le comenté:—¿Sabes qué? Me encantaría ver cómo puedo conseguir al Torito para sorprender a mi mamá en su cumpleaños.

Para mi sorpresa, ella respondió:—Yo te lo puedo conseguir—. Sin embargo, como a veces no le damos crédito a nuestros propios deseos cumplidos, en aquel momento pensé que me lo había dicho por quedar bien. No obstante, una semana después me llamó para contarme que El Torito había respondido que podría cantar en la fiesta de mamá. Su único inconveniente era que debíamos celebrar el cumpleaños al día siguiente de la fecha que teníamos pensada, para coordinar con la agenda del cantante. ¡Pero no había problema!

Cincuenta personas de nuestra familia y amigos viajaron desde Nueva York para esa celebración y otras treinta se unieron en Quisqueya. Organicé todo, desde los buses que nos iban a recoger al aeropuerto, la bebida y por supuesto, el perico ripiao para darnos un banquete dominicano inolvidable. ¡No falló ni un detalle! Todos nos hospedamos en un hotel en Puerto Plata, para celebrar por cinco días el cumpleaños de mamá. Estaban todos sus hijos, sus nietos, nueras… Toda la familia y amigos… ¡Fue un momento maravilloso! Pero sin lugar a dudas, la mejor parte llegó cuando El Torito apareció con su banda completa. Mi hermano Julio y yo estábamos acompañándolo, afuera del recinto, mientras se preparaba y todo el mundo se acercó a fotografiarse con él. Minutos después comenzó a cantar "Vieja", ¡una de las canciones favoritas de mi madre! De pronto, abrimos la puerta y entramos con El Torito… ¡Y eso fue mágico!

A mamá ya le había dado su primer ataque cerebrovascular y tenía muchos problemas para caminar, hablar y moverse. Sin embargo, fue tanta su alegría que se paró y comenzó a caminar hacia él sin ayuda. Se acercó y lo abrazó, mientras él le seguía cantando. Todos llorábamos de la emoción, viéndola tan feliz con su regalo.

Ese sueño se lo cumplí a mi madre gracias a que en esa época contaba con el dinero para hacerlo. ¡Y es que para eso se hizo el dinero! Para eso es importante tenerlo, porque nos permite crear recuerdos maravillosos que no sólo nos impactan a nosotros, sino a nuestros seres queridos. En este caso, fue un momento especial para mi mamá, para mis sobrinos, para la familia completa y para todas las personas que estaban allí. Todos se sintieron tocados interiormente por ese instante mágico, con la alegría de ver esa sonrisa inmensa en el rostro de aquella mujer, a quien ni su discapacidad la frenó para disfrutar del momento. Eso para mí es muy importante, pues soy una persona que vive para crear recuerdos. ¡Aprovecho cada oportunidad que tengo para hacerlo!

Para llegar a ese punto fue necesario cambiar o reprogramar mi concepto de que el dinero es algo negativo o dañino para el espíritu. ¡No tiene por qué serlo! Con recursos podemos cumplir deseos, aliviar la carga de otros, mejorar la calidad de vida de quienes amamos, ¡cuidarlos cuando lo necesitan! Tal es el caso de lo que pude hacer con mi madre durante sus últimos años de vida, pues no se trataba sólo de cumplirle deseos para sus fiestas, sino de hacerla feliz día a día. Por ejemplo, mis hermanos y yo pudimos pagarle a alguien que la acompañara y cuidara constantemente, lo cual era imprescindible, en especial, tras sus accidentes cerebrovasculares. También pude darme el tiempo de viajar mensualmente a visitarla, algo que sin recursos no habría podido realizar. Todo eso se gestó gracias a la posición económica y estabilidad que había logrado. Pero eso no ocurrió de la noche a la mañana…

Los frutos del trabajo

Encontrar el trabajo adecuado para nosotros es mucho más que obtener el dinero para subsistir y pagar nuestras cuentas. Es una manera de crecer interiormente, de mejorar, de madurar y una vía de dignidad. Realizarnos a través de lo que hacemos es vital, por eso es tan importante tener la posibilidad de escoger una actividad que nos guste, que nos apasione y con la que podamos comprometernos. Cuando esto ocurre, ¡le entregamos lo mejor de nosotros!

Hay quienes dicen que no importa no ganar tanto dinero pero ser feliz con lo que hacemos. Para mí no se trata de una cosa sobre la otra, pues ambas son importantes. El dinero es la manifestación de que estamos haciendo las cosas bien y es una llave mágica para alcanzar sueños, para darnos gustos, para ayudar a otros y como te mencioné antes, para crear recuerdos maravillosos.

Aunque en mi caso, durante mis inicios no ganaba mucho, siempre aspiré a obtener lo que me merecía y lo que necesitaba para llevar una vida tranquila y cómoda. Así lo visualizaba y así lo fui trabajando. Cada vez que veía que se necesitaban ciertos requisitos y estudios para aplicar a una mejor posición dentro de la empresa, por allí precisamente es que empezaba a trabajar en mí.

Al principio, no tenía idea de cuánto debía ganar. Algo muy común en la mujer hispana. Esto se llama el Impostor Syndrom o Impostor Phenomenon (Síndrome del impostor), un patrón psicológico que nos hace dudar de nuestras capacidades, sintiendo que no merecemos la posición o cargo que ocupamos, por eso no nos damos el valor real y por supuesto, los demás tampoco nos lo dan. Sin embargo, tuve la oportunidad de asistir a una conferencia de desarrollo personal llamada Landmark Forum, en la cual aprendí a enfrentar mis miedos y pedir más del aumento básico que mi trabajo me daba anualmente. Ése era uno de mis grandes temores. Sabía que no me pagaban lo que me merecía, pero el miedo me paralizaba cada vez que me llamaban para darme mi aumento anual. Hasta antes de la conferencia, me conformaba con lo que me ofrecían, pero ese año, después de hacer el curso, decidí cambiar mi destino. Le dije a mis jefes que no aceptaba el 5% de aumento que me daban normalmente. Tuvieron que "hacer la tarea" de hablar con el contador y el abogado de la compañía, con quienes trabajaba muy de cerca, para que les ayudaran a tomar la decisión correcta y justa sobre el valor de mi trabajo. Después de eso, ¡recibí un aumento de treinta mil dólares!

A partir de entonces, cada vez que conseguía subir de puesto, estaba muy clara sobre lo que debían pagarme. Me informaba y comparaba los salarios en compañías afines para estar segura de que iba a recibir lo justo. No le tengo miedo al dinero. Y eso es vital que te suceda si quieres tener una vida financiera saludable.

De la misma manera, siempre tuve claro que lo primero que debía hacer frente a un nuevo desafío era manejar claramente el presupuesto con el que contaba. ¡Es fundamental! No se puede pretender construir un castillo cuando apenas tenemos los materiales para una casa. Si insistimos en hacerlo, tendremos que acudir a decenas de préstamos que lo único que harán es colmarnos la vida de responsabilidades y estrés. Con esto no digo que no debemos usar el crédito o contar con uno, pues es una excelente herramienta para ayudarnos a progresar económicamente, sino, que debemos hacerlo responsablemente y de forma realista. No podemos correr antes de caminar, ¿verdad?

Lo cierto es que a medida que mis ingresos avanzaban, fui pudiendo cumplir mis sueños y, el primero de ellos fue mi propia casa. Lo hice adquiriendo un pequeño apartamento en el tercer piso de un edificio. ¡Era lindísimo! Luego, en 1995, compré la casa en White Plains, donde vivo en la actualidad. Esto fue un logro muy grande para mí, como madre soltera, adquiriendo una propiedad en una ciudad tan hermosa, segura y próspera.

Siempre tuve muy claro que mi trayecto no tenía opción a estancamiento o a retroceso, ¡no señor! Sabía que para avanzar hay que ir paso a paso, sin afán, pero sin descanso. No se trata de lo rápido que lleguemos a nuestro objetivo, sino que nunca dejemos de avanzar.

La gran clave: tu capital humano

Algo que descubrí al poco tiempo de empezar a trabajar es que contar con las personas adecuadas junto a ti, incondicionales, leales y fuertes, capaces de ir hasta el fin del mundo contigo es vital. Mi madre nos había enseñado siempre a compartir lo mucho o poco que tuviéramos con los demás y a abrir las puertas de nuestro hogar a quienes nos necesitaban, pues eso, a la larga, funciona como un efecto boomerang que te devuelve exactamente lo que das. Es por eso que siempre he funcionado de esa manera.

Luego, también aprendí que para poder crecer, se necesita dejar todas aquellas tareas de las que pueden encargarse otras personas para dedicarnos a producir más. Es decir, potenciar nuestro tiempo. Sé que algunas personas pueden estar en desacuerdo con esto, pero como empresaria y activista que soy hoy en día, puedo asegurarte que si dedicas seis horas a la semana a las tareas domésticas, bien podrías ocuparlas en crear nuevas conexiones para tu negocio, abrir nuevas vías de promoción, participar de reuniones con personas afines que te brinden nuevos contactos o sean posibles clientes, etc. No podemos cubrirlo todo nosotros y en cambio, alguien puede darnos una mano con algunas actividades y de paso, generamos trabajo.

Cuando me separé de mi primer esposo, Gloria, mi mexicana de oro, ya llevaba tiempo con nosotros, cuidando de mis hijos y de nuestra casa. Y aunque a mi ex marido eso le parecía la peor idea del mundo, pues consideraba que era la esposa quien debía hacerse cargo de los quehaceres cotidianos del hogar, la verdad es que desprenderme de esas responsabilidades que me quitaban tanto tiempo, me brindó la oportunidad de ocuparme en estudiar, de trabajar más y de demostrar que era buena en lo que hacía.

Cuando me separé, sin embargo, no podía llevarme a Gloria ya que no recibía el salario suficiente para pagarle. Lo más increíble de todo, es que a pesar de esto, tuve su apoyo. —Yo sé que vas a progresar y no me importa esperar a que me pagues—, me dijo. Así es que se fue conmigo al nuevo apartamento donde me mudé, con la promesa de empezar a pagarle un salario normal apenas lograra establecerme.

Ahí es donde está la magia, en la sinergia, puesto que llegar a trabajar con nosotros para Gloria fue la salvación en aquel instante, ya que, además de recibir su dinero, tenía un lugar donde vivir y se encontró una familia. Nuestra relación se había amalgamado a tal nivel, que cuando no pude pagarle un salario completo, ella estuvo dispuesta a esperar a que retomara mi ritmo y creciera económicamente. Confió en mí y por supuesto, no la defraudé.

Al mismo tiempo, Gloria se convirtió en una historia de éxito como inmigrante en Estados Unidos de nuestra mano. De hecho, como te conté antes, sus planes originales eran estar un par de años en el país, reunir dinero y volver a México para abrir un salón de belleza. Pero a medida que pasó el tiempo, esas metas se fueron diluyendo, con la misma intensidad que iba creciendo su cariño a nuestra familia, especialmente a mis hijos.

Su vida por completo había comenzado a cambiar. Su tristeza que se había acumulado en su cuerpo (como le sucede a millones de personas) había empezado a desaparecer. Bajó 65 libras, conoció a un cubano americano maravilloso llamado Alex, se hicieron novios y decidió casarse con él. Y él también se sumó a nuestra familia, pues, para que Gloria no tuviera que dejarnos, fue él quien se mudó a nuestra casa. Así iba creciendo nuestro clan.

Una decisión que tuve muy presente al momento de comprar mi primer apartamento fue que debía ser en el mismo barrio donde vivíamos o mejor. Quería un vecindario bueno para la escuela de los niños. Busqué y busqué en White Plains hasta que encontré el apartamento y aunque era un poquito caro, quería que mis hijos estuvieran en un lugar hermoso, tranquilo y agradable.

Ya para esa época estaba trabajando en la clínica y mi salario me permitía pagarlo sin problemas. Pero la vida siempre nos da sorpresas y, tiempo después, a esta gran familia que estábamos armando, se sumó mi mamá. Ella todavía estaba viviendo en Queens, pero pasaba muy deprimida, así es que me la llevé a vivir con nosotros.

Ahí duramos un tiempo hasta que Gloria salió embarazada. Ya con ese nuevo integrante en camino debíamos buscar algo más grande, así es que opté por rentar una casa con espacio suficiente para todos.

Ahora, cada vez que le cuento esta parte de mi historia a alguien, suele pensar que estoy demente… Y es que otra arista interesante de todo esto es que Alex, el esposo de Gloria, había batallado por bastante tiempo por la custodia de sus hijos mellizos que tuvo anteriormente. Su pelea legal me tocó el corazón, pues solemos escuchar casos de madres que luchan por sus hijos y, en cambio, de muchos hombres que huyen de sus responsabilidades como padres. Pero acá ¡ocurría todo lo contrario! Alex se había enterado de la existencia de estos pequeños, producto de una corta relación con una chica, quien lamentablemente llevaba una vida muy irresponsable. Desde ese momento, hizo hasta lo imposible por hacerse cargo de sus pequeñitos y al conocer a Gloria, ella se sumó a su causa. Finalmente, Alex logró la custodia y por supuesto, sus hijos ¡también llegaron a nuestra casa! Si crees que ya lo leíste todo, acomódate en tu butaca para que no te caigas…

Resulta, que por la misma época, mi hermano Henry, el más pequeño, estaba pasando por una situación económica bastante complicada, con un hijo a cuestas y su esposa. Y ¿qué crees que se me ocurrió? ¡Claro! ¡Llevarlos conmigo! En el subterráneo de la casa estaba Gloria y su clan; arriba, mi mamá en un cuarto, yo en otro, mi hermano con su esposa y su hijo en otro, y mis hijos en el que quedaba disponible. No me preguntes cómo, pero todos vivíamos armoniosamente entre aquellas paredes. Nos las arreglamos para hacerlo y hasta el sol de hoy, los mejores recuerdos de mis hijos están bajo ese techo y con ese curioso modelo de familia extendida que teníamos armado.

Nos acomodamos con mucha paciencia y todos nos respetábamos. Siempre agradezco a Dios el que me haya regalado la habilidad de llevar a mi mente el fin que tengo con determinadas situaciones y adaptarme a todo lo que necesite pasar para lograrlo. Puedo pasar de tenerlo todo a perderlo con la misma facilidad y capacidad de adaptación, sin dramas. Pero sé que nunca voy a regresar al mismo punto de origen. Recuerda que vengo de caminar descalza por una casa de tierra, con ropa fabricada de cualquier trapo viejo. ¡No tenía nada! Y puede ser que, haber pasado por la experiencia tan dura que tuve, me haya dado la habilidad para adaptarme a lo que sea. Algo que a muchas personas se les vuelve imposible.

En mi caso, una vez superados mis traumas, lo mismo he podido vivir sola que en una casa repleta de personas dando vueltas por todos lados, con gustos y necesidades diferentes. Busco la forma de acoplarme y sintonizarme. Recuerdo, por ejemplo, que uno de mis grandes placeres culpables, con el que suelo dejar que mi mente se escape durante horas del estrés de mi trabajo y las responsabilidades cotidianas, es leyendo novelas románticas. ¡Me emocionan muchísimo! Entonces, en aquella época, para poder concentrarme en la historia, en medio de aquella locura de casa, buscaba un espacio donde sentarme a disfrutarla. No era fácil porque siempre había alguien en todos los rincones. —Me voy a la escalera del subterráneo para que me dejen tranquila—, les decía. Y allí me quedaba por un rato con mi libro.

Así estuvimos durante varios años, hasta que llegó una etapa en que sentí que ya era tiempo de contar con mi propio espacio. Y decidí comprar la casa donde vivo en la actualidad. Cuando recién la adquirí, pensé en mudarme sólo con mi madre. ¡Ya había sido demasiado tumulto! Debía organizarme. Pero a pesar de ser comprada para vivir esa etapa de mayor independencia que requería, también ha sido el hogar de muchas personas que la han necesitado.

La vida y mi trabajo también me dieron la oportunidad de comprar otra casa, junto a un socio. Lo curioso es que lo hice motivada por ayudar a Gloria que debía encontrar un lugar lo suficientemente grande para su esposo y sus dos hijas. Luego, con el tiempo, esa casa se transformó en una inversión.

Siempre he creído que la bonanza económica tiene mucho que ver con nuestra generosidad. Dios nos retorna con creces lo que invertimos en otros, en sus momentos de necesidad, siempre y cuando compartamos lo nuestro con amor y con cariño desinteresado.

Jamás me he arrepentido de abrirle las puertas de mi hogar a nadie ni de haber creado estos "experimentos familiares", pues cada una de las personas que estuvieron bajo mi techo lograron sobreponerse a sus momentos de flaqueza, a su dolor o a sus aprietos económicos. Todos aprovecharon con creces la acogida y se doblaron la camisa para trabajar y salir adelante. Pero lo más maravilloso, es que también me vi bendecida con ellos, con su energía, sus historias, su presencia y sus vidas.

Las montañas de Betty

Como ya te conté, ¡amo las montañas! Esas gigantescas elevaciones, tan señoriales y altivas me sedujeron desde la primera vez que las tuve frente a mí. Todo empezó hace unos veinte años, cuando me ejercitaba en un gimnasio. Allí conocí a Kevin, uno de los entrenadores, con quien nos hicimos muy amigos.

Kevin me tomó mucho cariño, pues le parecía admirable la forma en que estaba criando a mis hijos como madre soltera y trabajadora. Bueno, él fue quien me comenzó a hablar de las montañas, pues tenía una casa en Vermont que solía rentar y que eventualmente ocupaba cuando iba a esquiar. —Si quieres, puedes usarla para que vayas a esquiar con tus hijos. Les puedo enseñar—, me dijo en varias ocasiones. Y para ser honesta, aunque nosotros habíamos estado en un par de centros de esquí y algo sabíamos al respecto, hasta ese momento no teníamos mucha conexión con ningún tipo de deporte invernal, pero decidimos probarlos.

Fuimos y Kevin comenzó a enseñarnos a esquiar. Él, además, nos ofreció rentarnos la casa a un precio especial, como vacaciones compartidas. Podíamos ir cuantas veces queríamos durante el año y compartíamos la oferta con amigos y familia, lo cual hacía muy fácil y divertido contar con esa "casa de descanso".

De esa manera comenzamos a esquiar en Killington, Vermont. En ocasiones iba con uno de mis hijos, a veces con ambos o sola, cuando necesitaba desconectarme. Pasábamos fechas especiales como Acción de Gracias o Thanksgiving, cocinando todos juntos y armando una inmensa parranda en medio de esas colinas que generalmente a esas alturas del año, ya están cubiertas de nieve. Así, fue muy fácil enamorarse de aquel sitio. ¡Es maravilloso! ¡Mágico!

Tiempo después, Kevin decidió vender la casa. Pero nosotros a esas alturas ¡queríamos seguir esquiando! Así es que empezamos a indagar por opciones viables para lograrlo. Buscando y buscando encontré un bed and breakfast en Rutland, un pueblo muy cercano al que acostumbrábamos visitar. Su dueña se llamaba Betty. Era una mujer de unos ochenta años, ¡encantadora! Y como me sucede con todas las personas que conozco, una vez que entran a mi corazón ¡no vuelven a salir!

La primera vez, alquilamos el lugar para un Año Nuevo, pero apenas llegamos nos encontramos con que Betty había enfermado. Sin embargo, nos permitió hospedarnos. Y desde aquella primera vez, no sólo fuimos sus huéspedes, sino que nos convertimos en sus enfermeros y en su familia, ayudando a cuidarla.

Betty se encantó con nosotros y fue un amor mutuo. Fuimos las últimas personas que ella acogió en su negocio, pues esa enfermedad era algo complicado que venía arrastrando. Así es que cerró su hospedería, pero a nosotros nos siguió recibiendo durante ocho años y empezamos a crear una relación tan estrecha con ella, que llegó a ser parte de nuestra familia. Cada Acción de Gracias, Navidad o Año Nuevo lo celebrábamos allí, en su casa.

Era una mujer increíble, con muchas historias para contar. Había sido tenista profesional durante su juventud, lo cual ya era un inmenso logro, pues por aquella época las mujeres no figuraban en los deportes a ese nivel. No en vano, en su propiedad, tenía su propia cancha profesional, la cual disfrutábamos durante los veranos.

Y a pesar de su avanzada edad, era una mujer muy astuta, clara y sin pelos en la lengua. Le decía a cada uno las cosas tal y como las sentía. Era muy inteligente, al punto que podía hablar con mi ex esposo Carlos de igual a igual sobre inversiones.

Recuerdo que, cuando a mamá le dio el primer derrame cerebral, yo estaba en Vermont, visitando y cuidando a Betty. Luego, lamentablemente, por diversas circunstancias, especialmente debido a la complicación de salud de mamá, no pudimos visitarla durante varios meses y cuando regresamos a Vermont ya había fallecido. Me entristeció mucho no poder despedirme de ella. Nos dejó un inmenso vacío, pues disfrutamos de momentos inolvidables en aquella casa, con sus historias y sus desayunos.

El "escapo" de nuestros sueños

Un día, durante un Año Nuevo, estaba junto a mis hijos hablando de cuáles eran nuestros sueños. Y todos coincidimos en querer una casa en las montañas de Vermont, donde llevábamos tantos años esquiando. Era la forma de seguir conectados a ese maravilloso lugar. En ese momento pensé que era hora de hacer ese sueño realidad. —¡Ya! Empiecen a buscarla—, les dije.

—¿En serio mami?—, preguntó Franco.

—¡Claro!—, respondí. ¿Cómo lo íbamos a hacer? ¡Ah! Eso lo veríamos después. Mis hijos y yo estábamos en una posición económica en la cual era posible cumplir ese sueño. Sólo debíamos organizarnos. Así es que de inmediato Franco y Jeff comenzaron a viajar todos los fines de semana a Vermont a ver propiedades. ¡Vieron infinidad de casas! Hasta que un día de febrero, mientras estaba visitando a mi mamá en República Dominicana, me llamaron para contarme que habían encontrado la casa de nuestros sueños. La describían de manera tan detallada y con tanta emoción, que me contagiaron de inmediato.

—Ok. Entonces pongan una oferta—, les dije.

—Pero, ¿cómo? ¡Si ni siquiera la has visto!—, respondieron.

—Si están tan emocionados es porque es perfecta—.

Ese lugar sería para mis hijos y para mí, porque era nuestro sueño. Pero antes de tener la claridad en cómo sería el proceso, ya tenía la convicción de que aquella casa sería nuestra. Así es que ese año, durante Navidad y en cada cumpleaños de los miembros de mi familia, los fui preparando para disfrutar de los deportes y la vida que íbamos a tener en nuestro paraíso de Vermont. Comencé a regalarles cascos para usar en las motos de nieve, ropa térmica específica para esa actividad y todo lo que pudieran necesitar. ¡Cada regalo tenía el propósito de equiparlos, aunque todavía no teníamos ni siquiera dónde llegar!

Así, finalmente conseguimos nuestra casa ideal, sobre doce acres de una de las montañas más hermosas en Pittsfield, a diez minutos en automóvil de mi adorada montaña de Killington, uno de los centros de esquí más famosos de Vermont.

Siempre me imaginé una cabaña espectacular, desprendiendo ese olor cálido a madera, a hogar, que invita de inmediato a momentos inolvidables en familia y amigos. Soñaba con un lugar como ése desde mi relación con Gabriel y por fin mi anhelo se había hecho realidad.

Luego, entre todos pensamos un nombre para bautizarla y fue Jeff quien tuvo la epifanía: Escapo. Y eso es, nuestro lugar para escapar de la rutina, las tristezas, la vida sin sentido y reconectarnos con nosotros mismos. ¡Un paraíso!

La terapia del jacuzzi

Escapo es tan especial, que es allí donde han nacido mis más profundas reflexiones, las grandes decisiones y muchos momentos mágicos. Y como mi filosofía es compartir las bendiciones que tengo, por Escapo han pasado amigos, compañeros de trabajo y todo quien quiera conocerlo.

Escapo representa también la manera en que vamos modificando y superando todos aquellos detalles, traumas y conductas que nos generan dolor y estancamiento. A medida que los vamos trabajando interiormente, podemos mutarlos hasta convertirlos en algo positivo en nuestras vidas. Eso me sucedió por ejemplo, con el silencio. Sí, con el silencio, pues durante la mayor parte de mi vida representaba muchas cosas negativas para mí. Por lo mismo, creo que eso contribuía a mi constante búsqueda de permanecer rodeada de gente, de música y de ruido. Me sentía mucho más segura de esa manera que en medio de la nada, escuchándome sólo a mí misma y mis recuerdos. Antes, si estaba sola y en silencio me sentía sofocada y comenzaba a sentir un nivel de ansiedad incontrolable. Eso sucede porque nuestra voz interior está más concentrada en "nuestros demonios".

La buena noticia es que nos podemos sanar. Pero siempre hay que trabajar para lograrlo, porque la vida constantemente nos da sorpresas. Siempre hay que reflexionar y reconectarse. Todos los días podemos tener la oportunidad de valorizar más nuestra existencia y estar más presentes al momento. Y el silencio es una herramienta vital para lograrlo y en Vermont… ese silencio es total. Allí podemos estar cien por ciento presentes. No hay teléfono, no hay televisión, el internet casi no funciona y por eso, las oportunidades para encontrarnos con nosotros mismos y con quienes están a nuestro lado fluyen fácilmente. De hecho, las conversaciones más poderosas en mi familia las hemos tenido en aquel lugar.

Nuestra rutina en aquel pedacito de paraíso es muy sencilla. Solemos ir a esquiar al mediodía (por la resaca de la noche anterior). Terminamos alrededor de las cuatro de la tarde, cocinamos, nos metemos a un delicioso jacuzzi al aire libre que tenemos en la terraza de nuestra casa, bajo ese cielo estrellado que sólo Vermont ofrece y luego, nos vamos de parranda nuevamente. ¡Los bares y restaurantes locales son famosos, con orquestas en vivo y gente que sólo quiere relajarse un rato!

En una de nuestras noches de jacuzzi en familia, recuerdo que mi hija Natasha propuso:—Vamos a hablar de todo aquello que nos gusta y lo que nos desagrada—. Parecía un ejercicio sencillo. Pero sin darnos cuenta comenzamos a profundizar y a liberarnos, sacando historias y emociones que llevábamos guardadas durante mucho tiempo. Y esa noche, incluso mi nuera Iliana, que es una persona muy reservada, se desahogó. De ahí en adelante, todos comenzamos a llorar y a abrazarnos. ¡Fue una catarsis grupal impresionante!

Natasha, que siempre tiene expresiones precisas y fuera de todo protocolo, aquel día bautizó el momento como "la terapia del jacuzzi". Desde entonces, cada vez que algún invitado comparte esa experiencia, acaba de la misma manera, sacando emociones estancadas, recuerdos escondidos, basura emocional acumulada ¡y se libera!

Para algunas personas esa terapia resulta demasiado fuerte. En una oportunidad, por ejemplo, en que nos acompañó un amigo de mi hijo Jeff, estaban Franco y él en el jacuzzi diciéndose cuánto se admiraban mutuamente y como, a pesar de tener una relación de hermanos que no es perfecta, siempre están reconociéndose y apoyándose uno al otro. El amigo de Jeff de pronto, salió llorando, diciendo:—No puedo, no puedo con esto. Es demasiado. No estoy acostumbrado a experiencias como ésta—.

¡Ese jacuzzi ha visto llorar a tantas personas y generar una chispa aceleradora de cambio en sus vidas! Lissette, una psicóloga amiga, quien también lo ha visitado y llorado ahí dentro, siempre comenta que muchos de quienes pasan por aquel lugar en casa terminan en su consulta. Y cuando le cuentan que son mis amigos, ella les dice: —¡Ah… estuviste en el jacuzzi de Vermont!

¡Qué cantidad de historias tenemos en esas montañas esplendorosas! Y parte de este libro, de hecho, comenzó a gestarse allí. Cada vez que escucho a mis nietos preguntarle a su papá: ¿cuándo vamos a ir a Escapo? Y verlos brincar de alegría cuando saben que irán a la casa de la montaña... O las ocasiones en que recibo mensajes de Franco desde Killington, diciéndome: "¡Gracias mami! ¡Gracias por hacer esto posible! Esto es maravilloso", mi corazón se llena de gratitud.

Todos adoramos aquel lugar y se ha convertido en la mejor inversión, no como un bien material o por el dinero que significa, sino por los momentos inolvidables que nos regala como familia y de manera individual.

E insisto, el dinero en sí no tiene ningún valor. Eso se lo damos nosotros cuando somos capaces de transformarlo en una vía para crear recuerdos, instantes mágicos, una mano amiga a alguien en necesidad, un regalo, un momento de alegría o de tranquilidad.

El poder creador del dinero depende de nuestra intención, de nuestra generosidad y del propósito que queramos darle. Dios se encarga de enviarnos la bendición que nos toca si se la pedimos. Nuestra tarea es visualizar lo que que queremos en la vida y tomar acción.

Mis herramientas

* Cambiar nuestro concepto de dinero

Si nos sentimos cohibidos o temerosos con el dinero, siempre va a ser escaso en nuestras vidas. La relación incorrecta con éste nos roba muchas posibilidades de poder disfrutar de los momentos. ¡El dinero es un creador o un ladrón de buenos recuerdos!

Lamentablemente muchas personas viven en la escasez por la relación que nos enseñan nuestros padres respecto a los bienes materiales.

¿Qué significa para mí el dinero? ¿Le tengo miedo? ¿Lo veo como algo dañino o negativo? Tal como te comenté al principio, modificar el concepto que tenemos sobre los recursos es vital. Y para eso necesitamos "reprogramarnos", porque la mayoría de nosotros "llegamos de fábrica" con la información distorsionada. Yo lo llamo usar "un truco mental" para cambiar nuestra mente, la cual suele jugarnos trampas para desconfiar y sentir que siempre nos "falta", que carecemos del dinero suficiente o no merecemos más.

Hay un libro que te aconsejaría que leyeras: The secret of a millionaire mind (El secreto de las mentes millonarias). Ahí se explica cómo efectivamente la relación que tenemos con el dinero, depende de la que nuestros padres tenían con éste y cómo podemos modificarla.

Dejar de poner atención en las carencias y empezar a concentrarnos en la prosperidad que anexamos es el primer paso. Como te he dicho en otros capítulos, a diario utilizo una aplicación (Calm) que me ayuda a disciplinar mi crecimiento. Y una de las reflexiones que más me gusta se enfoca precisamente en lo que quiero obtener. Dice: "Me siento tan feliz y agradecida, ahora que el dinero viene a mí en gran cantidad y de múltiples fuentes, de manera continua". La repito a diario y en ocasiones, decenas de veces durante el día ¡y me funciona! He visto verdaderos milagros que ocurren trayendo a mi vida los recursos que necesito para cumplir mis propósitos. Inténtalo.

* Compartir la bonanza con otros

No se puede aspirar a obtener grandes beneficios si no aprendemos a ser generosos y agradecidos con Dios y los demás. Créeme que jamás habría logrado avanzar y superar todos los obstáculos que pasé si me hubiese limitado a disfrutar a solas de mis bendiciones. He conocido a muchísimas personas con todo el dinero del mundo, que lo han guardado para el futuro, para ellos, para obtener más, sin ninguna intención de compartirlo de manera honesta. Al final de sus días, terminan como todos, en un cajón donde no cabe más que un cuerpo deteriorado. ¡No se llevan nada diferente a otros que no han tenido bienes! ¿Entonces? ¿No vale más utilizar estos recursos aquí, hoy, con quienes lo necesitan?

* Saber con qué cuento y crear un presupuesto

A lo largo de mi vida laboral, cada vez que llega a mi cabeza alguna idea pienso: "sé lo que puedo hacer". De ahí en adelante empiezo a buscar los mecanismos para conseguirlo. Y como te mencioné antes, eso parte por saber con cuánto cuento para lograrlo. Muchas veces asumo deudas para lograrlo, pero siempre lo hago con responsabilidad y consciente de cuánto puedo llegar a invertir en cada ocasión. He sido muy organizada con mis finanzas. No en vano, anualmente preparo mi presupuesto, el cual voy revisando cada dos o tres meses. Verifico si lo estoy respetando y cuánto tengo disponible para lo que queda del año. En ocasiones, necesito realizar ajustes, ver en que áreas me estoy pasando de la cuenta, dónde debo disminuir los gastos, etc.

Crear un presupuesto es algo básico para cualquier persona que trabaja y para toda familia. En una ocasión en que uno de mis hermanos estaba pasando una situación económica muy complicada, me senté con él y su esposa para ayudarlos a organizarse. Lo primero que hicimos fue verificar cuál era el presupuesto con el que contaban y ¡no tenían idea! Quedaron impresionados al ver, por ejemplo, que estaban gastando tres mil dólares al año en cigarrillos, ya que ambos fumaban. ¡Tres mil dólares literalmente quemados! Por eso el presupuesto es algo vital.

Existen organizaciones como Voces.org donde enseñen cómo hacer un presupuesto. También puedes tomar clases nocturnas o por internet para aprenderlo. Ahora, si entras a este link, puedes conseguir una guía básica para armar tu presupuesto y otros formularios que te ayudarán a organizar tus finanzas: https://www.vertex42.com

* Priorizar las necesidades

Muchas personas que deciden emprender sus negocios o incluso, alguien que lleva una vida como trabajadora regular, si no tiene claras sus prioridades, no tardará en verse superada por las tentaciones y las deudas. Antes, por ejemplo, gastaba muchísimo dinero en ropa y en una que otra joya costosísima. Y aunque nunca he sido una mujer materialista, me di cuenta que no las necesitaba y ni siquiera me importaba tenerlas. Cuando me enfrenté cara a cara a la posibilidad de morir, cambiaron finalmente mis prioridades y muchas cosas que antes eran parte de mi vida, dejaron de serlo de manera definitiva.

De la misma manera, te puedo contar que durante muchas épocas, aún siendo una mujer privilegiada, que podía darme muchísimos gustos, busqué la manera de acortar mis gastos. Por ejemplo, en vestuario. Cuando estaba en mi mejor etapa de ejecutiva de una clínica, debía vestirme como tal, pues mentalmente eso influye también en la manera en que actuamos. Descubrí una tienda donde podía encontrar piezas y trajes de diseñador a precios de descuento. Además, como soy muy sociable, me hice muy amiga de su dueña y cada vez que le llegaban vestidos que me servían, me los guardaba. Conocía mi estilo y mi talla a la perfección. ¡Nadie podía creer que pagaba veinte dólares por trajes costosísimos! Hoy en día, con el mismo fin utilizo una compañía de renta de ropa online llamada Rent the Runaway. De esa forma, por un precio fijo mensual muy bajito, puedo acceder a vestidos y trajes diferentes cada semana. Me los envían y los devuelvo una vez que los utilizo, sin necesidad de encargarme de lavandería.

Otro gasto que he aprendido a dejar pasar en momentos en que debo priorizar otras cosas es el cuidado de las uñas. Aunque soy una mujer preocupada de los detalles, dejé de acudir a un salón de manicura semanalmente. Hoy es mi querida Gloria quien se encarga de eso. Estoy segura que también cuentas con una amiga o alguien conocido que hace trabajos como éste. Además de ahorrar en tiempo y costos altos, le puedes dar trabajo a otra "micro empresaria". ¡Y ésa es la mejor manera de funcionar! ¡Con sinergia! ¡Ser recursiva es un don!

* Contar con ahorros

Si vas a lanzar tu propio negocio, la mejor manera de hacerlo es contando con ahorros para que, cuando tengas momentos difíciles, puedas recurrir a estos. Trata de no lanzarte a un proyecto si no tienes una base financiera, porque en épocas complicadas tu negocio puede decaer por completo.

*Valorar a tu personal y crear un ambiente laboral lo más grato posible

Recuerda que las personas con las que contamos en nuestro equipo son nuestro mayor capital. No importa si es una persona o son tres mil, cada una cuenta y es importante. No son números o robots que llegan a cumplir una función. Cada una tiene su propia historia, su vida, sus necesidades y sus sueños. Si los conocemos y empalizamos con ellos, contaremos con su lealtad de por vida.

También es importante tener en cuenta que aun cuando sean muy buenos desempeñando una tarea en un momento dado, puede que eso no se ajuste precisamente a lo que anhelan. Hay que estar atentos a eso. Pues cuando nosotros nos percatamos de que pueden ser todavía mejores y más felices en otra posición, no podemos ser egoístas y limitarlos a que realicen lo que a nosotros nos sirve. Ellos, al igual que tú o yo, tienen sus aspiraciones y cuando sienten que cuentan con tu apoyo, se convierten en tus más fieles soldados.

De la misma manera, es imprescindible crear un ambiente laboral saludable, seguro y tranquilo para todos. Pasamos la mayor parte de nuestra vida en nuestro trabajo, ¡imagina qué tristeza si alguien no es feliz allí! Recuerdo que cuando tenía 250 empleados a mi cargo siempre les decía:—Si no están contentos, tienen que acercarse a mí para dejármelo saber. Si puedo arreglarlo, lo voy a hacer. Y si no puedo, se los voy a decir para que ustedes decidan y busquen la felicidad en otro sitio. Aquí pasan más tiempo que en sus casas y quiero energía positiva de todos mis empleados—. ¡Eso es fundamental para crecer en armonía!

* Dejar tiempo para relacionarse con personas y organizaciones afines

Abrirse a nuevos contactos es imprescindible para alcanzar el éxito.

Recuerdo que cuando estaba en medio del divorcio, empezando, además, mi nuevo trabajo y misión, con todas las trabas a mis cuentas que puso mi ex marido, tuve que buscar cómo refinanciar mi casa para obtener algo de dinero. Ya había usado todos mis cupos en tarjetas, así es que mi crédito había bajado muchísimo.

Hice el intento del refinanciamiento en tres bancos distintos y todos me lo negaron.

¡No podía creer cómo había pasado de tener el crédito más alto a uno insuficiente! Sucedía que el pago de nuestra casa en Tarrytown era de seis mil dólares mensuales, porque su valor total era de un millón de dólares. Aunque era mi ex esposo quien estaba pagándolo, la propiedad seguía estando a mi nombre. Y tener además, otra casa, con otro morgage y mi salario casi inexistente, ¡por supuesto me creaba un panorama financiero por el que nadie quería apostar! Pero la persistencia y la actitud correcta hacen la diferencia. Si me hubiese quedado en el papel de víctima y decepcionada por todo lo que estaba pasando, habría permanecido estancada en el mismo punto. Al contrario, intentaba tomarlo con buen humor y seguir buscando opciones.

Tenía dinero, pues mis propiedades contaban con bastante equity o ganancia, y sin embargo, ¡nadie quería darme un centavo! Pero como soy tan sociable y tan abierta con mi vida, seguía asistiendo a encuentros y reuniones con cámaras de comercio y organizaciones a las que pertenezco para empujar nuestro proyecto. Allí, en medio de las conversaciones, comentaba mi situación con las distintas personas que me encontraba. Y fue precisamente en la cámara de comercio de Wetchester donde conocí a Manny, quien estaba trabajando para el buró federal y le conté sobre mis proyectos.

—Necesito que alguien confíe en mí. Tengo que venderle mi idea a alguien—, le dije.

—¿Sabes qué? Tengo un amigo que trabaja en un banco pequeño que está empezando a crecer y ésa es la gente que puede escuchar tu historia y te pueden ayudar—, me comentó. Así conocí a Mike Piazza, ¡un ángel caído del cielo!

En menos de dos meses tenía el dinero que necesitaba para continuar mi proyecto.

¡Debemos envolvernos con otras personas afines a nosotros! Las redes de contacto y la sinergia son poderosas creando y agrandando negocios, proyectos y sueños. No desestimes el tiempo que inviertes en estas actividades. Nosotros, como comunidad hispana, ¡debemos envolvernos con nuestros pares! Debemos apoyarnos unos a otros para avanzar. Debemos participar en diferentes organizaciones y dar de nuestro tiempo, pero a la misma vez, relacionarnos y conectarnos. Crear nexos de apoyo es fundamental.

* Intentar encontrar el balance

En realidad, el balance perfecto no existe, pues siempre vamos a estar fuera de éste en mayor o menor grado. Debemos escoger determinadas prioridades en distintos momentos y ser consecuentes con esas decisiones, y sobre todo, dejar de sentirnos culpables porque las tomamos. Todo tiene su costo, pero podemos cumplir con nuestras prioridades temporalmente para reajustarlas apenas nos sea posible.

Maria Trusa

Cuando empecé el proyecto estaba fuera de balance con mi familia, por ejemplo, porque armar la misión me absorbía por completo. Pero la idea no es estar siempre de esa manera, sintiéndonos que estamos "robando" tiempo o atención a otras cosas, personas o actividades, sino, tener en cuenta que eso sucederá durante algunos días o semanas, mientras logramos impulsar o apoyar nuestro objetivo principal.

Una buena forma de acelerar el equilibrio entre nuestras prioridades es evaluar diariamente nuestro desempeño para ver dónde estuvimos fuera de balance y aceptar que hay cosas que definitivamente no están en equilibrio. Debemos reflexionar para buscar la manera de no caer en la exageración de actividades hasta enfermarnos.

Me costó aprender esto de "balancear" las prioridades. Recuerdo que cuando trabajaba en la clínica, aunque no era mi negocio, le dedicaba tiempo como si lo fuera. Y al principio esto me provocó ataques de asma por estrés. En aquella época tenía la manía de llevarme a la cama una libreta para escribir en la noche todo lo que tenía que hacer al día siguiente, qué actividades había olvidado el día anterior y seguían pendientes, etc. ¡Casi no dormía! Pues cada vez que recordaba algo, me sentaba a escribirlas y eso significaba que mi mente jamás descansaba y se desconectaba del trabajo.

Debí empezar a modificar mis actividades y a controlarme cuando dormía. Antes de acostarme, me sentaba por unos quince o veinte minutos, y escribía algunas cosas que me venían a la mente, que consideraba importantes y que estaban pendientes para hacer. Me enfocaba en ese momento sólo en eso. Pero una vez que apagaba la luz, dejaba de pensar en esas cosas. Desde entonces he podido aprender a dormir, sin importar lo que esté pasando a mi alrededor. Puede ser algo muy grave, pero corto esos pensamientos en el momento de irme a descansar, pues entendí que nada que pase por mi mente en ese lapso podrá concretarse durante la noche.

* Mantener la humildad y los pies bien pegados al piso

Es fácil para mucha gente perderse cuando empiezan a ganar dinero y a

crecer. ¡Y eso nos pasa a todos! Aunque siempre he sido muy detallista con las personas que trabajan conmigo, recuerdo que hubo un momento, cuando trabajaba en la clínica, en que estaba tan ocupada avanzando y creciendo, que me estaba distanciando de la parte humana de mis empleados. ¡No tenía tiempo! Apenas cruzaba dos palabras con ellos, cuando podía, algo que no era natural en mí, pues siempre me he interesado en saber de sus vidas y de sus familias. Entonces, en ese momento me hice una promesa: no perder jamás la humildad, porque si sucede, perdemos el alma.

¿Por qué crees que hay tanta gente que lo tiene todo y sin embargo, es infeliz? Puede que lo logres todo, pero si pierdes la conexión con los demás, en realidad no tienes nada. Te sientes completamente vacío. Y gracias a Dios, puedo decir con orgullo que mi alma está al tope, ¡rebosante!

MI REGALO

Entender que el dinero y los recursos pueden darnos el poder, más no desde la soberbia y el dominio sobre otros. Al contrario, puede convertirse en un arma poderosa para concretar sueños, suplir necesidades y sobre todo, crear recuerdos espectaculares, que, a fin de cuentas, es lo único que cargamos al momento de partir de esta tierra.

" Escanea acá para
ver la galería "

IX

CAPÍTULO

Escogiendo nuestro círculo

En una ocasión, durante algunas de las motivaciones que escucho diariamente mientras me preparo para ir a trabajar, oí decir que las cinco personas con las que más interactuamos cada día determinan gran parte de nuestras vidas. ¡Me pareció increíble! De hecho, el autor de ese planteamiento es Jim Rhon, un exitoso empresario y orador, quien asegura que cada uno de nosotros somos el resultado del "promedio de esas cinco personas". Más o menos ese número, da igual… ¡Lo importante es rodearse de lo mejor!

En muchos artículos relacionados al emprendimiento o a los negocios siempre recomiendan que esas personas sean exitosas. Quienes se enfocan en el empoderamiento a nivel espiritual, en tanto, sugieren que sean personas "elevadas" o positivas, porque finalmente, al estar en contacto permanente con ellas, entramos en su misma frecuencia energética. Para mí, se trata de encontrar a los mejores como seres humanos completos, con la actitud correcta ante la vida y sus adversidades, con ganas de crecer y avanzar, generosas y honorables, honestas y capaces de crear núcleos indestructibles con sus seres queridos.

Hace un par de años, había pasado unos días en Vermont, visitando a mi querida Betty y estaba apenas saliendo rumbo a mi casa en White Plains, cuando recibí una llamada que me estremeció por completo. Mi madre, acaba de sufrir un derrame cerebral nuevamente. ¡Casi me vuelvo loca de la angustia y la desesperación! Ella se encontraba en República Dominicana y yo, manejando, a cuatro horas de mi casa.

En ese instante hubiese querido tomar un avión, un helicóptero o cualquier medio que me hiciera llegar lo antes posible a mi hogar para preparar mis cosas y partir al aeropuerto de inmediato. ¡Pero tenía todas esas horas de camino y mi corazón iba a explotar de tanta ansiedad!

Aquel día comprobé lo poderoso que es contar con el círculo de personas adecuado. ¡Y yo lo tenía! Contaba con un equipo maravilloso a mi lado, que me cuidaba y lo sigue haciendo. Michelle, la directora de operaciones de mi negocio y amiga por más de veinte años, junto a mi adorada Gloria, mientras yo manejaba a Nueva York, se encargaron de todo lo necesario para mi viaje a Quisqueya.

Recuerdo que cuando llegué a mi casa, tenía el vuelo comprado, la maleta armada, con todos los detalles que necesitaba e incluso, hasta la ropa limpia y separada que debía ponerme para ir a Santo Domingo. En cuestión de minutos me bañé, me cambié y Alex, el esposo de Gloria, me llevó rumbo al aeropuerto. Mi equipo se había encargado de coordinarlo todo, con una precisión milimétrica, para que no perdiera un segundo.

Puedo contar con orgullo que me considero bendecida con las personas que me rodean. E incluso, aquellas que han tenido un paso algo adverso o que han sido piedras de tope o dolor, han sido grandes maestros para mí. Gabriel, mis ex esposos, aquellos que han sido desleales o han complicado mi trabajo, los aciertos y desaciertos, todos han puesto su granito de arena para empujarme a crecer... Y se los agradezco.

La mayor parte han sido, sin embargo, personas maravillosas y nobles, que una vez que entran a mi vida, ¡no logran salir de ésta! Me han dado mucho, pero también han recibido de mí cuando lo han necesitado. Gloria, por ejemplo, seguramente no habría podido quedarse en este país si no hubiese tenido la oportunidad de trabajar con nosotros en aquel momento. Michelle quizás no habría llegado a la posición que llegó a tener y así, muchas personas que han pasado. Todas cuentan con mi apoyo emocional, espiritual e incluso, financiero si lo requieren.

¡Tenemos que buscar la forma de apoyarnos unos a otros! Mucha gente suele pensar exclusivamente en sus necesidades y deja de empatizar con los demás. Sienten que es la manera de crecer más rápido, pero ¿sabes qué? Mi experiencia me ha demostrado que solos no crecemos saludablemente y que, en cambio, así de rápido también nos podemos caer. Y es entonces cuando sabremos quiénes están en ese círculo poderoso a nuestro alrededor.

También pasé por momentos financieros difíciles cuando estaba criando a mis hijos, pero de igual manera siempre ayudé a quien pude. Lo importante es escoger bien a quienes queremos dejar entrar en nuestro círculo, para que sintonicemos de la forma correcta, más constructiva y positiva.

¡Muchas personas hablan sobre este concepto y es verdaderamente importante! Hay estudios que han demostrado que, por ejemplo, si te rodeas de personas que descuidan su salud, tienen sobrepeso y comen mal, lo más probable es que aunque tú no estés en iguales condiciones al principio, con el paso del tiempo te vuelvas una más. ¡Nos contagiamos de la misma energía y asimilamos las costumbres y hábitos! En cambio, cuando buscamos personas que nos inspiren y motiven a mejorar en cada aspecto de nuestra vida, en la parte financiera, física y espiritual, todos iremos avanzando al unísono. Por eso debes escoger muy bien a las personas que quieres que estén contigo. Deben ser personas que tengan sus fortalezas allí donde tienes debilidades y que en una relación simbiótica, puedas también contribuir con tus fortalezas a sus debilidades.

Los ángeles que me rodean

Las personas que pasan en nuestra vida son más importantes y determinantes de lo que pensamos. He leído que la conexión energética o espiritual que hacemos con alguien que se sienta a nuestro lado en un avión, la que está junto a nosotros en la fila del supermercado o nuestra pareja no son distintas. Lo único que cambia es la intensidad y el propósito que ellas tienen con nosotros y viceversa. Me explico: cada una llega a cruzarse en nuestro camino con una "misión" o un aprendizaje específico y por un tiempo determinado. Y eso lo veo diariamente en mi vida. Hay personas como Gloria, por ejemplo, que han sido parte de mi trayectoria por treinta años; o Michelle, que como te mencioné, lleva más de veinte años unida a mi camino, mi querida Rosario, que lleva quince años o mi adorada Élida y su hija Judy... ¡Muchísimas! Todas han aportado e influenciado en mi vida de manera increíble. Y las conexiones con la mayoría se vuelven eternas.

Es tan poderoso contar con un grupo en quien confiar en el más amplio sentido, pues se convierte en la mejor manera de avanzar en conjunto. Siempre se dice que lo rico que somos lo determina la cantidad y calidad de personas con las que contamos a nuestro alrededor. Y estoy completamente de acuerdo con eso.

De hecho, mi camino no me habría llevado al éxito si no hubiese tenido esas manos extras ayudándome y esos pies para ir y resolver esos detalles que no alcanzo a solucionar directamente, llegando a convertirse en ocasiones en "mis clones" sacando adelante alguna idea.

Por ejemplo, el inglés para mí siempre ha sido un tema difícil al momento de escribirlo. Aunque llevo más tiempo viviendo en Estados Unidos que lo que viví en mi país, no es mi primera lengua y escribirlo siempre ha sido una de mis debilidades. Pero, gracias a mi equipo, siempre he tenido un "ángel" para revisar mis correos electrónicos o cartas importantes que debo enviar para gestionar mis proyectos. Esto no significa que me esté rindiendo ante el inglés, pues sigo luchando por mejorarlo, pero si tengo que escribir un email formal, pido "un par de ojos extra" para que me lo corrijan. Luego, les digo que me dejen saber qué corrigieron para aprender y no volver a cometer el mismo error. Eso es muy importante. Tú puedes fortalecer tus debilidades pero debes tomar acción.

Todos tenemos fortalezas en determinadas áreas, ¡no existe una persona inservible en el mundo! TODAS somos valiosas. Sin embargo, ¡no podemos ser buenas en cada cosa! Por eso debemos rodearnos de las personas idóneas. Y no me refiero a una posición de interés, para sacar provecho. Me refiero a buscar a quienes estén en la misma frecuencia, con buena energía, disposición, buen corazón, positivos, con hambre de aprender y crecer, para crear juntos esa "sinergia" que funciona como un tren en el que todos nos podemos montar y nos lleva vía express directo al éxito, haciendo uso de las distintas capacidades de cada uno. Finalmente, cuando esto ocurre, cada persona de ese selecto círculo se ve beneficiada.

Jamás trataría a una persona de manera denigrante o la haría cumplir con una tarea como obligación. Se trata simplemente de ser inteligente; de entender que podemos progresar si contamos con las personas adecuadas a nuestro lado, incondicionalmente. Y que ese crecimiento debe ser mutuo, siempre en ambas direcciones.

Soltar el ego y dar paso a otros

He aprendido a confiar y a delegar, porque para crecer es muy importante entender que no podemos hacerlo todo. En ocasiones, tenemos un ego tan grande, que queremos sentirnos imprescindibles y para eso, creemos erróneamente que mientras más hacemos y más abarcamos, somos más importantes y más "necesarios".

Mi propósito, a mediano plazo, es dejar mis proyectos para que otros se encarguen. Voy paso a paso para lograrlo, tal como lo hice con la clínica donde trabajé por tantos años. Allí tuve una posición para lograr llevar el negocio donde quería. Esa labor me consumía y durante mucho tiempo llegaba a casa tardísimo, agotada y drenada de tanto trabajo. Eso ocurrió durante años hasta que aprendí a delegar.

Entiendo que cuando se tiene un negocio pequeño o se está comenzando y no hay muchos recursos, debemos ser "multitasking" y hacerlo todo. Pero a medida que empezamos a crecer, debemos buscar la forma de delegar responsabilidades.

Pero, ¿qué actividades podemos delegar y de cuáles nos debemos encargar nosotros? Pues te cuento que para dilucidar estas preguntas tengo una regla muy simple: "si mi cerebro y mis habilidades no se necesitan para cierta tarea, busco a quien se la designo". ¡Así de sencillo! Pues si te pones a pensar, hay determinadas actividades del día que perfectamente pueden realizar otras personas y de esa manera te queda tiempo y energía para encargarte de aquello que depende netamente de tus capacidades. ¡Imagina todo lo que puedes producir en esas horas extra! De tu éxito en esas tareas más complejas ¡depende también el bienestar de un sinnúmero de personas!

Otro aspecto importante a tener en cuenta antes de delegar es aprender a buscar a la persona correcta para cada tarea, sabiendo que tiene las capacidades adecuadas para llevarla a cabo. Si empiezas a delegar en quienes no están capacitados, entonces todo se va a pique. Es muy común que las personas que llegan a tener cierto poder, comiencen a llenar posiciones importantes con amigos o familiares, pues, obviamente, es normal querer brindar mejores oportunidades a los seres queridos. Pero, por más cariño y gratitud que le tengamos a alguien, debemos ser objetivos al momento de ponerla en un puesto específico, pues debe tener las habilidades y la preparación correcta.

Otro punto vital cuando se comienza un proyecto es generar conexiones con otros y ver lo que ellos están haciendo para lograr el éxito. No se trata de copiar, sino de aprender, de vincularse a las organizaciones y personas que pueden inspirarnos, motivarnos, informarnos y orientarnos en la vía adecuada. Muchos que empiezan un negocio, por ejemplo, se enfocan solamente en eso, en su proyecto y no separan tiempo para conectarse y seguir informándose. Nunca me cansaré de recalcar que la preparación y educación permanente es vital para avanzar. Podemos tener las mejores ideas y proyectos. Podemos tener toda la convicción y determinación, pero si no contamos con la información de los pasos que debemos seguir, no tenemos una visión clara, ni las opciones frente a distintos escenarios y problemas, las posibles soluciones, recursos y personas que puedan darnos una mano, puede ser que no logremos salir a flote tras el primer obstáculo.

Responderle siempre al círculo

Desde hace un tiempo, me he convertido en mentora de algunas mujeres que se acercan a mí cuando ofrezco charlas y conferencias o en algunos eventos. Se sienten inspiradas con lo que escuchan y quieren seguir en contacto. ¡Me encanta! Y cada vez que me piden consejos, los comparto con gusto. Es un honor poder inspirar a otros y especialmente, a otras.

Cuando alguna de mis amigas o miembros de mi equipo se enferma, me doy el tiempo para cuidarlas en el hospital si lo necesitan, sobre todo, si no tienen a nadie en el país. En muchas ocasiones me toca hacer el papel de "madre" y lo hago con todo el amor del mundo, porque sé que es lo que necesitan en ese momento y puedo dárselos.

Durante toda mi vida he ayudado a quienes son parte de mi núcleo, incluso, cuando no he tenido suficientes recursos para hacerlo. De alguna manera siempre los consigo y les ofrezco ese empujoncito que necesitan para salir a flote y respirar nuevamente. La única condición que les he puesto es mantenerlo en reserva.

Muchas personas, especialmente en Santo Domingo, se han acercado a mí cuando necesitan dinero o resolver algún problema. Siempre que se trataba de un préstamo, era muy directa con ellos y les decía:—Te voy a pasar este dinero y quiero que me digas cuándo puedes pagarlo. Piensa realmente cuándo sientes que vas a poder hacerlo—. Y es que "ayudar a alguien" no sólo implica "lanzarles" ese salvavidas económico que necesitan en cierto momento para poder seguir nadando. Se trata también de impulsarlos a reconstruirse financieramente, a reorganizarse y a disciplinarse para aprender a responder ante las responsabilidades. Mucha gente dice: "préstame mil dólares y te los pago en un mes". Pasa ese lapso y no pueden responder a su compromiso porque no es suficiente tiempo para hacerlo. Por eso, cada vez que hago un préstamo, prefiero que sean muy objetivos y honestos consigo mismos, y se tomen más tiempo. Por ejemplo: "No podré empezar a pagarte esto hasta dentro de seis meses, que son lo que necesito para estabilizarme". ¡No hay problema! Es lo que sabe le va a tomar para poder volver a organizar su vida. Ahora, si no responde a su compromiso conmigo, nunca más podrá contar con mi ayuda… Y eso está escrito en piedra.

Afortunadamente, de la gran cantidad de personas que he podido ayudar a lo largo de mi vida, sólo un par no respondieron. Sacar a alguien de sus apuros ha sido una bendición para mí. Saber que confían en mi apoyo me hace feliz y creo, honestamente, que ha sido parte fundamental de mi propia bonanza económica. La generosidad es la mejor inversión. ¡Créeme!

Cada quien tiene su sueño

Otro aspecto importante cuando uno descubre y va armando su círculo o su equipo, es estar atenta a los talentos y sueños de cada miembro. ¡Sí! Cada uno los tiene. Muchas veces nos sucede, especialmente a los inmigrantes, que llegamos a un lugar a ejercer determinada función, por necesidad y porque es lo que hay disponible. Y debemos hacerlo con amor, con dedicación y gratitud. Lo mismo si estamos al otro lado de la ecuación y somos nosotros quienes estamos ofreciendo una posición o responsabilidad en nuestro equipo. Puede ser que llegue una persona a ocuparlo y sea maravillosa, nos resuelva todos los problemas y sea perfecta para lo que necesitamos.

Sin embargo, no por eso debemos ignorar qué quiere, a qué aspira, cuáles son sus habilidades y sobre todo, sus sueños y proyectos.

Michelle, por ejemplo, ¡es mi otra mitad! Llevamos tantos años juntas y es la persona más productiva que conozco. Puedo confiar a ciegas en ella pues su nivel de responsabilidad y de minuciosidad es fuera de serie. ¡Me encantaría contar con ella el resto de mi vida! No sólo como directora de operación se encarga de resolver los detalles de mi oficina, sino que también me ayuda a empacar para los viajes, pues es experta organizándolo todo. Además, con el paso del tiempo, descubrí que es muy buena decorando y escogiendo la ropa adecuada, los colores, combinando zapatos y todos esos detalles que a las mujeres nos toma tiempo. De hecho, ella es quien me envía las sugerencias diarias de vestido, zapatos y prendas para mis eventos.

Natalie, otra de las heroínas de mi equipo, ocupa un lugar importante en mi vida. Después de pasar un periodo muy difícil de salud, está nuevamente de vuelta a la normalidad, intentando comenzar su propio negocio de decoración de interiores y sé que no hay nada que ella no haga por mí. Aunque ha sido pieza fundamental en mi proyecto, siempre estoy buscando una oportunidad donde pueda sacar a relucir sus talentos con el diseño.

Todos necesitamos ser recompensados y valorados. No podemos ser tan egoístas y cerrarnos ante la posibilidad de perder a alguien por la labor que realiza para nosotros. Si su sueño y sus talentos van en otra dirección, podemos darle una mano para orientarlos hacia allá. Si aprendemos a ser agradecidos por el tiempo que estuvieron a nuestro lado y les dejamos las puertas abiertas para que encuentren su propio camino, puedes estar seguro que siempre serán parte de tu equipo y de tu vida, de manera incondicional, desde el lugar que ocupen.

Los que pudieron ser y no fueron…

De la misma manera en que hay personas que van formando parte de nuestro "team" de vida, de trabajo y de amigos, con integrantes que entran y otros que se van, sucede con aquellos que pasan en la parte sentimental. Y aquí pasa lo mismo: algunos pasan, otros se quedan, pero todos tienen un sentido y distintas enseñanzas para nuestra travesía.

Después de terminar con mi duro proceso de mi segundo divorcio, de pasar además por dos pérdidas muy fuertes en mi vida, mi mamá y una gran amiga, dejé pasar bastante tiempo antes de volver a ilusionarme con el amor. Quería seguir analizando de manera más profunda por qué he elegido al tipo de hombres que han ocupado un lugar en mi corazón. También quería reflexionar por qué, si he tenido un enorme éxito en mi vida, me siento satisfecha como madre, con imperfecciones, pero muy dichosa, pero cuando llego a la parte romántica, veo que no he tomado las mejores opciones. Me analicé muchísimo por qué pasé tantos años con mi segundo esposo siendo tan distintos, qué es lo que realmente quiero de un hombre, cuáles son los aspectos más importantes para mí, tratando de entenderme más, pues sólo así podré estar clara de la relación que anhelo.

Cuando mamá murió, sentí un vacío inmenso y en ese momento, quise llenarlo con alguien, así es que empecé a visitar websites de citas. Era algo nuevo para mí, pero decidí usar ese método porque en realidad no tenía tiempo para estar buscando en otros lugares. Siempre estaba ocupada y eso me parecía una opción más organizada y con ciertos filtros que me ayudaban a empezar desde un punto más claro.

En la primera semana de uso conocí a George. Y la verdad, estoy convencida que fue mamá quien me lo envió del cielo para ayudarme a calmar la tristeza de su partida. No estaba en el mejor momento de mi vida, me sentía absolutamente devastada y vulnerable.

George era de origen alemán y una bellísima persona. Un hombre muy dulce y comprensivo que me vio llorar, me apoyó, me consoló y fue un compañero espectacular durante el tiempo que compartimos. Me mimaba y estaba deseoso de compartir el resto de su vida conmigo. Fue sin duda una persona especial.

Pero si hay algo que he aprendido en los últimos años de mi vida es a escuchar mi instinto. Y a pesar de todo lo bueno que tenía a su favor, sabía que él no era el hombre correcto. Al estar más presente conmigo misma, había empezado a aclararme sobre lo que necesito en mi vida. Sé que quiero estar con una persona por el resto de mis días, a la cual admire, respete, con la que me sienta que podemos hablar de todo, no sólo a nivel personal, sino también intelectual, comentar sobre libros, de negocios… que sienta que estamos al mismo nivel y que podemos retroalimentarnos. En ese caso, desde el principio era obvio que eso no lo iba a tener.

Hay detalles que muchas veces dejamos pasar cuando nos "entusiasmamos con alguien" porque queremos destacar lo mejor del otro y ocultar aquello que nos genera ruido. Si bien, eventualmente me llamaba la atención su forma de pensar frente a ciertos temas, muy diferente a la mía, y su comportamiento en general, intentaba dejarlo pasar. Además, aunque teníamos casi la misma edad, él estaba concentrado en prepararse para su retiro, por lo tanto, todo su enfoque y actividades eran en esa dirección, algo que a mí está lejos de preocuparme. Tampoco era un gran lector, pues no buscaba más allá de lo que ya tenía consigo.

No se trata de que todo el mundo deba hacerlo, pero en mi caso, para compartir mi vida con alguien, necesito estimulación mental, alguien que proponga temas e ideas. Si tengo a una persona a mi lado, quiero que sea para el resto de mis días y si no cumple esos requisitos, sé que me voy a aburrir fácilmente. Y así sucedió, a la semana de compartir con él, me di cuenta que eso no iba a funcionar. Pero seguí intentándolo.

Definitivamente había un gran abismo entre los dos. Lo mismo quedaba claro cada vez que salíamos a comer o íbamos a eventos de mi trabajo, donde la diferencia era inmensa. Sé que él también la notaba y le hacía sentir incómodo.

George quería hacer todo para estar conmigo, pero para lograrlo se necesitan años de trabajo con uno mismo. Me sentía enseñándole constantemente y no es lo que quiero en esta etapa de mi vida, pues también anhelo aprender de mi compañero de vida.

Desde el primer momento había sido honesta con él, dejándole saber que no estaba segura si podíamos llegar a conectarnos de una manera más profunda. Tenía sentimientos que no estaban claros y aunque disfrutábamos estar juntos, sabía que tarde o temprano lo iba a herir si seguía empujando las cosas. Traté, lo intenté durante cuatro meses, pero finalmente decidimos seguir caminos separados. A pesar de todo, fue una historia hermosa en mi vida. Un ángel, que vino a llenar de luz y mimos mi vida en el momento en que lo necesitaba.

Mis otros ángeles

¡He tenido la bendición de contar con tantas personas que han sido ángeles en mi vida! ¡Tantas! Paula, por ejemplo, la misma que cuidó de mí y mis hermanos cuando éramos pequeños, durante toda su vida ha seguido en contacto con nuestra familia. No en vano, fue quien se hizo cargo de mi mamá cuando regresó a República Dominicana y sufrió sus dos derrames cerebrales.

Ella es otra madre para nosotros. Siempre ha sido así. Para mí es fundamental ese acercamiento y ese respeto con las personas que, por su cuidado y dedicación a nosotros, creamos un vínculo, en ocasiones, más poderoso que la sangre. Creamos lazos indestructibles, relaciones de amistad que perduran a través del tiempo. Pasan a ser parte de nuestra familia.

Esa manera de enfrentar las relaciones con las personas que nos rodean se la traspasé también a mis hijos. Ellos adoran a Gloria, a Paula y a todos quienes forman parte de nuestro círculo fraterno. Cuando Jeff se graduó de la universidad, Gloria estuvo festejándolo con nosotros. Para mí, sus hijas son como mis sobrinas y todos siempre son parte fundamental de nuestras celebraciones y eventos importantes, así como del día a día.

Gloria es sin lugar a dudas, uno de los seres más lindos que he conocido y una de las personas más importantes en mi vida. Jamás podré olvidar la confianza que sentía dejando a mis hijos en sus manos, para trabajar hasta las diez u once de la noche, llegar a mi casa y encontrar en ella, además de la comida y detalles, el apoyo, los consejos y el impulso que necesitaba. Sin ella se me habría hecho muy difícil llegar a la posición que he llegado, especialmente cuando era una madre soltera. A veces no valorizamos la importancia que tienen las personas que están a cargo de nuestros hijos y de nuestra casa. ¡Son fundamentales! Por eso hay que dejárselos saber y tratarlas como lo merecen, con respeto, cariño y gratitud.

Lisa, mi hija postiza

Lisa tenía apenas 18 años cuando la conocí y estaba asistiendo a la universidad. Comenzó a trabajar conmigo en la clínica y era una chica tan vital, tan llena de energía, con tantas ganas de aprender, que rápidamente se fue ganando mi confianza y mi cariño, al punto de convertirse en una de las personas más cercanas a mí. En casi una hija.

Después de un tiempo, se casó con su novio, que vivía en Pensilvania y al mudarse con él, tuvo que dejar el trabajo. Sin embargo, no pasó mucho para que quisiera regresar a trabajar conmigo, porque me extrañaba. Su esposo, que es un hombre adorable y estaba profundamente enamorado de ella, decidió mudarse a Nueva York para complacerla. Y a partir de ese momento, trabajamos juntas por dieciocho años.

Cuando dejé la compañía, Lisa consiguió un trabajo temporal mientras yo comenzaba mi nuevo proyecto y pudiera integrarla. Y así lo hice, apenas comencé mi misión la llamé para que se encargara de los recursos humanos. Mi visión era tenerla a mi lado y llevarla al nivel más alto posible, pues sabía que se lo merecía por su apoyo incondicional y por su capacidad. Confiaba cien por ciento en ella y nunca me defraudó.

Trabajamos en el nuevo proyecto durante seis meses, hasta que un día, a principios del 2016, su esposo me llamó para contarme que Lisa, con poco más de treinta años de edad, había sufrido un derrame cerebral. La noticia me devastó.

Estuvo una semana en cuidados intensivos, conectada a las máquinas, pero su cerebro estaba muerto, sin ninguna posibilidad de recuperación. Ella fue la primera persona a la que vi morir, pues su esposo quiso que estuviera presente cuando la desconectaron. Fue un honor estar ahí. Un proceso muy doloroso, pero tan potente, que me marcó la vida.

Su esposo mandó a hacer un cuadro precioso con una trenza del cabello de Lisa, el cual me regaló y conservo en un lugar especial de mi casa. Curiosamente, un mes más tarde, en mayo, a mi madre le dio un derrame cerebral y falleció por la misma causa.

Élida y su magia para "crear recuerdos"

Una de las bendiciones que mamá nos heredó es la habilidad de estar presentes cuando la gente nos necesita. Ya sean familiares, mis amigos o de mis hijos Jeff o Franco, siempre hemos estado para ellos. Todo el mundo ha venido a nuestra casa cuando lo ha necesitado. Mi hermano William y su familia completa se mudaron de Queens a vivir conmigo en un momento en que necesitaban enfocarse en la rehabilitación de uno de sus hijos. Mi hermano Viriato, por su parte, que también recibió los efectos de nuestra complicada niñez, en una época estuvo muy afectado por las drogas y gracias a Dios pudimos rescatarlo. Y otra de las bendiciones más grandes que recibimos en casa fue Élida, originaria de Licea al Medio, el mismo pueblo donde me crié. Ella fue un verdadero ángel que Dios nos envió.

Cuando supe que Judy, una de sus hijas, se había mudado a Nueva York, decidí darle trabajo en la clínica. Ella era doctora en Quisqueya, pero como no tenía su licencia americana, no podía ejercer como tal en Estados Unidos, aunque podía trabajar en otras áreas de la salud como en un laboratorio.

Dos o tres años después de comenzar a trabajar con nosotros, Judy nos contó que a su mamá, Élida, le habían diagnosticado cáncer por segunda vez. Ya había padecido la enfermedad en los senos, casi diecisiete años antes, pero en esa ocasión lo tenía regado en los huesos y estaba desahuciada. Le dieron apenas seis meses de vida.

Recuerdo que cuando Judy se enteró de la noticia estaba destrozada. En ese momento de mi vida, aún estaba conectada con Gabriel, así es que juntos comenzamos a ver la manera de ayudarla con la enfermedad de su madre. Y la mejor manera de hacerlo era trayendo a Élida a Estados Unidos a través de una obra benéfica. Él tenía muchas conexiones políticas, así es que logró conseguir una visa humanitaria para hacerle algún tratamiento, buscando la forma de extenderle o, al menos, mejorarle la calidad de vida en el último tiempo.

Élida desde el primer momento nos demostró que era una persona especial, con muchas ganas de vivir y tremendamente agradecida. Recuerdo que nos sorprendía a diario, pues después que terminaba los tratamientos, partía a nuestra oficina a tratar de mostrarnos su gratitud. Nos servía café, nos llevaba galletas y estaba atenta a cualquier detalle que necesitáramos. Era su manera de darnos las gracias por intentar ayudarla.

Y aunque su hija había hecho todo para trasladarla a Estados Unidos, se le hacía difícil tener a Élida en su pequeño apartamento que compartía además con su novio, así es que le sugerí que la dejara vivir conmigo. Ambas aceptaron la idea. Mi propósito era darle el apoyo y la tranquilidad que necesitaba en esos momentos. Pero Élida, con su manera de ser tan dulce y generosa, comenzó a hacer lo mismo que hacía en la oficina, tratando de colaborar y tener detalles para mostrar su agradecimiento. Empezó a limpiar, a cocinarnos y a mimarnos. Por más que le decía que no era necesario, ella siempre insistía. Era una escena dulce y divertida observarla limpiar la entrada de la casa, lanzando agua, ¡como si estuviera en Santo Domingo! Y es que esa encantadora mujer lo disfrutaba todo y convertía cualquier acto en algo sublime.

—Entonces, ¿por qué no trabajas conmigo? Así te ahorras un dinerito y se lo mandas a tu hijo—, le dije. Y es que Élida, además de su propio drama con la salud, tenía el peso de haber dejado en República Dominicana a otro de sus hijos con retraso mental. El "trabajar" ganando su salario le venía de maravillas para envíarselo y cumplir sus sueños pendientes, como terminar de arreglar su casa. Pero sobre todo, le servía para sentirse útil, activa y con responsabilidades.

Por otro lado, en esos momentos mi mamá viajaba constantemente a Estados Unidos y ambas se llevaban de maravilla. Cada vez que mamá venía, se quedaba en el cuarto con Élida y pasaban horas conversando y riendo, como dos amigas adolescentes.

Mis hijos la adoraban y realmente la sentíamos como parte de nuestra familia. Recuerdo cómo todos en casa se apuntaban al desayuno que ella nos preparaba. Cuando subíamos del subterráneo donde hacíamos ejercicio juntos, podíamos sentir el aroma del cafecito que estaba preparado, ¡delicioso! ¡Con los mejores huevos revueltos del mundo! Eran algo realmente especial. Mi hijo Franco siempre intentaba observarla y le preguntaba cuál era el secreto para prepararlos, pero ella sólo respondía: —Es que les pongo amor—. ¡Nunca compartió la receta! Aunque Franco, de tanto observarla, hoy en día los imita casi a la perfección.

Élida fue una mujer que luchó por vivir y disfrutar cada día. No le importaba el tratamiento que tuviera que hacer para ganar tiempo extra. —¡Yo quiero vivir!—, me decía. Por eso, nos concentramos en crearle una vida basada en el presente. Cuando mi hija Natasha nació, Élida estuvo en el parto. Fue una de las trece personas que escogí para compartir ese momento conmigo. A partir de entonces,

también empezó a ayudarme con la niña, a cuidarla, a protegerla e incluso, a enseñarle a rezar. Gozaba cada actividad y cada minuto con Natasha, como si quisiera extender su propia vida a través de la de mi hija que comenzaba.

Luchó incansablemente y a pesar del desalentador diagnóstico, logró ganarle cinco años a la vida, en los que estuvo muy bien. Le hicieron todos los tratamientos disponibles e incluso, se prestó para probar nuevas terapias. Todo gracias a la gestión de Gabriel, quien también llegó a quererla como si fuera su segunda madre, pues la suya también murió de cáncer. Y cuidar a Élida fue una manera de sanar su propio dolor.

¡Esa mujer me enseñó tanto! Especialmente durante su último año de vida. ¡Wow! ¡Fue la más fuerte que he conocido! Si bien, sabía que iba a morir, vivía cada día al máximo. Ni siquiera cuando estaba muy mal permitía que alguien más se encargara de la casa. Y aunque le tomara seis horas, cumplía lo que se había propuesto. Le encantaba, por ejemplo, planchar, ¡y lo planchaba todo! Poquito a poco, tomaba una prenda y se sentaba unos minutos a descansar. Pero necesitaba terminar su tarea. Era su desafío.

En una ocasión, recuerdo que le bajó el azúcar a tal nivel, que se desvaneció. Ese día estaba a cargo de Natasha y de su nieta en casa. Cuando la llamé por teléfono para saber cómo iba todo y no respondió, presentí que algo no estaba bien. Judy y yo salimos corriendo de la oficina y al llegar, la encontramos tirada en el suelo y a las niñas brincando por todos lados. Fue un momento aterrador, pues, incluso, debimos llamar a emergencias. Pero apenas se recuperó, continuó en sus actividades como si nada hubiese pasado.

Nunca usaba la excusa de su enfermedad para evitar algo o sentirse víctima. Jamás hablaba de eso y mantenía una sonrisa constante en el rostro.

Para uno de mis cumpleaños, unos ocho meses antes de que muriera, mi familia y amigos me sorprendieron con una fiesta en la playa y ella fue cómplice de todo. Cocinaba como los dioses y recuerdo que me preparó un sancocho memorable, ¡el último que hizo en su vida!

Durante los cinco años que estuvo con nosotros, le celebré sus cumpleaños en mi casa ¡a todo dar! Y todo el mundo asistía porque la adoraban. Recuerdo que hacíamos unas fiestas con DJ y ella se ponía en medio de los invitados para bailar con todos. Cuando presentimos que iba a ser su último cumpleaños, Judy, su familia y yo, le hicimos una fiesta en un centro de eventos. La vestimos como a una princesa y ésa fue su despedida.

Durante una etapa en que experimentó una leve mejoría, un año antes de morir, consiguió su residencia y pudo viajar, después de cinco años, a visitar a sus hijos a Quisqueya. Entonces pude cumplirle otro de sus sueños. Ella tenía una casa en Santo Domingo, que estaba casi vacía. Durante los años que estuvo trabajando conmigo, había juntado su dinero y todo lo enviaba para terminar esa casa. Entonces, apenas me enteré de que iría, le mandé a comprar un juego de cuarto. Le pedí a Susana —de la que ya te hablaré— que se encargara de todo lo necesario, lo decorara y le pusiera hasta flores frescas para recibirla. Cuando Élida llegó, no podía creer lo que estaba viendo. Fue una hermosa sorpresa que la hizo inmensamente feliz.

Al final, cuando su estado de salud empezó a empeorar, debimos hospitalizarla durante un mes. Entonces, me ingenié un plan para mantener su ánimo en alto. Y todos los viernes, unas veinte personas celebrábamos la vida junto a ella, en su cuarto de hospital. Ordenaba comida de un restaurante que le encantaba y hacíamos un happy hour junto a su cama. ¡Era una verdadera locura! Pero ella esperaba los viernes con ansias, pues disfrutaba viendo a todo el mundo allí, celebrando, compartiendo y amándola.

Eran tantas sus ganas de vivir que, incluso, cuando definitivamente le dijeron que no le quedaba mucho tiempo de vida, insistía en seguir dando la batalla. Su estómago estaba inmensamente inflado, casi explotándose, ya que el cuerpo en ese punto de la enfermedad comienza a eliminar líquido.—Élida, ¿estás segura de que no quieres irte a casa?—, le preguntábamos.

—No, quiero que sigan tratando—, respondía.

Finalmente, tres días antes de morir, nos pidió que la lleváramos hasta República Dominicana, pues sabía que ya no había nada más que hacer y quería partir en su hogar. Pero sacarla del hospital a esas alturas era una verdadera odisea, casi imposible. De hecho, Gabriel, que era su médico de cabecera, no me autorizó su traslado. — Pero ella no quiere morir aquí—, le respondí.

—Es muy tarde para sacarla—, me explicó. —No puedes hacerlo—.

Pero como te he mencionado muchas veces, para mí el "no" es inexistente, así es que busqué a otro de los doctores del hospital para que me autorizara. Era uno de los expertos en enfermedades críticas y aunque sabía el inmenso peligro que correríamos con ella al montarla en un avión, entendía que se trataba de cumplir su última voluntad. —Te voy a autorizar, pero debes saber que su estómago, con la presión del avión, se puede explotar. Cuando vayan en el vuelo, deben ponerle presión—, me advirtió.

Llamé a la aerolínea y compré tres pasajes de avión en primera clase, para ella, su hija y para mí. Todo estaba listo en cuestión de horas. Y antes de salir del hospital, el doctor nos advirtió:—No dejen que en el aeropuerto la observen mucho, porque no la van a dejar volar—. Sabíamos que su situación era evidentemente crítica.

La llevamos en una silla de ruedas y antes de abordar, le pidieron que se pusiera de pie para observarla. Y ella, aunque apenas podía, lo hizo. Estaba decidida a morir en su tierra y no había nada que la detuviera.

Una vez que entramos al avión, llamamos al doctor para contarle la gran noticia de que nos habían dejado pasar. Era extraño, pero con cada logro, nos sentíamos felices. ¡Estábamos llevándola a morir y estábamos celebrando cada paso!

Apenas nos habíamos sentado en la primera fila, cuando Élida le preguntó a la azafata: —¿Crees que me puedan dar una cervecita?—

—Sí, tráele una cerveza, por favor, un vino para mí y otro a su hija—, le agregué.

Hasta el día de hoy conservo la fotografía que nos tomamos las tres, sentadas en ese avión, celebrando la vida. Élida estaba a punto de fallecer, pero tenía una sonrisa inmensa dibujada en su rostro, pues estaba disfrutando hasta el último minuto.

Cuando el avión comenzó a subir, le apretamos el estómago con toda nuestra fuerza, tal como nos había explicado el doctor. Y lo único que nos quedaba por hacer en ese momento era confiar en la ayuda de Dios. No le habíamos dicho a Élida lo que podía pasarle con la presión, pues no queríamos agregarle más estrés.

Ya cuando estábamos arriba, nos sentimos aliviadas. Pero sabíamos que al aterrizar debíamos hacer lo mismo porque era el cambio de presión lo que podía reventarla.

Finalmente, cuando tocamos tierra en Santo Domingo, a las dos de la mañana, la felicidad de esa mujer y la nuestra era impresionante.

Al día siguiente, antes de regresar a Nueva York, ella me dijo:—Vete tranquila María, ya has hecho suficiente—.

—Élida, ¿qué te puedo decir?—, le respondí, con mis ojos aguados, sabiendo que era nuestra despedida.

—¡Gracias por los años de vida que me diste! Fui muy feliz—, agregó. Y sus palabras hasta el día de hoy resuenan en mí y son un bálsamo que me suaviza el alma cada vez que la recuerdo y la extraño.

Me despedí de ella, le di un beso, que sabía era el último y regresé a Nueva York. Dos días más tarde, Judy me llamó con la noticia de que había partido.

Todos fuimos a despedirla a Santo Domingo, incluyendo mis hijos, que la adoraban como a una madre. Sentía un vacío inmenso, aun cuando mi mamá estaba a mi lado.

Hasta hoy conservo entre mis mayores tesoros la foto de Élida, con su eterna sonrisa. Uno de sus grandes legados fue enseñarme a convertir cualquier situación, por más difícil que sea, en una oportunidad para crear recuerdos que sean potentes para cada persona. Y me da paz y alegría saber que ella se fue con esos recuerdos maravillosos que le creamos durante el tiempo que nos acompañó.

Gina, mi complemento

Como comenté antes, cuando hablé de mi misión, Gina y yo nos conocimos en nuestros respectivos trabajos durante años, hasta que, finalmente, en septiembre del 2015 decidimos iniciar este inmenso proyecto del Centro Médico Formé, una clínica de terapia física, centro de urgencia, doctores de cabecera, neurólogos y podiatras, y de nuestra misión, en conjunto. Si bien, comenzamos nuestra relación laboralmente, llegamos a conectarnos de una manera tan increíble que hoy en día una parece la extensión de la otra.

Cuando llegué al negocio encontré unas bases muy débiles y al borde del cierre debido a un equipo administrativo frágil y destructivo. Por más de veinte años Gina había dejado su empresa en manos de personas que se aprovecharon de su bondad y generosidad a destajo. Estaba a punto de acabar con su imperio en pedazos por falta de liderazgo y orden. En ese instante sentía que su vida estaba completamente descontrolada. Entonces aprendí algo muy importante: no importa cuánto tengas, si no lo cuidas personalmente, puede acabar sobrepasado por los vaivenes de la vida.

Aunque lanzar nuestra clínica y la misión ha sido un enorme desafío económico, hemos aprendido a potenciarnos para asumirlo juntas, como corresponde en nuestro papel de socias.

Según Gina, en estos años juntas he llegado a ser una de sus mejores confidentes.

¡Pasamos tanto tiempo una al lado de la otra! Y ambas hemos crecido enormemente no sólo a nivel empresarial, sino también emocional y profesional, donde hemos sido transformadas. Para mí, ha sido maravilloso aprender de la manera en que ella ha enfrentado los cambios en su vida, siempre con la apertura mental necesaria para encontrar alguna salida y concentrarse en las nuevas oportunidades que tiene enfrente.

Gina, por su parte, dice que su vida ha experimentado la mayor transformación durante este tiempo. Ha conocido realidades que jamás imaginó, ha descubierto nuestra cultura hispana y todo lo que eso significa, con nuestras luces y nuestras sombras. Ha aprendido a organizarse y a casi "clonarse" conmigo. Siempre se ríe y comenta que cada vez que necesita tomar una decisión o responder a una pregunta piensa: "¿qué diría María?", "¿cómo lo diría María?"—¡Es que casi soy María! Pues ¡hasta sueno como tú!—, asegura. Y a veces, creo que así es.

Susana, la guerrera

Susana es una de mis primas mayores. Tiene 77 años y es una de las mujeres más increíbles que he conocido y a quien admiro muchísimo. Ha estado conmigo desde que tengo memoria. De hecho, forma parte del documental sobre abuso sexual, que incluye mi historia. Ella era más grande cuando todo ocurrió y cuenta cómo el pueblo donde vivíamos estuvo en duelo tras lo que pasó conmigo.

Siempre nos hemos apoyado en todo. Cuando ha necesitado de un impulso de mi parte, ahí he estado para ella y lo mismo ocurre cuando la necesito.

Cuando mi mamá enfermó, de hecho, fue ella y Paula quienes se encargaron de cuidarla y de proveerle cada detalle que necesitaba. Y hasta hoy sigue siendo mi mano derecha en República Dominicana. Es una persona extremadamente honesta.

Nunca tuvo acceso a mucha educación formal, sin embargo, es tremendamente inteligente. Sin haber estudiado formalmente se convirtió en farmacéutica, aprendiéndolo todo en la práctica e, incluso, llegó a tener su propia farmacia.

¡Lo resuelve todo y conoce a todos! No en vano, la llamo "la alcaldesa" de Licey al Medio. Ha sido pieza fundamental para la creación de un centro de ancianos en el pueblo y otro para el cuidado de niños. Y batalla mucho para mantener esas obras en pie.

Cuando era más joven se mudó a Estados Unidos para trabajar durante unos siete años. Luego, con lo que ahorró regresó a República Dominicana para comprar su propio apartamento y rentarlo. ¡Es una eterna buscavidas!

Susana también estuvo en el nacimiento de mi hija Natasha y se quedó conmigo durante tres meses para ayudarme a cuidarla, junto a mi mamá. Y cuando me enfermé, también estuvo velando por mí.

Es una mujer que ha estado durante toda mi vida, en los momentos buenos y en los momentos difíciles. Nunca me ha abandonado. Por eso no hay nada que ella pudiera pedirme que no se lo cumpla. ¡Y quisiera darle todo!

A pesar de la edad que lleva a cuestas, Susana es una mujer que da cátedra por la mentalidad juvenil que tiene y con la que sorprende a cualquiera. Puede salir de parranda y seguir hasta las tres o cuatro de la madrugada. Es alguien que con sólo mencionar su nombre, me dibuja una sonrisa, recordando los momentos de felicidad que he vivido junto a ella.

La dulce Rosario

Hace catorce años conocí a Rosario. Ella y su esposa Mayra habían tenido un

accidente de autos poco tiempo antes, tras el cual sufrieron algunas consecuencias físicas. Por eso, decidieron comprar un delicatessen para continuar generando ingresos y poder trabajar juntas. Un día fui a comprar a su local y desde entonces hemos estado conectadas, con un cariño profundo que nos une.

Rosario y su esposa me han enseñado que el amor es sublime, en cualquier forma. Las he visto a ambas cómo trabajaban, cómo se apoyan y eso ha sido una experiencia muy inspiradora.

Ella también se encargó de registrar en fotografías los nueve meses de mi último embarazo, como si fuera el de una hermana. Mis hijos la adoran y Natasha, que aún es más pequeña, aprendió a entender y aceptar las diferentes opciones sexuales como algo natural, gracias a su presencia en nuestras vidas.

Siempre nos hemos apoyado una a la otra. Pero cuando me enfermé, Rosario pasó a ser alguien fundamental. Durante los primeros días dejó incluso de trabajar para cuidarme y luego, a diario, antes de comenzar sus labores, pasaba a visitarme, para asegurarse de que tenía todo lo que necesitaba. Ella misma se encargaba de comprarme los pijamas y todo lo que me hacía falta en el hospital. Estaba atenta de que me viera bien, pues sabía lo importante que eso era para mí. ¡Me enseñó un cariño tan profundo e incondicional que jamás podré olvidar!

Con estas historias, de personas destacadas en mi vida, lo que quiero transmitirte es cuán importante es contar con un cerco de seres valiosos a nuestro alrededor. Cuando vivimos solos, la vida es muy dura. Pero cuando nos rodeamos de personas confiables, leales, valientes, inspiradoras que conectan con nosotros, generamos esa simbiosis que nos permite ayudarlas y dejarnos que nos ayuden. Entonces y sólo entonces, todo proceso de la vida se nos hace más sutil y fácil. Es una travesía en la que podemos tener más abundancia de amor, de recuerdos y hasta de dinero, porque ellas nos ayudan a seguir avanzando y progresando. Y nosotros podemos generar lo mismo para ellas. Son, sin duda, la mejor inversión.

Mis herramientas

* Rodearnos de los mejores

Tal como te mencioné al principio, tomarle el peso a cómo las cinco personas con quienes más compartimos influye de manera tan determinante en nuestro camino me marcó muchísimo. ¡Tiene mucho sentido! Y no se trata de discriminar o elegir sólo por apariencia, nivel económico o educación, sino de que tengan la actitud correcta. Como puedes ver, en mi círculo hay todo tipo de personas, con algunos elementos en común: lealtad, honestidad e integridad. Son esos los valores que nos pueden marcar la hoja de ruta y ayudarnos a avanzar en cada aspecto de nuestra vida.

* Buscar personas maravillosas, siempre abiertas a aprender

Cuando pensamos que lo sabemos todo, perdimos la batalla. Por eso un punto vital en la gente que te rodea debe ser éste. Quienes están abiertos a aprender durante toda su vida, pueden perderlo todo y siempre podrán rearmarse. Podrán equivocarse, pero siempre estarán dispuestos a tomar acción para reparar sus errores. ¡Esos son guerreros y guerreras! ¿Y quién no quiere valientes en su ejército?

* Escoger bien la frecuencia en la que queremos vibrar

Alejarse de las personas negativas. Eso es algo que viene absolutamente de la mano con lo anterior. A lo largo de mi travesía me he encontrado a muchas personas que van arrastrando una nube negra sobre sus cabezas y esparciendo esa sombra por donde pasan. Una vez que le tomé el valor a escoger bien con quienes me rodeo, uno de los primeros aspectos que consideré fue mantenerme a raya de quienes no tienen la actitud correcta. La negatividad al igual que el positivismo se contagia y se atrae energéticamente. Y yo, quiero sólo este último. Por eso aprendí a alejarme de quienes vibran y se expresan de manera negativa.

* Fortalecer mis debilidades con las fortalezas de otras personas

Hay que aceptar que no somos ni Superwoman ni Superman. Somos seres absolutamente normales, con nuestras propias debilidades a "criptonitas" y nuestros poderes. Pero podemos complementarnos con quienes forman parte de nuestro círculo y ésa es la idea de crecer juntos. En mi más reciente proyecto, si no hubiese encontrado a alguien como Gina, que confiara en mí y tuviera todo lo que ella ya había armado, seguramente me habría tardado muchos años en crear las condiciones para empezar mi misión. Yo, en tanto, le he aportado el orden y la experiencia para rearmar su imperio y juntas estamos dando vida a múltiples ideas.

Saber aceptar dónde necesitamos apoyarnos y qué podemos aportarle a los demás es una piedra angular en el camino al éxito.

* Delegar… ¡No es tan malo!

Ceder aquellas tareas que no necesito hacer para que se lleven a cabo es igualmente importante. Tal como te mencioné, mi regla para considerar si es una labor que puedo delegar es tan simple como reconocer si requiero usar mi cerebro. Si no se necesita, lo puede hacer otra persona que tenga las debidas instrucciones.

* Descubrir qué quiero realmente encontrar en el otro, antes de lanzarme por una pareja

Durante todo mi proceso de introspección y crecimiento, he descubierto que la persona que llegue a compartir mi vida debe estar en un estado de paz con ella misma y ser feliz por ella, no por mí. No quiero que nadie dependa de mi felicidad.

Anhelo también a alguien a quien admire y respete. Algo muy importante para mí es que pueda estimularme mentalmente. No quiero tener una persona con la que no tenga de qué hablar. Recuerda que a medida que vamos madurando, vamos a pasar más tiempo juntos. Y hay que tener puntos y gustos en común.

Muchos dicen que los opuestos se atraen, yo, la verdad no lo creo, especialmente a esta edad. No podría, por ejemplo, tener a una pareja a la que no le gusten las montañas de Vermont. No tiene que esquiar necesariamente, pero al menos que le guste conectar con la naturaleza.

Te recomiendo que medites mucho sobre este punto antes de lanzarte a buscar en un website de citas o en algunos lugares que sean de tu interés. Hay personas que escriben todo en una lista. También puedes hacerlo. Lo importante es tener claro tus puntos, tus gustos y lo que buscas.

MI REGALO

Valorar que cada persona que pasa por mi vida tiene un valor único, una enseñanza, un aprendizaje. Es un maestro o maestra con un tiempo de expiración. No todos pueden quedarse para siempre, pero todos me dejan algo imborrable. ¿Qué más le puedo pedir al universo?

" Escanea acá para
ver la galería "

X

CAPÍTULO

Reinventando mi maternidad

Muchas veces he reflexionado sobre las verdaderas motivaciones que tenemos los seres humanos para convertirnos en padres y madres. Y siento que, en la mayoría de las ocasiones, son egoístas. Lo hacemos para intentar proyectarnos en nuestros hijos o vivir todo aquello que a nosotros nos hubiera gustado. Puede que lo hagamos por cumplir con esa idea de que procreando es la única manera de continuar existiendo; quizás por "obedecer" un mandato religioso, por hacer feliz a nuestra pareja o simplemente porque sucede. Lo cierto es que pocas veces estamos preparados para ser padres, y más aún cuando no estamos emocionalmente saludables. Y se cometen grandes errores y horrores con nuestros hijos, como me pasó a mí. La parte buena de todo esto es que siempre estamos a tiempo de reparar nuestra historia y nuestra relación. Siempre existe una ventanilla por donde se cuele un rayo de luz que nos ayude a recomenzar y construir la mejor conexión posible con nuestros hijos.

Hace un par de años, acompañé a mis hijos Franco y Jeff a Los Ángeles a participar del maratón Ruta Big Sur, de California. Mi papel en esa ocasión era simplemente apoyarlos, pero quienes corrían eran ellos.

Fue una experiencia maravillosa y muy inspiradora. Nunca olvidaré lo nerviosa y preocupada que estaba de que se levantaran a tiempo para que los recogieran. Recuerdo que a las cuatro de la madrugada los desperté, ¡aunque olvidé cambiar la hora a la costa oeste! En realidad, recién era la una de la madrugada, pues tenía la hora de Nueva York. ¡Pobrecitos! ¡Casi no durmieron! Jamás nos hemos olvidado de aquella anécdota y siempre me la recuerdan cuando quieren burlarse de mi "nivel de intensidad". Pero sin lugar a dudas, el momento que más me marcó, fue cuando vi a mis hijos cruzando la meta juntos. Cuando estaban cerca de llegar, Franco, que iba un poco más adelante, comenzó a sentir calambres en una de sus piernas y tuvo que detenerse. Y aunque entre ellos son muy competitivos y, Jeff podía haber cruzado solo, se devolvió para ayudarlo.

Lloré de la emoción al verlos cumplir su propósito, pero sobre todo, de que lo hayan hecho juntos, apoyándose de esa manera. En ese momento pensé en que parte de mi legado era hacer un maratón junto a ellos, de lo que ya te hablaré.

Ver a mis hijos proponiéndose un desafío en conjunto, trabajando durante meses para eso, esforzándose y disciplinándose, siendo capaces de dejar atrás las diferencias y estar ahí el uno por el otro, inspirando también a otras personas… ¡Wow! Todo eso me hizo reflexionar sobre los hijos maravillosos que son, seres humanos empoderados, con vidas que dan testimonio de disciplina y superación constante. Fue una emoción indescriptible porque no fue sencillo llegar a este nivel… para ellos ni para mí. Tuvimos que trabajar arduamente en nosotros.

Los niños aprenden con el ejemplo que les damos. ¿Cómo les decimos que lleven una vida más activa o que se alimenten mejor si nosotros no lo hacemos? ¿Que no beban o usen drogas si nos ven que fumamos o bebemos hasta quedar ebrios en una fiesta familiar? O, cuando son un poco mayores, ¿cómo incentivarlos a que organicen sus finanzas si nosotros tenemos un caos en nuestra vida por la falta de prioridades y desenfreno económico? Modelar con el ejemplo es imprescindible, pero no es fácil llegar a ese nivel.

Hoy en día, se me llena el corazón de emoción cada vez que mis hijos me dicen: —¡Tú nos motivas a diario, trabajas intensamente cada día para mejorar en cada aspecto de tu vida!— ¡Ellos lo ven y por lo tanto, también lo hacen! Puedo decir con orgullo que mis hijos son mi réplica, por supuesto, con sus propias personalidades que los hace únicos. Si observas sus elecciones, sus actividades y enfoques en la vida, ¡son una copia de lo que hago! Mi orgullo más grande y mi mejor trabajo está concentrado en ellos.

Pero no siempre fue así. De hecho, la travesía hasta este punto no ocurrió de la noche a la mañana ni fue un camino perfecto y al principio, fue muy difícil…

Toda mi vida soñé con convertirme en madre. Pensaba en ¡cuántas cosas hermosas empezarían a pasarme una vez que tuviera a un hijo entre mis brazos! Añoraba ser una buena mamá, ¡la mejor! Pero una vez que llegó el momento de ponerme a prueba, me sentí incapaz de serlo. Interiormente me preguntaba ¿cómo podía encontrar la forma de cuidar a mis hijos cuando mi mamá no pudo hacerlo conmigo? ¿Repetiría la misma historia? ¿Por qué estaba tan desconectada con mi hijo mayor?

Sé que muchas madres se cuestionan: "¿soy buena mamá? Creo que no". La única certeza que tengo es que nunca seremos una mala madre si tratamos de dar lo mejor. Pero, ¿cómo llegar a concretarlo? Es lo que aprendí y quiero compartirte en este capítulo.

Franco, mi catalizador

Semanalmente mi hijo Franco y yo tenemos un "coffee date", exclusivamente madre e hijo. No importa si llueve, truena o el mundo se está viniendo abajo, es nuestra cita a solas. Él es muy filosófico y durante esos encuentros hablamos de todo, nos sinceramos, nos contamos hasta los sueños, planificamos lo que viene para ambos, analizamos el mundo, lo ponemos de cabeza y lo arreglamos…

Hablamos de temas profundos, de la vida, del poder del ahora, de la cultura, de cómo cambiamos a medida que el tiempo pasa y las lecciones que nos esculpen… Él es mi "terapista" para enfrentar mis constantes desafíos y yo, la suya. Y cada vez que nos reunimos, recibo algún comentario que me impulsa a seguir adelante. —¿Sabes mamá? Muchas personas a tu edad se estancan, están pensando en su retiro o cansadas de vivir. Tú, en cambio, estás concentrada en mejorar constantemente, en no dejar de crecer… ¡Tú eres un ejemplo! ¡Eres mi mejor ejemplo!—, me dijo recientemente y no pude aguantar las lágrimas. ¡No podía creer que esas palabras vinieran del mismo niño que rechacé durante cuatro años! ¡Sus primeros años de vida! Pero tristemente así ocurrió.

Franco es el protagonista de mi transformación interior. Él fue el catalizador para desatar mi reacción emocional y aumentar la velocidad de mi crecimiento espiritual. Él fue mi acelerador para empezar a "reconstruirme" y llegar al nivel en que estoy. ¡No había otra opción! Cambiaba o convertía a mi hijo en un ser aniquilado emocionalmente. Y necesité rearmar esa relación.

Tenía diecinueve años cuando estaba embarazada por primera vez. Ya, a esas alturas de mi vida, mi relación con mi primer esposo era muy difícil y aunque creí que estaba preparada para ser madre, no era así. Todavía no había tratado de hurgar lo suficiente en mí ni había recibido la adecuada asistencia terapéutica para superar la violación. Era también la época en que mi primer esposo me recordaba constantemente aquel episodio de abuso sexual cuando estábamos en la intimidad. Estaba en todo el periodo en que me aterrorizaba la idea de estar sola por las noches, en medio del silencio, donde todos mis demonios del pasado salían a boicotear mi paz. ¡Mi equilibrio era un desastre! ¡Era una jovencita jugando a ser mamá, con un alma completamente destrozada y atormentada! ¿Cómo podría entonces hacerme cargo de criar a alguien más?

Toda esa situación en mi vida generó que la relación con mi primer hijo fuera muy complicada. El primer impacto fue cuando nació. Mi sueño era tener una niña y el dar a luz un varón me causaba rechazo. Luego, los primeros días con él tampoco fueron fáciles, pues, por alguna razón ¡no paraba de llorar! Hoy entiendo que los niños recién nacidos están acoplándose a su nueva vida exterior. Es un proceso duro para ellos, porque además, pasan repentinamente a alimentarse de otra manera, que además, depende de lo que nosotras, sus mamás, ingerimos. ¡Hay tanta información que necesitamos tener cuando empezamos la maternidad! Si tan sólo nosotras (¡y nuestras parejas!) entendiéramos un poco más a fondo todo el proceso hormonal que sufrimos las mujeres, nos evitaríamos muchos problemas y malos ratos. Por eso pienso que previo a lanzarse a tener hijos debemos educarnos y prepararnos para estar emocional y físicamente en las mejores condiciones posibles.

Lo cierto es que ese primer tiempo con mi bebé en casa fue terrible. Y mi primer esposo, como muchos, no era de los hombres que se levantaba a mitad de la noche para ayudarme con nuestro hijo. ¡No señor! Aunque todavía tenía puntos de sutura, debido al parto, cada vez que el bebé lloraba, debía cargarlo y llevarlo a otro cuarto para no interrumpir el sueño de mi esposo. O bien, él se paraba de la cama y se iba para no escucharlo. Jamás me acompañó o intentó darme una mano. Para él, eso era parte de mis responsabilidades como mujer.

Recuerdo que una noche, mi desesperación era total… ¡No aguantaba más! Estaba agotada, pues llevaba mucho sin dormir y sentía que mi única salida para lograr algo de ayuda y descanso, era siendo hospitalizada. Como pude, me lancé al suelo para romperme los puntos de sutura y obligarlo a hospitalizarme. ¡Pero ni eso sucedió! Cada vez que me acuerdo de aquellos tiempos, se me aprieta el corazón pensando en cómo la desesperación se convierte en una peligrosa consejera.

Una semana después, mamá llegó para ayudarme, pero tampoco funcionó, porque mi esposo no se lo permitía. Según él, si su mamá y nuestras abuelas habían podido atender a sus hijos recién nacidos, pues también iba a poder atender a mi bebé sin ayuda. Y me forzaba a pasar las noches con mi hijo. Al menos durante el día, cuando él no estaba, mamá podía darme una mano, pero por las noches debía hacerme cargo de toda esa jornada. ¡Qué difícil se hace ese periodo a solas! ¡Y que injusto! Por eso debemos estar muy claros antes de pensar en formar una familia, cuáles son nuestras motivaciones, qué tan preparados estamos y cuál es la ayuda con la que contamos.

Debemos conocer la manera de pensar de nuestras parejas o de otro modo, siempre tendremos problemas como estos.

El gatillo emocional

Lo peor sucedió una noche. Recuerdo que tomé al bebé para cambiarlo de ropa y de pronto, sus diminutos pies rozaron levemente mis partes íntimas. No sé qué pasó... Hasta el día de hoy no logro explicar la sensación, pero sentí algo horrible que me recordó aquella fatídica noche de años atrás, cuando aquel asqueroso hombre abusó de mí. Mi cabeza se nubló por completo y en una reacción involuntaria, tiré con fuerza a mi hijo sobre la cama. Pero con el rebote, ¡el bebé cayó al suelo! Todavía lloro y me emociono al recordar ese momento... Me sentí tan mal, ¡fue tan duro! ¡Pude haber herido a mi hijo! Fueron tan sólo unos segundos de falta de cordura, pero verdaderamente macabros.

Y ese instante de terror, tan oscuro, me marcó profundamente, pues recordarlo siempre me hacía sentir la peor mujer del mundo... ¡la peor madre!

Confieso que los primeros cuatro años de vida de Franco se me hicieron muy difíciles. No lograba tener conexión con él, ¡con mi hijo! No sé si había un problema en él que nunca descubrimos o si sólo se trataba de una reacción de tanto llorar, lo cierto es que casi todas las noches el bebé vomitaba. Lo que más me entristece es que no era un niño malcriado o manipulador, sino simplemente es que yo no estaba preparada emocionalmente para hacerme cargo de su crianza. Dentro de mí llevaba guardada durante años una energía pesada, cargada de dolor, de resentimiento, de rechazo... y la estaba depositando en mi pequeño hijo, cuyo único pecado era ser varón, lo cual, en mi mente, era sinónimo de abuso. Eso era lo que me alejaba de él y por eso, tratarlo, se me hizo tan difícil.

Cuando tenía aproximadamente cuatro años, había empezado a comportarse mejor, nació además, mi segundo hijo, Jeff y fue realmente cuando tomé consciencia de que debía acelerar mi crecimiento personal si quería que esos pequeñitos tuvieran una oportunidad de ser felices en la vida.

Un día, sentada y abrumada por esas reacciones tan tóxicas que tenía con mi hijo mayor, pensé: "Dios mío...¡No soy una mala mujer! Pero siento que actúo como si fuera perversa, no parezco hija tuya, ¡sino del demonio! ¿Cómo puedo rechazar a mi hijo?" Me sentía incapaz de compartir esos sentimientos tan horribles con alguien más. Entonces, comencé a buscar ayuda como podía, principalmente leyendo. Era muy poca la información que había disponible, pero buscaba por bibliotecas y librerías para entender qué me estaba pasando. ¡Me sentía anormal!

Si alguien me hubiese explicado en ese instante que quizás lo que tenía era una fusión de los efectos postraumáticos de la violación durante mi infancia y una depresión posparto, por el desajuste hormonal, apoyado por supuesto por la falta de colaboración que sentía de mi esposo, ¡todo hubiese sido tan distinto!

Las mujeres aun hoy, con toda la información que existe en internet, solemos vivir nuestro embarazo, parto y maternidad en soledad. No somos comprendidas, incluso, por otras mujeres. Cuando manifestamos reacciones depresivas, de sentimientos encontrados frente a nuestros recién nacidos o, de rechazo hacia ellos, somos el primer foco para la crítica. Muy pocos se ponen en nuestro lugar y menos, empatizan con nuestros procesos, que son muy difíciles. Para que te hagas una idea, de acuerdo a NIH (National Institute of Mental Health de Estados Unidos), "La depresión posparto, que ocurre en casi el 15 por ciento de los partos, puede comenzar un poco antes o en cualquier momento después de que nazca el bebé, pero generalmente comienza entre una semana y un mes después del parto". Sin embargo, hay muchos casos en que ocurre hasta años después de dar a luz, ¡y nadie entiende por qué! Las razones que inciden también son diferentes y en caso de que existan antecedentes de depresión o estados complicados anteriores, hay mayor riesgo de padecerlo.

Desde que tuve acceso a esa información mi compromiso de ayudar a otras mujeres a informarse para poder dejar de juzgarse y más bien, entenderse para poder superarlo es férreo. Nosotras debemos ser las combatientes de primera línea ¡por nosotras mismas!

Una mujer que sí fue capaz de ver que bajo esas reacciones de rechazo y desamor con mi hijo, seguía estando la verdadera María, fue mi querida Gloria. Su ternura, cariño y compasión fueron tan grandes desde el primer momento, que fue a la única persona que pude confesarle lo que pasaba en mi interior respecto a mi hijo. Me sentía terriblemente avergonzada. Sin embargo, Gloria me escuchó sin juzgarme; con mucha paciencia y sabiduría me fue guiando y apoyando en el difícil camino de rearmar mi relación con él. Ella llegó a trabajar con nosotros cuando Jeff ya había nacido y se encandiló con mis hijos. Su presencia en nuestras vidas, sin lugar a dudas, fue de gran ayuda, no sólo con el cuidado de ellos y las labores de la casa, sino también como soporte emocional.

Mi primer esposo era, en aquella época, un hombre muy tosco y duro con los niños, especialmente con Franco. Mantenía con ellos esa actitud exageradamente autoritaria que muchos padres continúan usando sobre sus hijos para imponer respeto, ¡como si el respeto se ganara a la fuerza!

Como te comenté anteriormente, mi esposo llegó a detestar a Gloria, porque sentía que su presencia a él le restaba autoridad y por eso la despedía constantemente. ¡Tres veces la sacó de la casa! —Se tiene que ir, porque gracias a usted María no se comporta como una mujer de la casa—, le decía. En una ocasión, mi esposo cedió y le dijo que podía seguir trabajando en casa, pero debía buscarse un lugar donde vivir.

El trato era sólo de entrada y salida. —Viene a las ocho y se va a las cinco. Los fines de semana no venga—, le dijo.

Yo, ya había comenzado a crecer profesionalmente y eso a él no le gustaba. Por eso me quería anclada en casa, cocinando y limpiando. Gloria regresó un par de semanas más tarde. Pero los pleitos se repetían. De hecho, hay uno que Gloria todavía recuerda, pues le tocó el corazón y le dio fuerzas para soportar los desplantes de mi esposo, con tal de proteger a mis hijos de tantas discusiones.

Era verano y teníamos a un primo de visita en casa. Todos los adultos estábamos en la sala y los niños en el cuarto. De pronto, comenzó una discusión, como tantas veces. Y sin más, mi esposo se fue hasta el cuarto y le dijo a Franco que yo era la culpable de todos los problemas y una mala madre, mientras acusó a Gloria de querer destruir a la familia—. ¡Franco era apenas un niño! Tenía unos cuatro años y estaba aterrorizado con la escena, mientras las lágrimas le corrían por sus mejillas. Me quedé mirándolo sin decir una palabra. Gloria se fue a su cuarto para evitar más líos, pero detrás de ella corrió Franco y la abrazó. —Ayúdame, ayúdame—, le decía. En ese momento ella sintió que no podía dejar a los niños, pues la necesitaban y no se equivocó. ¡Todos la necesitábamos!

Como ya a esas alturas trabajaba y ganaba más dinero, le puse las cosas claras a Gloria y le dije que se quedara tranquila. Pues la próxima vez que mi esposo intentara correrla, saldríamos todos por la puerta. De hecho, así lo hicimos poco tiempo después, cuando decidí dejarlo y ella se fue con nosotros. Vivimos dos años muy tranquilos y contentos. Entonces comencé a despegar y la ayuda de Gloria fue fundamental, pues se encargaba de los niños, de cuidarlos, de darles de comer y de empoderarlos.

La disciplina de Franco

Poco a poco mi relación con mi pequeño comenzó a reconstruirse, a medida que yo iba avanzando, encontrándome espiritualmente y arrasando con mis demonios. Y ésa es la clave de la relación con nuestros hijos: estar saludables emocionalmente para criarlos. Nadie puede construir un edificio saludable sobre una base de barro. Debemos estar claros, firmes y "sanos" para hacerlo. Obviamente es muy difícil estar en un estado de perfección al momento de iniciar nuestra trayectoria como padres o madres, pero si al menos estamos conscientes de que podemos modificar ciertas conductas y patrones para ponernos en la mejor "forma" posible, es un gran avance.

Mi hijo Franco, por su parte, a pesar de todo lo que le tocó vivir en esos primeros años conmigo y con su padre, fue siempre un niño bueno y bien organizado. Tenía nueve años cuando su papá le enseñó a trabajar. Y no lo hacía por maldad, sino que ésa era su manera de prepararlo para la vida. Para mi ex esposo eso era parte de la enseñanza, pues según su manera de pensar, si lo habían educado de esa forma, así había que seguir repitiendo el molde. A mí, sin embargo, ¡me parecía terrible! Sentía que era robarle su infancia. La verdad es que Franco pasó muchas experiencias duras y a pesar de eso, adora a su padre, porque entiende el contexto del momento y las circunstancias. Su nobleza es inconmensurable.

La parte buena de todo esto, es que mi hijo maduró rápidamente y se convirtió en un hombre responsable siendo muy joven. Con veinte años montó una compañía en sociedad con otra persona y tiempo después llegó a ganar sobre cuatrocientos mil dólares al año. No en vano, tenía apenas veintidós años cuando me llamó para contarme que se estaba comprando su primera casa y no quería hacerlo sin mi opinión.

Se casó y empezó también a armar su familia. Todo parecía bien con él, pero con el tiempo, ese aceleramiento, el forcejeo por obligarlo a madurar antes de tiempo y el éxito desmesurado siendo tan joven, le pasaron la cuenta. Hace unos años, me percaté de que estaba entrando en un camino que no era el indicado. Podía sentir su pesada energía y su falta de coherencia. Dios me ha regalado la capacidad de escuchar mucho a las personas. Y con mis hijos, especialmente, he aprendido a escucharlos y a percatarme de las señales que cada uno me da y que me alertan cuando hay problemas. En su caso, veía que en esa época necesitaba alimentar su ego y cuando eso ocurre, se nota.

El ego es algo incontrolable y si no estamos muy atentos, nos domina y estaba observando que mi hijo iba precisamente en esa dirección. Pero si hay algo que he aprendido como madre es que lamentablemente, nos guste o no, no podemos controlarlo todo con nuestros hijos y, a veces, hay que darles espacio para que ellos cometan sus errores y se encuentren ellos mismos. Pues así también me ocurrió a mí. Es parte de nuestro proceso de crecimiento.

Recuerdo que un día, Franco me pidió reunirse conmigo. Me dijo que quería hablarme sobre todo aquello que pude haber hecho mal y que le causó dolor. Estábamos cenando en un restaurante y comenzó a enumerarme todas esas cosas en las que, según él, me equivoqué como madre. Entre una lista de situaciones, me dijo que había sido más su amiga que su mamá, que él sufría cada vez que me veía triste, que nunca quería hablarme de lo que le causaba malestar por miedo a generarlo en mí, entre muchas quejas más. Recordó cuando él tenía unos doce años y éramos muy cercanos. De hecho, en aquella época practicaba ball dancing ¡y él era mi pareja de baile! Así de compinches éramos mi hijo y yo. Compartíamos un sinfín de actividades… Me había organizado con cada uno de mis hijos para que sintieran que les daba atención, tiempo y espacio de manera individual. No había dejado a uno de lado por el otro. Pero tenía que escuchar lo que él tenía dentro suyo.

Lo dejé que hablara y no me defendí. No necesitaba hacerlo, pues entendí que, como madre, uno hace lo que puede y con las herramientas que tiene. Ya había tenido suficiente terapia durante mi vida para llegar a entender que no podemos sentirnos culpables por todo. Una mala madre es sólo aquella a la que no le importa lo que suceda con sus hijos y los deja a su suerte. Pero la madre que lucha en una dirección u otra, es una buena madre simplemente por el hecho de intentarlo, por estar luchando. No tenía ninguna intención de lanzarme en contra de sus sentimientos porque son eso: sentimientos. ¿Quién puede decir que están mal? ¡Son personales! —¿Tienes algo que decir?—, me preguntó después de escucharlo descargarse por largo rato.

—Sí. He sido la mejor madre que he podido ser—, lo mismo que le he dicho a mi hijo Jeff cuando se ha molestado por alguna situación. Y lo puedo decir cien por ciento segura de que he tratado de serlo y sigo tratando.

—¿Sabes qué? Voy a seguir intentándolo, porque te adoro y quiero tener una vida contigo. Quiero llegar a vieja y que sigas queriendo compartir tiempo conmigo. Quiero seguir conectada a ti, no importa cómo. Si tienes estos sentimientos negativos, pues voy a luchar por escucharte más, por darte más tiempo y hacer todo lo que pueda para cambiarlos. Ésa es mi meta—, le respondí.

Luego, estuve con Jeff y hablamos del tema, porque pese a mi mesurada respuesta, me habían dolido mucho las palabras de su hermano. ¡Nadie quiere generar sentimientos negativos en su hijo! Menos aún, cuando la intención ha sido completamente la opuesta. Había intentado ser la mejor amiga de mi hijo y me era imposible pensar que eso estuviera mal. Entendí más tarde, que hay una etapa en la vida de todos nosotros, entre la adolescencia y los primeros años como adultos, en que lo cuestionamos y criticamos todo. Da igual el tipo de padre o madre que hayamos sido, lo más probable es que durante ese periodo se nos critique y se nos diga que ellos necesitaron precisamente lo opuesto. Después de un tiempo, si se toma la actitud correcta y no hay confrontación, sino empatía y paciencia, las cosas siempre decantan y toman su curso.

Al mismo tiempo, esa dura conversación con mi hijo Franco me demostraba que él se estaba cuestionando y ése es el primer paso del crecimiento personal. ¡De ahí parte todo! Necesitamos buscar y hurgar dentro de nosotros, empezar a tener la curiosidad de saber por qué nos sentimos de una manera o de otra, por qué tenemos energía negativa, por qué estamos tristes, molestos o inquietos… ¿Qué nos está pasando? Muchas personas, sino, la mayoría, en determinado momento, se sienten en un estado oscuro, pero se quedan allí. No se lo cuestionan. Y ése sí es un problema, porque la falta de observación interior nos estanca. Por eso, más que molestarme por el desahogo de mi hijo, me esperanzó pues estaba empezando esa trayectoria de encontrarse a sí mismo. Y no estaba equivocada. De hecho, al poco tiempo Franco empezó a hacer terapia y aunque pasó un periodo alejado de mí, seguí buscando la forma de estar conectada a él. Acepté, sin embargo, que debía darle el espacio que necesitaba, porque él era responsable de eso y yo no podía trabajar su proceso. Se trataba de su camino y debía hacerlo a su ritmo, a su estilo.

Cuando un hijo toca fondo… ¡qué proceso tan difícil!

Un año después, Franco y yo tuvimos otra conversación y bastante complicada. Estaba teniendo problemas con su esposa, lo veía descontento, bebiendo ocasionalmente, malgastando… Se había comprado una casa enorme, un auto deportivo ¡carísimo! Despilfarraba el dinero y aunque estaba ganando muy bien, no avanzaba por el camino adecuado. Estaba buscando constantemente cuál era el teléfono nuevo que le iba a dar alegría, el auto más llamativo, el viaje a un destino exótico… No por darse el gusto, sino como una vía de escape, porque no estaba feliz consigo… Estaba sumido en la oscuridad.

Un día lo sentí extremadamente mal. Lo escuché quejándose de todo lo negativo que tenía alrededor. Pero no veía el inmenso caudal de aspectos positivos con los que contaba.—Franco, Dios mío, ¿tú entiendes todo lo que tienes? Tienes un par de hijos saludables y hermosos, una mujer maravillosa, trabajadora, dedicada a su familia, bonita, que siempre está para ti…—, le comenté. Sin embargo, esa conversación lo alejó más de mí, pues se sintió atacado. Y en ese instante me di cuenta que no iba a poder penetrar su corazón. Él tenía su proceso y lo tenía que dejar tranquilo.

No fue sencillo, al fin y al cabo, ¡soy mamá! Y como tal, quisiera evitarle el dolor a mis hijos. Pero no siempre se puede. Cada quien tiene su propio camino. Por eso, traté simplemente de no pensar demasiado al respecto para no sufrir. Una de las cosas que he aprendido a lo largo de mi crecimiento es que cuando puedo controlar la situación, debo ponerle toda la energía posible… Y cuando no puedo, el camino es evitar ponerle demasiada atención, ¡soltarlo y aceptarlo! Decidí vivir de esa manera y aplicarlo en cada situación. E hice eso con mi hijo. Siempre estaré dispuesta a darle el apoyo que necesite, cuando lo requiera, pero en ese instante no lo iba a cuestionar. Debía dejarlo en paz.

Eso generó que durante algún tiempo tuviéramos una relación superficial y me dolía. Pero, mi corazón de madre sabía que eso era temporal. Lo importante era darle el espacio que necesitaba. Muchas veces atacamos y queremos usar nuestro rol como padres para obligar a nuestros hijos a cambiar, como si fuéramos dictadores. Eso finalmente genera el efecto inverso, provocamos ira, molestia, enojo y soberbia, que a fin de cuentas, son pésimos consejeros.

En cambio, le di el espacio que necesitaba y mi hijo vino nuevamente a mí cuando estaba en el momento más bajo de su vida, pues en el fondo, con todos los sentimientos que pensó tener en mi contra durante una época, sabía que su madre era y es ciento por ciento incondicional.

Aunque a sus treinta años ganaba muchísimo dinero, tomó el riesgo y decidió dejar su sociedad con la compañía de aplicaciones telefónicas que tenía porque se sentía infeliz realizando ese trabajo. Se propuso entonces crear su propio negocio y me parece que era lo correcto. Sin embargo, pensó que empezar por sí solo sería más fácil. De pronto, las cosas comenzaron a complicarse y a caer económicamente. Sus gastos, por otro lado, eran demasiado altos. Además, su segundo hijo acababa de nacer. Toda su vida se había complicado en un abrir y cerrar de ojos, como suele pasar cuando nos desviamos del camino. Incluso, se desconectó por completo del bebé, pues estaba tan mal, que todo le estaba molestando.

Yo, ya me había mudado en abril del 2018, tras mi segundo divorcio. Y veía a mi hijo como se enredaba entre los problemas y las malas decisiones. Hasta que finalmente un día nos sentamos a hablar, junto a su esposa Iliana, ¡a la que adoro! —No se desesperen, pues tienen opciones. Pueden rentar la casa y se mudan conmigo. Pueden estar tranquilos aquí—. Y aceptaron mi propuesta. Hicimos todos los arreglos necesarios para estar bajo el mismo techo lo más cómodos e independientes, dentro de lo posible, en ese periodo de transición.

Al mudarse a mi casa, bajaron de inmediato sus gastos mensuales, lo cual les daba un gran alivio. Decidieron vender la casa y lograron sacar lo suficiente para estar tranquilos mientras el negocio comenzaba a funcionar.

Fue un proceso difícil sobre todo para mi hija Natasha, porque tuvo que adaptarse a tener más gente alrededor, pero fue un gran aprendizaje. —¿Sabes qué? Mi mamá me enseñó a vivir de esta manera, ayudándonos unos a otros. Y eso es lo que siempre debemos hacer—, le expliqué. Antes que mis hijos crecieran, además de mi familia, tuve viviendo en casa a dos amigos de ellos. Uno de Franco, proveniente de Boston, que no tenía su familia cerca. Otro amigo de Jeff, de la Universidad de Michigan, que en ese momento necesitaba ayuda y quien, hasta el día de hoy me llama "mom".

Cuando mi hijo se mudó conmigo lo vi reconstruir su vida. Pude ser testigo de su proceso casi mágico de la oscuridad a la luz. Y de lo bendecido que es al poder contar con una mujer como la que tiene, pues viviendo con ella me di cuenta de lo especial que es. La llamo mi "genio silencioso". Es inteligente, con un autocontrol inmenso, leal al 100%, dedicada a sus hijos y siempre en busca de la forma de apoyar a su marido. La he visto estar a su lado en sus peores momentos. Fue paciente, generosa y fuerte durante todas las tempestades, incluso, las más severas.

Él no era feliz consigo mismo y cuando eso sucede, no podemos hacer felices a los demás y los culpamos de nuestra desdicha. Todo ese proceso, ella lo aguantó y lo superó con un estoicismo impresionante. La vi llorar y lloré junto a ella muchas noches por todos los errores que cometió mi hijo. Pero también la vi tomar las acciones más generosas del mundo, por su familia y por él. Por eso la admiro, la adoro y la respeto.

—Mami, gracias por no juzgarme—, me dijo Franco cuando finalmente logró recuperarse y retomar el camino adecuado para él y su familia.. Y es que cuando nuestros seres queridos tocan fondo y logran aceptar sus errores y confesarlos, ¡no podemos emitir juicios! Nuestro rol es estar ahí simplemente para escucharlos, abrazarlos y prestar nuestro hombro si lo requieren. Las lecturas que podamos hacer rompen la conexión.

Recuerdo muchas mañanas, en que subía del subterráneo luego de ejercitarme y encontraba a mi hijo en la cocina, destruido. —Mami, te necesito—, me decía y comenzaba a llorar como un niño. Lo abrazaba y sus lágrimas corrían por mi espalda. En días como esos, dejaba de ir a trabajar para acompañarlo. Salíamos a desayunar y hablábamos. Estaba ahí para él y Franco lo sabía.

Cuando más oscuro está… ya pronto amanece

Afortunadamente, mi hijo empezó a tomar los pasos correctos para salir nuevamente a la superficie, no sólo financieramente, sino a nivel interior, lo cual es la clave para reflejarlo en cada aspecto de la vida. Lo primero que hizo fue tomar terapia psicológica y luego, un amigo le recomendó un programa llamado Wake Up Warrior. Está dedicado a hombres de familia que quieren alcanzar todo su potencial. Desde ese momento, el resultado ha sido impresionante. Y pese a que, al principio, no contaba con los recursos para estas actividades y terapias, entendió que se necesita invertir en nosotros mismos. Hay que buscar la manera de hacerlo si queremos ver cambios. Si recuerdas, cuando comencé a tratarme con terapia psicológica tampoco tenía los recursos, ganaba muy poquito y apenas me alcanzaba para mantener a mis dos hijos. Pero comprendí que invertir en mí era la única manera de sanarme interiormente y salir adelante. Por eso buscaba el dinero para pagar mis sesiones. Si no invertía en mi mente ¡lo perdería todo! Lo más importante es nuestra mente, no la casa o el trabajo, sino lo que controla nuestra vida, y eso está dentro de nosotros. La salud mental es el principio o el final de nuestro camino, la clave del éxito o el fracaso, de la felicidad o la insatisfacción permanente, y no sólo nuestra, sino de todos quienes nos rodean.

Franco comenzó a trabajar durísimo consigo mismo. Parte fundamental del programa Wake Up Warrior es enfrentarse a la verdad en todo orden de cosas, ser honesto contigo y con los demás, al igual que participar de innumerables desafíos físicos muy fuertes, similares a los que se hacen en las fuerzas armadas. Recuerdo uno en especial, en el que suben una montaña avanzando con las manos. Deben llegar a un cementerio de niños y allí, escogen una tumba y escriben una carta a sus hijos, diciendo qué les dejan como herencia valórica y qué tipo de hombre quisieron ser para ellos. Cuando Franco regresó de esa experiencia, se sentó junto a su esposa y a mí, llorando durante horas al compartir todo lo que había despertado en él esa experiencia.

Sin lugar a dudas, el propósito del programa es convertir a todo hombre que participa en uno que viva con autenticidad y honestidad a toda prueba, cueste lo que te cueste. Y así lo hizo él con todo lo que debía aclarar en su vida. De esa manera, su vida matrimonial, sus finanzas y todo alrededor comenzó a florecer nuevamente. Iliana y él han comenzado a trabajar juntos en su matrimonio para llevar a su familia a otro nivel.

Reconstruir la vida

Me atrevo a contar todas estas confidencias de mi hijo, porque él se ha convertido en uno de los mejores referentes de hombre de familia, esposo y empresario exitoso que conozco. A sus treinta y cuatro años le ha dado un giro total a su vida, a tal punto, que ha creado su propio movimiento, que comparte a través de un podcast llamado The Honest Liar, en el que motiva e inspira a otros hombres jóvenes como él a mejorar cada día interior y exteriormente, a enfocarse en sus metas y en sus familias. ¡Me siento tan orgullosa de sus logros, como de cada movimiento que realiza!

Juntos planificamos cada año los desafíos que tendremos en los siguientes doce meses y lo hacemos en una relación simbiótica excepcional. Cada vez que lo miro, veo mi reflejo, es mi "mini me", una réplica mía, intenso, dedicado, un tremendo hijo. Es un hombre con muchas virtudes, con un corazón bueno y puro. Cuando comete errores, él mismo busca corregirlos porque su consciencia no lo deja seguir llevando una vida deshonesta.

Gracias a su determinación y búsqueda permanente, ha logrado un entendimiento profundo de lo que es la vida ¡y sólo está empezando su camino! Pero sé que va a llegar a niveles muy altos. ¡Lo siento en mi alma!

Me encantaría que en algún momento, pueda también compartir todo ese caudal de conocimiento con nuestra comunidad hispana donde se necesitan varones de verdad, de valores, de principios y siempre dispuestos a crecer. Sueño ver a mi hijo crear un movimiento para ayudar a hombres hispanos a romper el molde del machismo, la violencia y la falta de honestidad.

Me emociona ver cómo aquel niño ignorado por mí, me enseñó que siempre es posible alcanzar una conexión profunda cuando se trabaja nuestro interior y nuestros traumas.

Jeff, el nene bueno

Mi segundo hijo Jeffery o Jeff, como lo llamamos, desde chiquito demostró que lo suyo era hacer siempre lo correcto. Era un niño dedicado a avanzar y a dar siempre lo mejor. Cada vez que intento recordar alguna ocasión en que haya tenido un dolor de cabeza a raíz de su comportamiento, ¡no viene una sola imagen a mi memoria!

Cuando estaba buscando fotografías para apoyar el documental sobre mi historia de abuso sexual, encontré muchas de mis hijos cuando eran pequeños. Entre esos recuerdos, estaban las calificaciones y reconocimientos de Jeff. ¡Era increíble lo que recibía desde que era pequeñito hasta terminar su educación universitaria! Y así como era y es de dedicado, es igual de intenso, porque eso es algo que corre por nuestras venas. Definitivamente mis tres hijos tienen parte de mí cuando se trata de vivir la vida ¡a todo vapor!

Sin lugar a dudas que cuando nació Jeff ya me sentía un poco más preparada para enfrentar la maternidad y estaba muy entusiasmada con su llegada. Y él, desde el día que llegó fue un manantial de puro amor. ¡Era el bebé perfecto! Dormía como un ángel y eso me permitía tener pausas de descanso para alimentarme y recuperar fuerzas. Jeff nació y de inmediato me conecté con él, pues me trajo mucha felicidad. La verdad es que sentía una gran diferencia a mi primera experiencia como mamá y estaba muy entusiasmada con esa nueva oportunidad de experimentar ese vínculo con mi hijo, aunque todavía mi relación con Franco, que a esas alturas tenía unos cuatro años, no era la mejor.

Cuando Jeff tenía cuatro meses es que apareció Gloria en nuestras vidas y como ya te he contado, eso fue un alivio inmenso. Ella también conectó de inmediato con él. De hecho, siempre recuerda que cuando lo tomó en sus brazos la primera vez, durante la entrevista que le hice para conocerla, y vio su carita, mientras sus pequeñas manitos le tomaban la suya, sintió algo tan hermoso, un amor tan profundo por ese bebé, que desde ese instante sintió que ésa era la razón por la que el destino la había llevado hasta ese lugar. Y hasta la actualidad, Jeff es para ella su nene consentido, así como para él, ella es su segunda mamá, a quien quiere proteger y cuidar por el resto de sus días.

Definitivamente ¡fue un niño tan fácil de llevar! Incluso, cuando empezó a formar su personalidad y a crecer, siguió siendo un encanto. Su nivel de responsabilidad en la escuela era tan grande, que si no podía asistir, se preocupaba y sufría por eso.

Era —y es— extremadamente organizado y muy sensible. Si ha habido algo que ha sido su talón de Aquiles en la vida, ha sido precisamente su sensibilidad, la que incluso, creó cierto roce con su hermano. Franco, que siempre fue más rudo, sin querer, como lo hacen la mayoría de los hermanos al jugar, lo fastidiaba, hiriendo sus sentimientos.

Hay algo que sin querer fomenté, pensando que era un simple juego y, con el paso de los años, me he dado cuenta del gran error que cometí al permitir que se burlaran de sus temores. Jeff siempre tuvo miedo a estar solo y al abandono. No sé por qué o si hubo algún incidente que todavía esté guardado en su subconsciente, pero le tenía pavor a eso. Él siempre estuvo con Gloria y quizás la sobreprotección también fue excesiva. Lo cierto, es que, cuando salíamos fuera de su área de seguridad, en algún restaurante o centro comercial, por ejemplo, y nos montábamos en el automóvil para regresar a casa, le hacíamos creer que sin querer, nos íbamos sin él. Y eso ¡lo desesperaba! A todos nos parecía muy gracioso y nos reíamos de la situación, pero a él le afectó, sin lugar a dudas.

Siempre nos estábamos burlando de sus peculiaridades, por supuesto, sin mala intención. Por ejemplo, lo llamábamos el "water boy", porque le encantaba bañarse y se tomaba mucho tiempo para eso. En una ocasión, Gabriel le jugó una broma y llamó por teléfono a casa haciéndole creer que era el departamento de agua potable de la ciudad preocupada por el gasto excesivo de recursos que él hacía. Jeff, que era muy inocente, estaba asustadísimo y muy avergonzado. Y nosotros, por supuesto, disfrutando de la broma.

Al crecer, jamás se quejó ni dijo algo al respecto. Y nunca imaginé el daño que le estaba ocasionando. Especialmente, porque para él, soy la mejor madre del mundo y jamás me ha reprochado algo. Hace un tiempo, sin embargo, le pregunté:—Jeff, ¿hay algo malo que pude haber hecho durante tu infancia? Dime, quiero saber si tienes algún detalle por ahí guardado—. Jamás imaginé su respuesta, pero recién entonces me confesó que no se sintió protegido por mí en aquellos momentos de burlas. Sabía que se estaban riendo de él y no lo cuidé como debía. Eso sin lugar a dudas que lo afectó y hoy en día, siempre está analizándose, con cierto temor a mostrarse demasiado vulnerable ante los demás. Y quizás, eso también le ha afectado en algunas relaciones amorosas.

Por eso, cada vez que veo situaciones en que los padres o hermanos se burlan de alguno de los niños o, incluso, cuando veo en redes sociales tantos videos de papás o mamás jugándole bromas pesadas a sus hijos o asustándolos, pienso en cuánto daño les están haciendo sin saberlo. No se trata de ser graves o no poder jugar con ellos. El punto es que todo lo que se haga, sea para el mayor beneficio de ellos, que lo disfruten. Una broma tan absurda como fingir "olvidarse" de un pequeñito y dejarlo solo, para un adolescente o un adulto resulta ridículo pensar que pueda suceder, pero la mente de un niño no está al mismo nivel, no tiene control ni conocimiento de su entorno, todo se ve más grande y peligroso. Somos nosotros quienes debemos protegerlos, no acosarlos ni atemorizarlos por diversión.

Lo lindo de la relación con Jeff es que podemos hablar de estas cosas y sanarlas. Cuando avanzamos en la vida sin "limpiar" esos rincones oscuros que nos afectan, esas siluetas que nos causan temor, esos recuerdos que todavía duelen, todo sigue allí por el resto del camino, causando estragos.

Una vez que Jeff y yo lo hablamos su carga se sintió más liviana. Con él realmente todo siempre ha sido perfecto. No me ha dado problemas y la confianza entre ambos es tan grande, que me cuenta todo, hasta los más mínimos detalles de su vida. ¡No sé si exista un hijo tan honesto con su madre como lo es él!

Entrando en aguas más profundas

Jeff, al igual que cualquier ser humano, ha debido lidiar con sus propios demonios, que, comparados con otros casos, son diminutos, pero que si son ignorados, pueden llegar a convertirse en monstruos inmensos e incontrolables. Y su principal batalla es contra la ansiedad. Ésta suele aparecer no sólo cuando hay procesos del pasado sin solucionar, sino que en ocasiones, personalidades como la suya, tan perfeccionistas, que intentan siempre dar lo mejor de sí, se complican en una lucha constante por hacerlo todo bien y eso genera ansiedad.

En su caso, después de haber estado toda la vida en una casa repleta de gente, ha tenido que acostumbrarse a un estilo diferente siendo adulto y a mucha soledad. Lleva siete años trabajando exitosamente en una compañía de consultoría, que le produce muchas satisfacciones, pero en la que ha tenido que aprender a estar solo la mayor parte del tiempo. Su vida laboral fluye entre aeropuertos y distintos hoteles cada semana. ¡Prácticamente vive en un hotel! Sólo los fines de semana vuelve a conectarse con la vida familiar. Pero esa rutina, en un momento, empezó a generarle que cada domingo, cuando ya sabía que llegaba la hora de partir, comenzara a sentirse ansioso.

Muchas veces en que nos hemos sentado a hablar, me ha preguntado cómo hice para lidiar con ese mismo problema. Juntos compartimos nuestras experiencias y sugerencias, y poco a poco ha ido superándolo.

Como te mencioné antes, algo que evito siempre es darle lectura a lo que me comparten. Si vienen a mí los escucho. Casi nunca emito comentarios en ese momento. Los padres a veces nos espantamos con las confesiones de nuestros hijos. Pero ésa no suele ser la mejor respuesta, pues lo único que hace es que ellos se alejen y no vuelvan a confiar en nosotros. Cuando juzgamos nos desconectamos de los demás. Si quieres lograr conectar con alguien, tienes que pensar en cuáles son los resultados que quieres lograr tras esa conversación. Ten en cuenta que, le juzgues o no, tu hijo va a experimentar lo que quiera. Pero si mantienes viva la conexión con él, tienes la posibilidad de orientarlo con sutileza y de estar ahí cuando te necesite.

En tanto, Jeff y su hermano Franco están trabajando constantemente en mejorar la conexión entre ellos para superar esos sentimientos guardados en los recovecos de la memoria y el corazón. Ambos se adoran y se admiran, a tal punto, que hace un tiempo decidieron tatuarse la mano de uno sobre el hombro del otro, como un símbolo de que siempre están ahí, apoyándose. Cuando vi esos tatuajes lloré de la emoción. ¡Es maravilloso poder ver el amor entre nuestros hijos! Y saber que siempre habrá esa incondicionalidad entre ellos.

En diciembre del 2018 fuimos los tres a esquiar a Colorado, durante cuatro días. La intención no sólo era disfrutar de la montaña sino reforzar el vínculo entre nosotros. Y fueron días realmente maravillosos. Sintonizamos de una manera profunda. Ellos conocen toda mi vida, por eso me admiran tanto. Jeff me dice:—No conozco a nadie como tú. ¡Todo lo solucionas! ¡Gracias por estar siempre resolviéndolo todo!— Valoro que él sea capaz de reconocer mis puntos fuertes, pues de eso se trata. Cuando los hijos visualizan una cualidad en sus padres, lo lógico es que quieran seguir ese mismo camino. Y eso, sin lugar a dudas que me motiva a dar más de mí.

Durante ese viaje, de hecho, nació la idea de este libro, pues en medio de nuestras conversaciones, mis hijos me motivaron a compartir mi historia. —Mami, no puedes morir sin contar tu historia, ¡sería un crimen! ¿A cuántas personas puedes ayudar? No he leído ningún libro que cuente algo así. ¿Cuántos presidentes de compañías conozco? Y no sé de ninguno que venga de donde tú vienes—, me dijeron en esa oportunidad. Bueno, y en eso estamos, ¿no?

Lo cierto es que aquellos días en Colorado, Franco y Jeff se acercaron profundamente. Hablaron, lloraron y se sinceraron. Hubo momentos en que compartimos los tres y otros, en que los dejé a solas para que lograran entrar en esas aguas más profundas entre ambos. Recuerdo un momento muy especial en el que Jeff le preguntó a Franco por qué quiere acercarse tanto a él y mejorar todavía más su relación. —¡Porque te amo! Eres mi hermano y quiero corregir las cosas que hice mal—, respondió y fue sin lugar a dudas un instante mágico entre ellos y para mí como madre.

Toda relación tiene momentos y espacios para llegar a ser más profunda, para alcanzar un nivel más intenso, donde deja de ser superficial y pasa a convertirse en un vínculo más espiritual. Franco fue quien lo inició porque está en esa búsqueda, pero Jeff aceptó el desafío y juntos están en ese camino de crecimiento. Mis dos hijos y yo nos dedicamos permanentemente a crear y mantener esa conexión entre nosotros y todavía tenemos la tradición de juntarnos a desayunar o cenar al menos dos domingos al mes. Es una cita importante para los tres.

Cuando escribía estas páginas, Jeff acababa de recibir un nuevo ascenso en su trabajo y a sus treinta años es un ejemplo de sensatez, madurez y disciplina. No hay nadie a mi alrededor que no tenga comentarios positivos cuando lo conoce y muchas de mis amigas siempre bromean diciendo que es el yerno ideal. ¿Cómo no sentir dicha al escuchar cosas como ésas?

Él también ha comenzado a generar su propio contenido de empoderamiento e inspiración en redes sociales, algo de lo que me siento completamente orgullosa. Cada vez que lo veo trotando, poniéndose desafíos, aprendiendo nuevas técnicas de lo que sea, leyendo, buscando cómo nutrirse espiritualmente, me siento bendecida. Es un hombre realmente valioso y noble, que piensa en los demás y todo lo que está creando financieramente es para generar un verdadero muro de contención y seguridad para sus seres queridos.

Jeff sin lugar a dudas ha sido un ángel que ha traído bendiciones y felicidad a mi vida y a la de mucha gente desde que nació. No es perfecto, porque nadie lo es, pero está muy bien encaminado para crecer y llegar tan lejos como sus sueños se lo permitan.

Natasha, mi dulce desafío

Ella es mi bebé. Cuando supe que iba a tener una niña, después de haber cumplido los 42 años, me llené de una alegría inmensa. ¡Jamás pensé que podía suceder! Recuerdo que cuando me estaba haciendo el ultrasonido y me dieron la noticia, comencé a llorar de alegría y a darle gracias a Dios. Ya habían pasado diecinueve años desde el nacimiento de mi hijo Jeff, ¡nunca pensé en agrandar más la familia! Pero, irónicamente, al igual que le pasó a mi madre, al final pude cumplir mi sueño de tener una niña.

Mi hija es brillante, inteligente y muy talentosa. Adoro escucharla y observarla tocar el piano y cantar. Tiene una voz potente y dulce, que está aprendiendo a manejar con total soltura. Cada vez que voy a sus conciertos, me emociono al observarla sobre un escenario, tan desenvuelta, expresando todas sus emociones a través de la música. ¡Y es increíble! Sé que si lo decide, tiene un futuro prometedor como artista o en lo que quiera hacer, pues tiene la materia prima para lograrlo.

Cuando escribo este libro Natasha tiene doce años y está en plena preadolescencia, llegando casi al siguiente nivel. Por lo tanto, su versatilidad y control de las redes sociales e internet le fluye natural. ¡Adoro ver sus videos en Instagram! Se graba y edita cosas maravillosas, muchas veces junto a sus hermanos, a quienes invita a crear locuras que resultan tremendamente divertidas. Es su manera de relacionarse con ellos, muy a su estilo. Y afortunadamente, ellos, pese a la gran diferencia de edad que tienen, ceden a sus juegos y la acompañan en sus ideas. Así como muchas veces me orientan en cómo tratarla.

Nuestra historia juntas ha sido un proceso completamente distinto al que viví con mis hijos. Obviamente, son personas diferentes, de padres distintos y en otra realidad. Cuando ellos crecieron, yo estaba en pleno desarrollo profesional y a mi hija le ha tocado una realidad financieramente más tranquila y estable, con mayor presencia de mi parte. Lo cual no lo ha hecho más sencillo.

Sin imaginárselo, Natasha ha despertado en mí diferentes emociones, a veces un poco confusas, porque he tenido una conexión con ella y la niña que fui, con todas sus aristas y la oscuridad de la parte más triste de mi infancia. Y esas vivencias han afectado de alguna manera nuestra relación. Pero si hay algo de lo que puedo jactarme hoy en día, es de haber logrado un nivel de autoconocimiento poderoso. Cada día analizo qué está pasando conmigo y mi entorno, y cómo puedo mejorarlo.

Los efectos no deseados del divorcio

La mayor prueba con mi hija comenzó tras mi divorcio de mi segundo esposo, su papá. Al principio fue una dura batalla, pues ella se negaba a tener mucho contacto con él y durante mucho tiempo tuve que buscar la manera de probarlo, para que legalmente le dieran el tiempo suficiente que necesitaba para adaptarse a su nueva realidad y encontrar la ayuda terapéutica necesaria para asimilar el proceso.

Todo eso, paulatinamente se ha ido acomodando. Sin embargo, la parte difícil de los divorcios suele ser la tutela compartida. Si te pones a pensar, un divorcio o separación ocurre cuando las dos partes no tienen puntos o dejan de tener puntos de encuentro sobre la cotidianidad, la manera de enfrentar los problemas y la crianza de los hijos. Por lo tanto, si se separan, es porque no hubo manera de llegar a acuerdos y eso no cambia al estar llevando vidas distantes. Lo triste es que cuando los hijos deben convivir con ambas posturas, se confunden y eso suele ser el inicio de sus conflictos internos. Y eso es precisamente lo que me ha sucedido en los últimos años con mi hija.

Cada semana, pasa determinados días conmigo y otros con su papá y la familia de éste, al igual que fines de semana alternados con ambas partes. Y para ella no es sencillo conciliar las posturas de un lado y el otro. Pues, constantemente debe luchar contra la presión que ejercen contra ella nuestras maneras tan opuestas de enfrentar la vida. Y apenas empieza a acomodarse a la rutina de nuestra familia, le toca regresar y ajustarse a la otra visión, semana tras semana. Piensa por un minuto lo difícil que debe ser para la mente de una criatura en pleno proceso de crecimiento y aprendizaje estar un día en blanco y al día siguiente en negro, entre el norte y el sur, cada uno halando hacia su lado. ¡Es muy complejo!

La transformación de mi relación con ella ha sido increíble. Al principio, estaba tanto tiempo con la familia de su papá que, obviamente, empezaba a pensar como ellos y cuando nos correspondía pasar tiempo juntas, era como tener al enemigo en casa, pues llegaba cargada de toda la energía que recibía de ellos en mi contra. ¡Recuerdo cuánto me frustraba! Chocábamos constantemente y era tan nefasto, que llegó un instante en que honestamente, ni siquiera esperaba con ansias los fines de semana en que debía estar con ella. Cuando llegaba el día de recogerla pensaba: "Me tengo que preparar para mi hija", y eso, sin lugar a dudas, me estresaba y me ponía a la defensiva de manera permanente.

Afortunadamente, cuento con mi círculo de hierro, mis incondicionales que son la honestidad pura y siempre están buscando cómo ayudarme a mejorar en todo. De esa manera, Franco, su esposa Iliana y mi querida Gloria me pusieron en perspectiva.—María, estás muy intensa con Natasha, ¡no le tienes paciencia! ¿Qué te está pasando?—, me cuestionaron.

Recuerdo que cuando escuché eso, inmediatamente reaccioné. Pues, cuando la gente que te quiere, en forma colectiva te dice que algo anda mal, ¡es que así es! Y hay que revisarlo sin poner excusas. Y yo, no puse ninguna. "¿Sabes qué? Si los tres sienten eso, es que tengo que trabajar en mí, porque por alguna razón estoy a la defensiva con mi hija y no le estoy teniendo la paciencia necesaria, no la estoy comprendiendo. Voy a buscar la forma de arreglar eso", pensé.

La ayuda no sólo viene del cielo

De inmediato, empecé a buscar ayuda y a leer libros dedicados exclusivamente a la relación con los hijos (al final de este capítulo te menciono los que se convirtieron en mis herramientas más útiles). Mi intención es tener la mejor relación posible con mi hija, tener una conexión similar a la que tengo con mis hijos y buscar la forma de verla diferente, de poder disfrutarla y ayudarla a crecer.

Gracias a lo que fui aprendiendo a través de los libros, me di cuenta de que la forma en que estaba actuando con ella no era la correcta. Estaba reaccionando desde lo que llamo "mi lado oscuro", desde el ego, desde la historia que creamos según nuestro pasado. En este caso, era mi pasado con mi ex esposo y su familia. Cuando actuamos a partir del ego, se bloquea la posibilidad de buscar una forma diferente de entender al otro. Y yo definitivamente no la estaba entendiendo, no me estaba poniendo en su lugar y por lo tanto, no estaba teniendo compasión por ella. Fue en ese momento que comencé a ponerme en su lugar, entendiendo todo lo difícil que era para ella llegar a una casa y escuchar hablar mal de su mamá a cada instante para luego estar conmigo. ¡Llegaba completamente contaminada! No era su intención, sino simplemente la influencia que recibía. Me di cuenta también que mi hija me recordaba mi niñez y mi relación con mi mamá, la manera en que ella me trataba. Por lo tanto, estaba repitiendo eso con Natasha.

También tuve que reconocer cuál es la capacidad de la mente de los niños según la etapa en la que están. El cerebro no es siempre igual y analiza según las conexiones que va desarrollando con los años. Hasta cierta edad los niños no tienen la capacidad de planificar y maquinar las cosas. ¡Eso no existe! Pero nosotros lo vemos así, pues es nuestra perspectiva como adultos. Definitivamente hay que buscar la información que nos indique la ruta a seguir para obtener resultados diferentes.

Empecé entonces a concentrarme en sus necesidades. Entendí, por ejemplo, que el teléfono, que solemos usar hasta para ir al baño, es una distracción y una muestra de que no le estoy poniendo la suficiente atención. Comencé a dejar de usarlo cuando estaba con ella. Los lunes y martes, en que la tenía conmigo, se los dedico completamente a ella y sus actividades. Y algo muy importante que hice fue dejarle saber todo lo que estaba haciendo como parte del proceso de ajuste a sus necesidades.

—Ya dejé estos días libres para ti. Además estoy leyendo este libro, porque quiero conectarme contigo y quiero saber cuál es la manera más adecuada de lograrlo—. Puede ser que nuestros hijos se muestren indiferentes a esos comentarios o incluso, nos digan que no les importa, pero no es así. Saber que estamos haciendo todo lo posible por mejorar nuestra relación con ellos y por entenderlos, les ayuda a sentirse y saberse importantes. Mi hija, incluso, a veces se da cuenta cuando estoy escuchando un audiolibro de paternidad y saber que eso es por ella, por supuesto que le toca el corazón, aunque no me lo exprese. Todo eso le ha demostrado que mi intención es hacer hasta lo imposible para cambiar lo que esté bloqueando nuestra cercanía.

Definitivamente quiero entenderla. Comprendí que cuando ella viene de la casa de su papá no es la persona que quiere ser. Está adaptándose al proceso de moverse entre dos ambientes distintos, opuestos, y eso es difícil.

En uno de los libros también aprendí que tenemos un lado que no vemos de nuestro pasado, y dependiendo de cómo nuestros padres nos trataron, hay acciones que realizamos y que no podemos controlar. Por ejemplo, me percaté que en las noches, solía perder fácilmente la paciencia con ella y lo único que quería es que me dejara en paz. Entonces me puse a analizar qué me pasaba en las noches cuando era niña y recordé que mi mamá siempre estaba deprimida, especialmente en ese horario. Por eso, la oscuridad nunca me gustó, pues sentía que no tenía ningún apoyo emocional en esos momentos. Además, lo que me pasó, ocurrió precisamente en una noche. Y toda esa mezcla de recuerdos convertía las horas nocturnas en un periodo complicado para mí. ¡Debemos analizar nuestras reacciones! Los demás, especialmente nuestros hijos, no son responsables de nuestra historia y no tienen por qué cargar con eso. ¡No les corresponde!

Cada día intento estar más y más consciente de los cambios y ajustes que necesito hacer para mejorar mi camino con Natasha. Hago todo lo que puedo para dedicarle tiempo de calidad, enfocado sólo en sus necesidades, en entenderla y en conocerla mejor.

Hace un tiempo, la fui a recoger a casa de su papá, para pasar cuatro horas juntas, que es parte del acuerdo durante los días que le toca estar con él. Fuimos a almorzar a un restaurante y no hizo sino criticarme por todo. Ni siquiera valoró el hermoso lugar donde estábamos o que le estuviera dedicando ese momento exclusivamente a ella. ¡Todo era negativo! —Sí, claro, vinimos a este restaurante elegante porque lo que te gusta es gastar… ni siquiera ahorras dinero—, me decía. Llevábamos como tres horas y ella continuaba con la misma actitud, una y otra vez. Mi corazón estaba roto, me sentía devastada. Pero estuve recordándome constantemente que no era su culpa. Sabía que esas palabras no eran suyas y debía escoger la manera correcta de hablar con ella.

Finalmente, cuando estábamos en el automóvil, con mucha calma le expresé lo que sentía.— Sabes, me siento muy triste—.

—¿Por qué?—, respondió extrañadísima.

—Porque desde que te recogí, todo lo que me has dicho es negativo. Me has atacado de todas las maneras posibles, pero sé que no eres tú la que habla. Y me siento triste porque entiendo que estás en el medio de esta situación y sé lo duro que es para ti. Estoy viendo tu tormento, porque sé que esas palabras no te pertenecen. Entiendo también que papá y tus abuelos lamentablemente están enojados conmigo, y ellos sin querer, no se controlan en sus comentarios—.

Jamás le hablo mal de su papá ni de su familia, pues eso es precisamente lo que causa daño en nuestros hijos, los comentarios tóxicos y negativos sobre la "otra parte", pues ellos están en una situación compleja, al medio de seres que aman.

—Papá y tus abuelos son personas diferentes y ven las cosas de manera distinta a mí. Pero estás hablando de una forma que no es tuya y lo sé. El dolor que siento es porque sé que estás sufriendo. Lo malo de todo esto, es que estamos creando una relación en la que se me hace muy difícil estar contigo. Y lo único que quiero es eso. Mira, cancelé todas mis actividades para compartir contigo. Pero, ¿lo disfruté? No, porque cuando tienes a tu lado a una persona que lo único que hace es criticarte, ¿cómo creas una conexión con ella? —, agregué y comenzó a llorar.

—Mami, lo siento tanto… ¡No quiero tratarte así! Es cierto, ésa no soy yo, pero no sé cómo controlarlo, no sé cómo pedirles que dejen de decirme estas cosas negativas de ti—, me dijo entre sollozos y sabía que eso era precisamente lo que sentía.

Mi labor a partir de ese momento ha sido tratar de empoderarla para enseñarle cómo hablarle a su papá y a sus abuelos sin causar más problemas, pero tratando de que no sigan contaminándola. —No tienes que enojarte con ellos ni nada. Sólo diles el dolor que te causan hablando así de tu mamá, porque tu mami eres también tú. ¡Tú eres parte de mí! Y con el tiempo ellos van a aprender. Lo importante es que tú y yo nos comuniquemos, que entiendas lo que estás viendo. Y yo te voy a ayudar, tenemos que ayudarnos mutuamente—, agregué.

Fue una conversación muy poderosa y ha sido increíble como ella está captando y aprendiendo de todo este duro proceso. No puedo decir que todo ha cambiado entre nosotras y es pura miel sobre hojuelas. Cada vez que llega, después de pasar varios días "al otro lado del río", su carácter es completamente distinto. Está molesta, no quiere compartir con nadie y se torna complicada. Hay días que recuperar a la verdadera Natasha es más sencillo, otros, se tarda un poco más, pero nunca dejo de intentarlo.

Le doy un tiempo a solas y luego, la busco para hablar.—Mi amor, ¿puedo tener a mi hija de regreso?—, le pregunto y la abrazo. Y en esos momentos siento cómo su cuerpo se suelta. ¡Lo siento! ¡Se relaja! ¡Es impresionante! Es como si un pequeño demonio la abandonara.

—I love you mom!—, me dice siempre que ocurre este proceso, como si me reconociera el hecho de "salvarla" y sacarle ese ente negativo de encima.

—Sé que estás adaptándote. Pero vamos a trabajar en eso. ¡Puedes hacerlo! Vuelve a mí. Yo estoy aquí y ahora estás conmigo—. ¡Y cambia radicalmente! Es como si la esencia de mi hija volviera a tomar posesión de su cuerpo nuevamente.

También he cambiado mentalmente la manera de pensar sobre ella cuando está en momentos difíciles. Eso significa quitar de mi mente frases como: "es odiosa, es una impertinente, no respeta…" Pues, sin darnos cuenta, cada vez que pensamos respecto a nuestros hijos o a otras personas de manera negativa, le damos poder precisamente a esa energía con el hecho de repetirlo mentalmente. En cambio, ahora trato de enfocarme en los resultados que quiero, en la esencia que tiene ella y en sus cualidades. Pues es allí donde pretendo llegar permanentemente.

No puedo decir que es un proceso fácil, instantáneo o que funciona tal como lo quieres de una vez, pero cada semana que va pasando hay mejores resultados.

Ya, afortunadamente, nuestras conversaciones son distintas y los sentimientos que se generan en determinados momentos los analizamos sin estar molestas la una con la otra. En otra época habría sido muy distinto. Habría iniciado la conversación de una forma negativa y, por ende, los resultados habrían sido también negativos.

La quiero inmensamente y me entusiasma pensar en lo que viene para nosotras y en la maravillosa conexión que vamos a seguir creando, porque sé que por más difícil que sean los años por venir, entre su preadolescencia y adolescencia, cuando tenga la misma edad de mis hijos vamos a poder disfrutar de una relación espectacular, cercana y honesta como la que tengo con ellos.

Cuando los hijos están creciendo hay un periodo en el cual se desconectan un poco de nosotros, pero si hacemos bien las cosas, luego regresan. Le llamo "la hibernación", pues entran en ese periodo de ostracismo y luego vuelven, cuando la conexión es profunda. Y si he podido lograrla con mis hijos, ¿por qué no va a suceder con ella?

Los niños siempre son una bendición

¡Siempre lo son! Llegan de las formas más sorpresivas, a veces, incluso, en un aparente "destiempo"… Nunca estamos realmente preparados para asumir la responsabilidad de criarlos, educarlos y formarlos como seres humanos nobles, maduros emocionalmente y con las herramientas necesarias para ser exitosos en lo que se propongan, es cierto... Pero aún mas cierto es que siempre tenemos la opción de mejorar por nosotros y por la responsabilidad y HONOR de tenerlos en nuestras vidas.

Cada día le doy gracias a Dios porque me ha dado la sabiduría para entender, para aprender y para superar las distintas situaciones que han bloqueado mi conexión con ellos en determinados momentos. Le agradezco infinitamente el haber podido "reinventar" mi relación con mi hijo Franco y llegar a estar tan presente en su vida, al punto de tener un vínculo con él y con mis tres hijos, como pocas veces se logra.

He podido cometer errores, pero no del tipo que causan dolor o heridas profundas que no puedan ser reparadas. Como madres o padres no somos perfectos y siempre vamos a cometerlos. El valor está en poder sanar y restaurar cualquiera que sea. Si se hace de corazón y se tiene el propósito de crear personas que sigan llevando nuestro legado a un nivel donde nunca nos hubiésemos imaginado, todo se puede lograr con ellos. Eso es lo que he hecho con mis hijos: crear una conexión indestructible.

Últimamente también me he dedicado mucho a pensar en mis nietos Sienna y Adrian. También son parte vital de mi vida, pues son la extensión de mi hijo Franco y de Iliana. También quiero tener con ellos el mismo tipo de conexión, férrea y poderosa, capaz de vencer cualquier obstáculo.

¡Me generan tanta alegría cada vez que comparto con ellos! Me doy cuenta cuánto me están enseñando cada día, porque con su inocencia y simplicidad, están atentos a la belleza que tienen alrededor. Se sorprenden con las cosas más pequeñas y sencillas, con la naturaleza que los rodea o esos juguetes diminutos, con los que se divierten una y otra vez, y nunca les parecen viejos. ¡Cuánta hermosura y cuánto para aprender de ellos! Normalmente pensamos que somos nosotros quienes debemos enseñarles, pero los niños tienen muchísimas lecciones que darnos si aprendemos a observarlos, a mirarlos de verdad. Debemos ser como ellos y estar presentes a nuestro alrededor, incluso, si estamos pasando momentos difíciles, detener nuestra mente y observar esas pequeñas cosas que están a ahí, en nuestro entorno.

Mis herramientas

* Trabajar para curar las heridas antes de dar el paso a la paternidad o apenas nos demos cuenta que lo necesitamos

Es vital estar lo más saludable posible antes de comenzar el proceso. De la misma manera en que las mujeres debemos prepararnos tomando suplementos como ácido fólico, calcio y vitaminas cuando estamos embarazadas, también deberíamos preocuparnos de analizar qué tal está nuestra salud emocional. Sería lo ideal. Lo más probable es que no suceda, pero una vez que estamos en medio de esa trayectoria tan maravillosa, hay que hacer un "ALTO" en el camino y analizarse. Bajar la guardia y aceptar cuáles son esos aspectos que debemos sanar para poder experimentar el nuevo proceso, criando hijos sanos, felices y amados, como se lo merecen.

* Detener el patrón tóxico

Lo primero que debemos hacer para evitar dañar la relación con nuestros hijos es dejar de repetir los errores que nuestros padres cometieron con nosotros. Para eso, vuelvo y repito, si necesitas buscar ayuda terapéutica, debes hacerlo.

Como te mencioné anteriormente, hay ciertas conductas adquiridas de nuestros padres que repetimos sin darnos cuenta porque están grabadas en nuestro subconsciente. Muchas veces las rechazamos porque nos hicieron daño, pero tendemos a repetirlas cuando tenemos la oportunidad con nuestros hijos. Por eso es necesario identificarlas, aceptar con humildad que son tóxicas para nuestra relación con ellos y trabajar en modificarlas.

* Aprender a escuchar a nuestros hijos sin juzgar

No siempre tenemos que tener la última palabra como padres o madres. El concepto tradicional y común que se usa de autoridad es muy anticuado y poco efectivo. La autoridad y el respeto se ganan a pulso en el día a día. A veces, más importante que un consejo es escuchar a nuestros hijos. Saber y entender qué les sucede, qué sienten, cómo interpretan las cosas. También debemos darles el espacio para que cometan sus errores pues, es parte del aprendizaje. Debemos estar ahí para ellos, pero permitirles vivir su propia trayectoria.

* Brindarles siempre la sensación de protección

Tras la confesión de mi hijo Jeff de las bromas que le jugábamos cuando era niño, entendí lo vital que es brindarle a nuestros hijos ese apoyo incondicional, respetando sus individualidades, sin acoso ni burla. Y no dejar que otros en casa lo hagan. Una broma para nosotros nunca tendrá la misma lectura que para un niño. Lo que nos puede hacer reír a carcajadas a ellos en cambio, les puede marcar la vida. ¿Vale más un video viral ridiculizando a nuestro niño que su estabilidad emocional y confianza?

* Buscar las lecturas que nos aporten

Parenting from the Inside Out, de Daniel J. Siegel, este libro me cambió radicalmente los resultados que quería obtener con mi hija Natasha y por eso lo comparto contigo. Es importante que cuando lo leas o escuches, lo hagas sin bloqueos o poniéndote a la defensiva, en el papel de víctima de un pequeño villano o villana. La información que contiene puede hacer una diferencia impresionante en tu relación con tu hijo o hija.

Otro libro que que te quiero recomendar es Payful Parenting, de Lawrence J. Cohen PH.D. Éste me ayudó a entender, entre otras cosas, la actitud de mi madre durante mi infancia y su ausencia de contacto físico, producto de su propia niñez.

También es una excelente herramienta The 5 Love Languages for Children, de Gary Chapman y Rose Campbell. Este texto nos ayuda a aprender qué es en realidad el lenguaje y cuál es el que tiene mayor importancia para relacionarnos con nuestros hijos. Para Natasha, por ejemplo, su lenguaje es tiempo de calidad. Me quiere en exclusiva, sólo para ella. No le interesa compartirme con nadie y tengo que trabajar mi relación con ella con eso en mente.

* Reconocer cuando vamos en la ruta "cuesta abajo"

Hay una herramienta que aprendí en uno de los libros y que me ha servido muchísimo para identificar los momentos en que necesito hacer una pausa con mi hija, respirar y retomar luego una conversación. Lo llamo la ruta "cuesta abajo". Se trata de ese instante en que en medio de una disputa las cosas se empiezan a enredar, nos empezamos a nublar, a sentir esas emociones negativas de enojo e incomprensión. Justo ahí, es necesario poner el signo de STOP y tranquilizarse.

Le expliqué a mi hija de qué se trata y cuando empiezo a perder la paciencia con ella, le digo:—Natasha, siento que voy en la ruta cuesta abajo. Voy a tomarme un tiempo para tranquilizarme. Me voy a dar un baño—. Y corto la conversación. No siempre es fácil. Pero si lo explicas, ellos entenderán. Es una buena manera para controlarnos. De hecho, a veces cuando me ve impaciente es ella quien me dice que voy en la dirección equivocada. En ocasiones, me provoca reír, pero incluso eso corta el momento de tensión. También se lo digo a ella cuando la veo que va mal. Y juntas hemos aprendido cómo parar y evitar llegar a ese momento nebuloso.

* Reparar el descontrol

No siempre vamos a poder controlarnos y evitar la confrontación. Es normal. Pero cuando hemos perdido el control, entonces el punto es repararlo y nunca es tarde para hacerlo. ¿Cómo lograrlo? Explicándole a nuestro hijo o hija lo que sucedió.

—Hija siento mucho lo que pasó esta mañana. Perdóname porque no pude controlarme y me molesté. Te quiero y siento mucho lo que sucedió—. Esa actitud nos ayuda a empezar de nuevo y con otra disposición. ¡Somos humanos! Por lo tanto, podemos mostrarnos como tales y no como dioses del Olimpo, incapaces de reconocer un error.

* Ofrecer alternativas

Otra herramienta que aprendí a través de estos libros escritos por especialistas en comportamiento infantil y adolescente es que siempre hay que ofrecer opciones. Pues cuando sólo les decimos lo que se supone que queremos que hagan, estamos dando órdenes, que es precisamente lo que ellos no quieren. La sugerencia es ponerles alternativas sobre la mesa, para que escojan. Obviamente, entre ésas siempre estará la que es idealmente mejor en ese caso, pero al ofrecérsela de esa manera sienten que tienen ellos la responsabilidad de escoger y tomar acción; que tienen el control de sus vidas.

* Dar tiempo

Cada persona tiene su propio "timing". Unos pueden reaccionar de una vez, otros requieren analizar mejor las opciones. Hay que aprender a descubrir el de nuestro hijo y respetarlo. De esa manera obtendremos mejores resultados, pues reaccionarán de manera más adecuada cuando se sientan listos para hacerlo, sin presión.

* Aceptar que nuestra opinión no siempre es necesaria

Entiendo que mis hijos no necesariamente tienen que recibir mi opinión.

Las decisiones de la vida dependen de sus decisiones y van a tener que lidiar con los resultados.

Los padres tenemos la tendencia a ser bastante intensos. Debemos buscar el punto exacto de interferir en aquellas cosas que tenemos control y que pueden ayudarlos a mejorar ciertos aspectos, que contribuyan a crear una base donde puedan tener más garantías de una vida un poco más fácil, con menos complicaciones.

Parte de ser padre o madre implica insistir, porque nos importa lo que suceda con nuestros hijos. La clave es no convertirse en ¡insoportable!

* Cuidar las expectativas

Esto es algo muy delicado y complejo, incluso, difícil de llevar a cabo, pero es necesario tener en cuenta. Y es que no podemos sobrecargar a nuestros hijos con nuestras propias expectativas. ¡No es justo! Nuestros hijos no vienen a vivir la vida que nosotros no pudimos tener ni a cumplir nuestros sueños. Ellos tienen sus propias historias. Y lo digo con la mayor honestidad y humildad del mundo, pues me tocó aprenderlo duramente.

Como te conté al principio de este libro, siempre soñé con ser doctora pero no tuve los recursos económicos para estudiarlo. Sin embargo, incentivé a mi hijo Franco a que él pudiera cumplir ese sueño. Siempre fue brillante y quizás, por nuestra difícil relación en los primeros años, toda la vida trató de complacerme, lo cual hizo que mostrara interés por estudiar medicina. ¡Estaba dichosa! Pues tenía todo un proyecto armado para crear nuestra clínica y vivir a través suyo mi deseo de sanar a otros.

Franco estudió durante tres años medicina en Tufts University, una de las mejores del país. Hasta que no pudo más y se sinceró conmigo. —Mamá, ¡no quiero ser médico! Todo esto lo he hecho por ti, pero no me hace feliz—, me dijo. Y fue muy difícil aceptarlo. Durante un tiempo estuve molesta y frustrada con su decisión. No entendía cómo podía despreciar una oportunidad como ésa. Hasta que entendí que ése era mi sueño, no el suyo. No podemos condenar a nuestros hijos a cargar con nuestras maletas. Ellos tienen las propias y es su derecho a llenarlas con lo que deseen. Hay expertos que dicen que ¡ni siquiera deberíamos influenciar en nuestros hijos a que sean fanáticos del mismo equipo deportivo que apoyamos nosotros o que le gusten nuestros artistas favoritos! Y tiene sentido. Ellos son seres individuales y necesitan desarrollar sus propios gustos, aficiones, carreras e incluso, sus propios errores.

MI REGALO

La sabiduría para entender que nunca es tarde para sanar y reparar la conexión con nuestros hijos. Mi tarea es reflejar lo mejor para ellos, reiniciar mis propios procesos interiores las veces que sea necesario para mejorar lo que haga falta y reconectar con ellos, pues mientras viva, siempre existe una nueva oportunidad para hacerlo.

XI

CAPÍTULO

Perdonando, liberando y restaurando

Perdonar es quizás, el acto más difícil y por eso mismo, el más sublime y sanador.

Muchos quisieran hacerlo y aunque lo intentan, fracasan porque no abandonan jamás el papel de víctimas. Y ése es el principal obstáculo.

Con tantas terapias y búsqueda de crecimiento aprendí que hay sólo dos vías: continuar anclados en el dolor o perdonar. Para lograrlo hay que comprender al otro también como una persona herida y dar paso a que el tiempo se encargue de sanar las cicatrices. ¡Es un proceso tan complejo! Pues la mente nos juega miles de trucos para mantenernos atados al pasado. Pero una vez que logramos perdonar de verdad, la sensación de paz que nos llena y nos cubre por completo es tan impresionante, tan profunda y sobre todo, tan liberadora, que no hay nada que pueda robarnos nuevamente la calma.

Me tardé años en lograr perdonar mi pasado. Durante mucho tiempo creí que lo había logrado, pues había rehecho mi vida, había aprendido a amar, también había recuperado el tiempo perdido con mi madre y respecto a mi padre, el principal "responsable" de la violación en mi registro emocional, prácticamente había desaparecido, pues nunca más supe de él. Pero no era así, ese dolor vinculado a su figura seguía intacto, disfrazado y cubierto, como cuando intentamos esconder la basura debajo de la alfombra y hacemos como si todo estuviera perfecto. Y en apariencia, lo está… Aunque ahí sigue, causando más basura, criando parásitos y organismos microscópicos, pero igualmente dañinos. Así mismo funcionamos interiormente.

Tal como mencioné en el capítulo anterior, creo que la verdadera conexión entre padres e hijos siempre debe estar basada en el respeto, algo que muchos creen que viene decretado con el simple título que otorga la maternidad o paternidad, pero no es tal. Hay quienes lo basan sobre una autoridad igual de malentendida que es símbolo de miedo, de forzar al otro a la subordinación y a la obediencia a ciegas. Se exige respeto cuando no se ofrece lo mismo y si eres un padre o madre autoritario, lamento decirte que ése es un valor que en toda relación debe ser hacia ambos extremos. No puede existir respeto unilateral en una relación, del tipo que sea: amistosa, laboral, sentimental y más aún, paternal o maternal. El respeto SIEMPRE funciona en ambas direcciones y es allí donde los padres y madres solemos fallar.

Cuando se tiene hijos, muchas veces se cree que porque somos los "adultos", DEBEN obedecernos. Pero, si somos objetivos y miramos cada situación con altura de miras, sin el ego susurrándonos al oído, ¿podemos estar seguros de que ofrecemos respeto a nuestros hijos?¿Les hablamos de la manera apropiada? ¿Les hemos modelado una vida íntegra de la cual sentirnos orgullosos? ¿Damos sugerencias conforme a una lógica, buscando la mejor opción para ellos? ¿O simplemente forzamos lo que nos da la gana, porque somos sus padres y nos deben obedecer?

Me encanta hablar con la gente y siempre escucho sus historias. De esa manera he visto cómo muchas personas se quejan de las actitudes de sus hijos, pero cuando se refieren a ellos, utilizan palabras horribles, son groseros y poco educados. Cada vez que los escucho, pienso: "si se refiere de esta manera a su hijo, frente a mí, que soy su amiga o su jefa, ¿cómo lo hará frente a él? Además, ese trato de subordinación es doloroso y nos aleja del otro, poniendo un abismo entre los dos.

Y eso, es algo que, tristemente, en nuestra comunidad latina ocurre con demasiada frecuencia, pues nuestros padres quieren "obligarnos" a cumplir su voluntad. ¿Cuántos no acaban estudiando lo que sus padres quieren y no lo que ellos desean? ¿Cuántos escogen a la novia o novio que la mamá acepta y no realmente a la persona que más aman? ¿Cuántos dejan de mudarse de ciudad o país porque sus padres no soportan que vivan lejos? ¿Cuántos y cuántas llevan una doble vida o una repleta de amargura por no poder expresar abiertamente su opción sexual por temor a herir a sus progenitores? Todo, por la idea de que "tenemos" que respetarlos al cien por ciento. Pero tanto ellos como nosotros ¡somos humanos y no siempre la razón está de nuestro lado!

Debemos enseñar respeto en todo sentido para recibirlo. Respeto en la manera de expresarnos, respeto por la forma de pensar, por las ideas, por nuestras creencias y en especial, por las decisiones del otro, como sean, pues son tan legítimas como las nuestras.

Cuando usamos la excusa de la autoridad porque sí, en realidad lo que estamos haciendo es desconectándonos de nuestros hijos, ya que no hay manera de lograr crear un vínculo con ellos. ¡No puede darse! Y si, aparentemente ocurre, es uno superficial. Y me atrevería a decir que gran parte de las relaciones entre padres e hijos permanece a este nivel, superficial, sin llegar a crear vínculos profundos donde se pueda explorar realmente los sentimientos del otro, conocer su ser más íntimo y llegar a disfrutar a la persona de manera real, con su esencia, sin caretas, sin máscaras ni poses, sino con su auténtico "yo", como deberíamos hacerlo todos, en plena libertad.

Rompiendo el bloqueo para profundizar mi conexión

Por muchos años, con mamá tuve una relación superficial. Pues durante la mayor parte de mi vida, a pesar del amor y la necesidad de aceptación que sentía por ella, guardé muchísimo resentimiento por su abandono durante mi niñez. Simplemente no lograba entenderlo.

Cuando ella se fue de Santiago para trabajar en Estados Unidos y nos separamos todos los hermanos, significó una pérdida demasiado inmensa para mí, incomprensible para la edad que tenía. Me sentí completamente devastada, desprotegida y en la más profunda soledad. Era un dolor tan gigante para una niña tan pequeña, pues no sólo la perdí a ella, sino también a mis hermanitos, pues todos nos habíamos desperdigado. ¡Todo mi mundo se había hecho trizas! Y como recordarás, aunque quedé a cargo de las primas de mamá, no había una relación con ellas. Para mí, todo aquel vacío era demasiado grande y demoledor. No lo comprendía y luego, para poner todo más oscuro, ocurrió mi violación. Y si no entendía su abandono hasta ese momento, a partir de entonces fue peor y comenzó a crecer el resentimiento. De una forma u otra, inconscientemente, la culpaba a ella de toda esa historia por no haber estado junto a mí para protegerme.

Cuando finalmente me mudé a Estados Unidos, todos esos sentimientos negativos en contra de mamá comenzaron a manifestarse, aunque aún la respetaba por esa confusa idea de autoridad que me habían enseñado. Pero eran sentimientos tóxicos que seguían guardados en mi interior, dañándome y manteniendo esa distancia con ella. Podíamos compartir y llevar una relación aparentemente normal como madre e hija, pero sin llegar a la esencia de cada una, pues había un muro de dolor entre ambas.

Una vez que me convertí en madre, ese resentimiento se hizo todavía más evidente. Me preguntaba qué clase de mamá había sido ella, porque, pese a mi frialdad con mi hijo mayor, ¡no me imaginaba siendo capaz de abandonarlo! ¡Nunca! Además, mi madre hasta ese instante no colaboraba mucho en reparar mi lejanía con ella, pues tampoco se mostraba como una persona afectuosa, dulce y amorosa. Y a eso, se sumaba que durante gran parte de su vida había sido una mujer muy depresiva. Mis recuerdos más vívidos con ella, cuando todavía vivíamos en República Dominicana, se limitaban a una madre ausente, siempre triste y ensimismada. Tan enajenada de lo que tenía a su alrededor, que constantemente rechazaba mis muestras de afecto. Entonces, ¿cómo podría haber desarrollado un vínculo más estrecho con ella?

Honestamente me tomó muchísimos años lograr superar todos esos sentimientos y malos recuerdos vinculados a su imagen. Sin embargo, siempre he estado en busca de la luz y el crecimiento en mi vida, intentando mejorar y arrasar con mis demonios. Si alguien me comentaba sobre un experto o me hablaban de un libro… ¡lo que fuera! Lo probaba con la esperanza de dar un paso más que me permitiera avanzar. Pero sentía que continuaba viviendo en la oscuridad, con todos esos sentimientos, resentimientos y con esa ansiedad constante.

El acto de "ponernos en los zapatos" del otro

En uno de esos permanentes intentos por aprender y mejorar, hace alrededor de unos veinte años, fui a un retiro a Landmark, en Manhattan. Y fue, quizás, una de las experiencias más fuertes e importantes que realicé, porque por primera vez descubrí y entendí a mamá.

El retiro comenzó un viernes, con un entrenador de vida trabajando con las ochenta personas que estábamos allí. Cada una contaba sus experiencias y el coach nos ayudaba a conectar con las distintas áreas de nuestra vida. Compartir las historias con otros permite aprender a través de esas experiencias. No todo el mundo reacciona o conecta de igual forma. Pero para todos, sin lugar a dudas, llega un instante en que "algo" nos hace explotar, nuestra mente y alma se abren, como una inmensa puerta que por primera vez deja entrar la luz a esa bóveda oscura que teníamos hasta ese momento… Y conectamos con eso que tanto habíamos buscado.

A mí, ese proceso me sucedió el segundo día, el sábado. Algo ocurrió que me llevó a pensar por primera vez en la partida de mamá no como en un acto voluntario de abandono, sino en el inmenso sacrificio que había hecho por nosotros. ¡Wow! Entendí al fin todo lo que había hecho, sobrepasando su inmensa tristeza y depresión por brindarnos calidad de vida. Había buscado las mejores opciones que tenía disponibles para dejarnos por un tiempo e inmigrar a Estados Unidos, ubicarse en algún lugar y trabajar de sol a sol para que pudiéramos tener un mejor futuro, como el que efectivamente nos dio. No emigró para deshacerse de sus hijos y disfrutar de su vida, sino por nosotros. ¿Cómo hasta entonces no había sido capaz de verlo?

Fue tan impresionante observar la escena completa, desde otra perspectiva y con objetividad y amor, que de inmediato la llamé a Santo Domingo, donde se había mudado nuevamente, para decírselo. —Mamá, por primera vez, te voy a decir que te amo y que siento tanto toda la distancia entre nosotras. Te he tenido rencor por mucho tiempo, pues no entendía por qué me habías abandonado y todo lo que me pasó durante ese tiempo. Perdóname—. Fue tan poderoso poder decírselo, ¡tan liberador! Y mamá, que, hasta ese momento, no se expresaba con soltura, empezó a desahogarse y a dejar que fuera su corazón el que me hablara.

—¿Sabes que tuve cuatro hijos buscándote a ti: una niña? El hecho que tú nacieras, ¡fue el regalo más grande que pude recibir! Eres mi reina, mi muñeca, ¡mi todo! No sabes cuánto sufrí y lo difícil que fue dejarlos en Santo Domingo. ¡Eso fue lo más terrible!—, me confesó, mientras ambas llorábamos a través del teléfono. ¡Fue un instante tan mágico!

Por primera vez, ella, que parecía ausente y fría, pudo darle rienda suelta a su alma y sacar todo lo que había padecido como mujer y como madre. La frialdad, muchas veces es simplemente un acto reflejo de supervivencia. Es una coraza que algunas personas se ponen para no ser lastimadas nuevamente, para dejar claro que son fuertes y que con ellas no se juega, porque saben que el mundo es rudo, ya que lo han experimentado. Y ella lo sabía. Le había tocado vivirlo desde chiquita y luego con mi padre. Como mujer, le habían roto sus ilusiones y había padecido todas las humillaciones posibles. Y como madre, había tenido que sacrificar sus grandes tesoros, a sus niños, para lograr salir adelante. ¡Y cuántas cosas más pudo haber vivido en sus trabajos en este país! Luego, saber que a su princesa le habían vulnerado su inocencia con un acto tan cruel como una violación y de la manera en que había ocurrido, motivado por su ex esposo. ¿Cuánto había sufrido mi madre? ¿Cuánto sentimiento de culpa cargaba con ella? ¡Qué injusta había sido simplemente por no ponerme en sus zapatos y entender las situaciones que la rodeaban! ¡Cuánta distancia creamos con nuestros seres queridos y con tantas personas en nuestra vida por esa falta de empatía!

Gracias a Dios, desde aquel día nuestra relación cambió radicalmente. ¡Bastó un día para lograrlo! —Mami, te prometo que te voy a llamar a diario y cada tres meses, si tú no vienes a Nueva York, seré quien vaya a República Dominicana a verte—, le prometí… Y cumplí.

Descubriendo a una nueva mujer

Desde aquel acercamiento real con mi madre tuve el regalo de poder conocer y valorar su esencia, la verdadera mujer que había dentro de ella. Y contrario a la imagen depresiva y tosca que había tenido durante gran parte de mi vida ¡era una mujer alegre, con un impresionante sentido del humor! Y comencé a disfrutarla de verdad.

¡Me reía mucho con ella! Se pasaba la vida creando situaciones para divertirnos ¡y hablando en doble sentido! ¡Les fascinaba! Y lo hacía con una gracia y picardía dominicana ¡que le afloraba hasta por los poros!

Impresionantemente, gracias a mi cambio interior, logré disfrutar de una relación muy cercana con mamá por casi dos décadas y pude sentir su adoración hacia mí. ¡Era su reina! Cuando sabía que iría a visitarla, se ponía feliz y todo el mundo alrededor suyo se enteraba, pues se encargaba de regar la noticia.

Conectar con ella de manera realmente profunda también me permitió ayudarla a que lograba sanar la relación con mis hermanos, pues a todos la separación nos golpeó de una forma u otra, especialmente a Henry, el más pequeño. Si para mí, la partida de mi madre a Estados Unidos había sido dura, ¡imagina lo que fue para él, que apenas tenía tres años! Era casi un bebé cuando lo dejó y por eso siempre tuvo que lidiar con sus consecuencias. Cuando finalmente llegó a Estados Unidos estaba muy alejado de ella, no lograban comunicarse y eso la hacía sufrir. Mi papel también fue ayudarla a superar ese distanciamiento y permitirle desahogar sus tristezas conmigo.

¡Llegamos a disfrutarnos completamente! Desde el momento en que la perdoné y le pedí perdón, empezamos a crear esa relación maravillosa, comencé a sanar interiormente y la ayudé a curar también a ella. Eso es algo mágico y siempre estaré agradecida de Dios por haberme llevado hasta ese punto de búsqueda, para darme la oportunidad de conocer realmente a mi madre, en su esencia.

Nuestros últimos encuentros

Desde que mamá cayó enferma, fui a visitarla cada mes a Santiago. Le di mucho, muchísimo tiempo. Durante dos años ése fue un compromiso sagrado, así como el hacer hasta lo imposible por brindarle la mejor calidad de vida.

Ella rehusó regresar a Estados Unidos y al principio, estábamos muy enojados con su decisión, porque no entendíamos por qué se alejaba otra vez. Personalmente reconozco que tuve que trabajar arduamente en esos sentimientos que generó, porque me sentí abandonada de nuevo.

Junto a mis hermanos, sin embargo, nos organizamos para proporcionarle todo lo que ella necesitaba y para darle gustos. Mamá tenía enfermeras de día y de noche. Cuando le dio el primer derrame, pudimos controlarla durante un tiempo. Pero el último derrame la dejó durante dos años viviendo en completo silencio. No podía hablar, ni mover los pies ni las manos. La única manera de comunicarse era a través de sus ojitos, con los que podía expresar lo que quería. Y haber logrado conectarme con ella de forma tan profunda durante los años anteriores fue una bendición para entender esos gestos mínimos que aprendí a conocerle.

Luego, experimentó un par de semanas en que parecía que estaba mejorando y para fines de mayo, cuando se celebra precisamente a las madres en República Dominicana, le dio otro derrame. Estuve casi dos semanas con ella y, luego, nos turnábamos para acompañarla.

La primera semana de junio, cuando uno de mis hermanos estaba visitándola, le dio otro derrame muy fuerte. Recuerdo que él me puso al teléfono al doctor que estaba a su cargo para ver qué decisión tomábamos como familia. Si no la conectábamos a un ventilador moriría de inmediato, pues no podía respirar por sí misma. Yo, la verdad es que no estaba lista para dejarla partir y es una decisión muy difícil, pues no hacerlo nos hace sentir que estamos acabando con la vida de una persona a voluntad propia. ¡No sabía qué hacer! Finalmente, respondí que la conectaran a un ventilador, esperando por un milagro. Y de inmediato, tomé un avión rumbo a mi país.

Cuando llegué y la vi, no sabía si en realidad había tomado la mejor decisión dejándola conectada a esas máquinas. Mi mamá, al día siguiente estaba consciente, con esos dolorosos tubos que ya no podían ser retirados y sin poder sedarla, porque eso podía terminar matándola. Estuvo dos días conectada conscientemente, amarrada a la camilla para poder controlarla. ¡Qué difícil fue verla así! Eso fue realmente terrible… Un dolor inmenso.

—¡Quítenle el tubo ya, déjenla ir!—, le pedí llorando al doctor.

—No, eso ya no se puede hacer—, respondió. Por eso es tan importante hablar esas cosas antes de que ocurra una situación parecida, para poder cumplir con la voluntad de la persona y no con la nuestra, para no sentirnos haciendo algo en contra de nuestros principios o que cause mayor dolor. Pues, con mi experiencia en el mundo de la salud, sé que todos estos protocolos médicos tienen un tiempo para ser decididos y ejecutados. Luego, sea cual sea nuestra decisión con respecto a un paciente, no hay marcha atrás, pues el hospital y sus médicos no se harán responsables del cambio.

¡No podía ni dormir! Me sentía terriblemente mal por la decisión que había tomado! "¿Cómo pude permitir que siga sufriendo, conectada a una máquina?", pensaba, torturándome segundo a segundo. Me costó mucho entender y aceptar que tomé la decisión que pude en ese momento, quizás por egoísmo, pero era lo que sentía. Y esa responsabilidad quedó en mis manos.

La despedida y la difícil aceptación

Cuando mamá murió en mayo 2 del 2018 fue un golpe muy duro. Sin embargo, todos sus hijos cumplimos su voluntad hasta el último detalle, empezando por regalarle una despedida llena de música y mariachi, como a ella le gustaba. Incluso, después de su funeral, por la noche, mis hermanos se fueron hasta un karaoke local a cantar las canciones que a ella le gustaban, tal como nos lo pidió. Al principio, no quise ir. Tenía demasiada tristeza… Pero fueron mis hermanos quienes me animaron a cumplir su voluntad. Y en realidad, ésa era la mejor manera de despedirla.

Ella había comprado un nicho, arriba del que guardaba los restos de mi abuela en un cementerio local. Pero no nos gustaba el lugar, así es que decidimos comprar otro sitio, en un cementerio nuevo. La idea era poner a mi abuela junto a mamá cuando ésta murió, pero era un proceso demasiado largo y engorroso. Así es que decidimos hacerlo cuando se cumpliera el primer aniversario de su muerte.

Cuando finalmente sacamos los restos de mi abuela para cambiarlos, fue un instante muy fuerte. Habían pasado diecisiete años desde su partida y ya prácticamente todo estaba deshecho, hasta la urna. Quedaba sólo su cabecita y parte de sus deditos… A mi abuela le encantaba tejer a crochet y mamá, al enterrarla, le había puesto una bolsa con sus artefactos para tejer y todo eso estaba intacto. Fue muy especial ver todo eso, pues me hizo pensar en lo vulnerable que somos los seres humanos, con un cuerpo hecho polvo en unos cuantos años, pero con recuerdos y sentimientos que permanecen netamente en nosotros. ¡Ése es el poder de conectar en vida con nuestros seres queridos y mantener ese amor vivo en nuestros corazones!

Mi duelo no fue algo sencillo. Me costó superar la partida de mi madre. ¡Tantas veces la perdí y nunca aprendí a aceptar el proceso con naturalidad!

Una vez que mamá se mudó a Santiago, mientras estaba saludable, siempre me visitaba y se quedaba en casa. Luego, fui yo quien estaba constantemente viajando para verla y la llamaba a diario. La cuidé y me dediqué a ella por los últimos años. Era muy extraño ya no tener su presencia.

¡Fueron tantos años incomprendiéndola! Y es que las razones por las que las personas toman las decisiones son tan difíciles de aceptar cuando no se comunican. Todos, de una forma u otra, habíamos sido víctimas de errores que vienen de antaño, en este caso, de la actitud de papá, que nunca actuó como buen marido y menos como un buen padre.

Nosotros vimos sólo la imagen de una madre depresiva durante años. Pero toda esa tristeza que mostró mamá era a causa del abuso y actitud de papá. Él bebía, la engañaba, nos mantenía a todos en la miseria y en mudanzas constantes por su falta de compromiso como hombre… ¡Ella sufrió mucho con él, había perdido también a su primer hijo y no sabía cómo salir de ese círculo tóxico! Hay una foto que me mandó una de mis tías, de la época en que ya había llegado a Estados Unidos, y cuando la vi, me llegó al alma. Se veía a mamá bien vestida, muy linda, pero estaba mirando hacia abajo y con una tristeza que calaba los huesos. Sin embargo, a pesar de su depresión decidió abrirse su propio camino y lo hizo por nosotros.

Si bien, todos sus hijos tuvimos nuestros momentos de distanciamiento y de falta de comprensión con ella, finalmente logramos sanar esas heridas y recuperar la relación. Y desde ese instante mamá se convirtió en nuestra reina. De hecho, cada noviembre, aunque ya no esté físicamente con nosotros, los cinco hermanos viajamos a República Dominicana a festejar su cumpleaños. Vamos al cementerio y nos sentamos durante horas a conversar junto a sus restos y su espíritu. Almorzamos juntos y dedicamos todo ese fin de semana a recordarla. Es una tradición que nos pidió que siguiéramos manteniendo para celebrar la vida, como a ella le gustaba. ¡Y seguiremos haciéndolo siempre!

Mamá nos dejó una herencia de amor entre nosotros invaluable. El compromiso de ayudarnos y apoyarnos unos a otros, de abrir nuestra casa a quien nos necesite y de ser comprensivos y empáticos con los demás. Y lo más bello, nos heredó la capacidad de vivir la vida con alegría a pesar de todo, contra todo y de buscar siempre la manera de abrir la ventana para disfrutar del sol, el físico y el espiritual, que todo lo ilumina.

¿Qué hacer con la justicia?

Imagino que a estas alturas te estarás preguntando, ¿qué pasó con el hombre aquel que me violó? ¿Fue a parar tras las rejas definitivamente? Como te conté al principio, aquel criminal estuvo apenas cuatro meses preso y nunca más supe de él.

Estaba tan pequeña que, en realidad, no recuerdo más detalles suyos que los de aquella horrible noche, como su desagradable olor. Hace algún tiempo me enteré de su nombre, pero nunca pregunté nada acerca de él. Es como un fantasma que se diluye con el tiempo.

Al momento de escribir este libro sé que está vivo, pues es lo que me contaron mientras preparábamos el documental. De hecho, cuando lo estábamos filmando en República Dominicana, los periodistas a cargo quisieron pasar por su casa, pero cuando me enteré de que aún vivía, no quise hacerlo. La verdad, no quiero recordarlo pues, es darle poder a su macabro hecho y a él. Ya está demasiado viejo y no creo que pueda seguir haciendo daño. Mi forma de lidiar con los sentimientos negativos que despertaba en mí durante tanto tiempo fue entregárselo a Dios, porque confío en que todo aquel que hace daño, especialmente a un niño, reciba su castigo.

Mi madre y parte de mi familia, así como algunos vecinos, hicieron todo lo que pudieron para que aquella atrocidad no quedara impune. Pero como pasa tantas veces, la justicia no funcionó. Fue ciega ante un delito tan grave como el que cometió. La única tristeza y pendiente que me quedó respecto a aquel hombre, al enterarme de que sólo había estado unos meses en la cárcel, fue asumir que probablemente mi violación fue una más en su larga lista. Seguramente no fue la primera y continuó cometiendo las mismas aberraciones, destruyendo vidas. Y es lo que hoy en día quisiera detener de alguna manera, alertando a otras familias, haciendo un llamado de atención y generando un eco que resuene finalmente en quienes tienen la responsabilidad de cuidar de los niños, partiendo por los padres, siguiendo por las autoridades. Si hoy en día, con mi historia estoy en posición de aportar mi granito de arena, he decidido hacerlo. ¡Nadie merece pasar por una violación! Y menos, que ésta quede impune. Por eso es importante sacar nuestra voz y compartir nuestra historia.

El perdón a mi padre… ¡el mayor desafío!

La imagen de mi padre, desde aquella noche en que me puso en brazos de aquel desalmado, se volvió una nebulosa en mi mente. Sin embargo, durante muchos años viví con gran rencor en mi corazón, aunque él ni siquiera sintió esa amargura de mi parte porque no estaba conmigo.

Por eso, en uno de los primeros encuentros y retiros que hice, decidí eliminar cualquier indicio de odio en mi corazón, porque entendí que los sentimientos negativos a la única persona a la que perjudican es a quien los conserva. ¡A nadie más! Estaba decidida a que no existieran en mi vida. Gracias a eso pude dejar a mi primer esposo, el padre de mis hijos, olvidarlo, entender sus circunstancias y perdonarlo. Hoy en día llevamos una relación de amistad y cariño. Ambos cambiamos y evolucionamos. Por eso sigue siendo parte de mi vida. Lo mismo ocurrió con el segundo, de quien conservo el recuerdo de los buenos momentos y el amor por mi hija. El resto, incluyendo todo lo que hizo durante nuestro complejo divorcio, se diluyó por completo de mi mente y mi corazón.

Con Gabriel, las cosas pasaron de ser sublimes a macabras de un soplo. Y aunque había intentado sobreponer los buenos momentos, fue él quien siguió molesto conmigo durante años. De hecho, cuando le dio su primer ataque al corazón, me sentía abrumada por el distanciamiento que teníamos, pues aunque ya no estaba enamorada, lo quería muchísimo y quería estar a su lado. Por eso, cuando enfermé y él volvió a acercarse de manera incondicional, supe que no me había equivocado al diluir de mi corazón todo sentimiento negativo en su contra, porque siempre sería una persona especial en mi vida. Nos perdonamos mutuamente y desde entonces seguimos en contacto. No en vano, hasta la actualidad, lo sigo amando de una forma mucho más poderosa que el amor de pareja.

La vida me había probado una y otra vez que valía la pena dejar pasar el rencor y sanar con amor aun los dolores más potentes que alguien nos haya generado. Pero, con papá… Con él, el perdón seguía pendiente.

Nunca más supe de él y mi familia completa le prohibió cualquier acercamiento. Se convirtió en la imagen de un verdadero monstruo para todos. ¿Cómo había podido llegar a entregar a su propia hija? ¿Qué pasaba por su cabeza enferma en aquel momento? Todos nos lo preguntábamos, pero al mismo tiempo, nadie quiso averiguarlo. Sentíamos que no tenía ningún sentido.

El único intento de acercamiento ocurrió durante un viaje que realicé a mi pueblo Licey al Medio cuando recién me casé, la primera vez. Fuimos a visitar a algunos familiares y mi padre se enteró e intentó verme.

Recuerdo que, cuando una de mis primas me alertó sobre un posible encuentro con él, fue tal mi impresión, que sufrí un ataque de pánico. ¡Temblaba ante la idea de verlo frente a mí! No estaba pensando en las razones que él tenía para acercarse o si quería pedirme perdón y, la verdad, no me importaba. Sólo pensar en verlo me causaba pavor, porque me hizo recordar toda esa terrorífica noche.

Cuando salimos de la casa de nuestros familiares, mi ex esposo, que estaba manejando el carro que habíamos alquilado, al dar reversa chocó contra una puerta de metal. Nos bajamos a mirar qué tanto daño habíamos provocado y cuando estábamos en medio de la calle, sentí la mirada de alguien sobre mí. Al voltearme, vi a mi padre, al otro lado de la calle, observándome. Estaba paralizado, como congelado en el tiempo, sin poder hacer un gesto ni emitir una palabra.

Vio que me iba y nunca más lo volví a ver. Ésa fue la última imagen suya que conservo.

Perdonar es sanar

Recordar a mi padre me produce mucha tristeza y no realmente por mí, sino por él. Pensar en todo lo que pudo haberse convertido aquel hombre y no ocurrió por sus malas decisiones. En todo lo que perdió y en esa sombra negativa en que llegó a convertirse. Fue un hombre que, al principio, era considerado bueno, de iglesia, trabajador y con planes de armar una bonita familia. Pero comenzó esa oscura alianza con el alcohol hasta volverse vicioso y gracias a eso lo perdió todo.

Quizás, el hecho de no haber pagado con cárcel la decisión que tomó aquella fatídica noche no lo salvó del castigo, pues, pasó a ser señalado socialmente como una escoria. Lo perdió todo; no sólo a mí, sino a sus cinco hijos y a todas sus amistades. Todos lo veían como una persona siniestra, oscura y vil, orillándolo a llevar una vida de mucha soledad, de total abandono. ¡Y es que una noche o unos segundos de inconsciencia, pueden cambiarnos el destino! Por eso es tan importante estar cien por ciento conscientes en cada instante de nuestras vidas.

Dicen que cada persona que actúa mal salda sus deudas tarde o temprano en esta tierra. Y así lo creo. Puede que demore en hacerlo, pero su hora le llega. Incluso, puede ser que en apariencia todo vaya bien, pero la culpa, la vergüenza y el dolor carcomen internamente y eso tiene sus efectos. Muchas personas que cargan sentimientos negativos como el resentimiento se enferman porque hoy hay más consenso en que nuestras emociones determinan en gran medida nuestra salud. Y una persona que carga con tanta culpa, con tantos recuerdos abominables, debe sentir un constante bombardeo de imágenes que seguramente quiere borrar de su mente.

Desde los expertos en medicina china a algunos nuevos investigadores que estudian los distintos factores de las enfermedades, dicen que los conflictos emocionales juegan un papel importante y serían el principal promotor de problemas en nuestra salud. Y hoy en día, con el tiempo que ha pasado y todo lo que he aprendido, he podido ponerme en el lugar de mi padre y entender que aquella noche nefasta no sólo fue un trauma tremendo para mí, mis hermanos y nuestros cercanos, sino también para él. Y tuvo que vivir con todo el remordimiento en solitario, por el resto de su vida. Su caso, me demuestra que esos expertos en salud puede que tengan razón, pues no en vano, mi padre falleció con apenas sesenta años de un agresivo tumor en el cerebro, que le quitó la capacidad de comunicarse, irónicamente, igual como le ocurrió a mi madre.

Cuando enfermó papá, mis hermanos viajaron a Santiago a visitarlo. Yo, la verdad, ni siquiera recordaba ese episodio o lo ignoré.

Un día, en que mi padre evidentemente estaba en sus últimos momentos, uno de mis tíos me llamó para contarme que él había escrito un papel pidiendo que me llamaran. —Tu padre se está muriendo y está pidiendo tu perdón—, me dijo y esa petición me caló profundamente, como una espada congelada y filosa.

No era fácil acceder a ese pedido. Pero pensé que si lo perdonaba, debía hacerlo de verdad y dejar ir todo el resentimiento y tristeza de una buena vez, porque no podía seguir guardando rencor en mí. ¿Era capaz de entregarle ese regalo antes de morir? ¿Podía ser tan generosa después de tanto dolor causado?

—Dile que lo perdono y que se puede ir en paz—, le respondí.

Cinco minutos después, mi tío volvió a llamarme para contarme que mi padre había muerto. —Después de escuchar que lo perdonaste, tu padre lloró y se fue tranquilamente—, me dijo.

Cada vez que recuerdo ese momento también lloro y es un llanto que mezcla tristeza por él, por la vida que llevó, con la alegría de haber logrado perdonarlo y de saber que al menos pude regalarle la paz que su alma tanto necesitaba antes de partir. Hay quienes me han cuestionado el hecho de haberle dado el regalo del perdón después de todo lo que hizo. Sin embargo, después de tantos años trabajando en mí, pude trascender aquella tristeza, no solamente por no cumplir su papel como padre y protector conmigo, sino además por haberme entregado a aquel hombre para que hiciera conmigo lo que se le diera la gana.

Logré tener compasión por mi padre y empatía, intentando ponerme en su papel. Entender que era un hombre enfermo, sin educación, quien seguramente arrastraba sus propios traumas de infancia, sus propios dolores e historias desgarradoras, en silencio, en soledad y sin las herramientas para trabajarlas en su interior. ¿Qué más podía pedirle? También era una víctima de otros que vinieron antes. Nuestra sociedad está plagada de moldes tóxicos, abusivos, enfermos, machistas e ignorantes, que día a día dañan vidas y que urge erradicar.

Lo realmente valioso es que cuando se da un regalo tan generoso y amoroso como el perdón, esa paz que genera se queda también en nosotros y de hecho, se quedó conmigo, pues él me la brindó.

Increíblemente logramos reconciliarnos en el último momento. Y eso me ayudó a sanar. En la actualidad, cuando me hablan de él, lo único que siento es tristeza por la vida maravillosa que se perdió de experimentar. Y le agradezco su voluntad y necesidad de pedirme que lo perdonara. Ese acto lo liberó y él, sin duda, me liberó.

Mis herramientas

* Convertir la empatía y la compasión en nuestros "poderes especiales"

¡La vida se nos vuelve mucho más fácil de llevar cuando ponernos en el lugar del otro nos fluye naturalmente! No es sencillo, porque nuestro ego suele empujarnos a querer validar siempre nuestras posturas, nuestras ideas y nuestra propia visión de la vida. "¡Ah! Es que si yo fuera él (o ella) lo habría hecho distinto", "no, estás equivocado", "así no se hace", etc. Siempre queremos imponer nuestro modo en todo. Pero "intentar" ponerse en el papel de la otra persona, pensando en cuáles pueden haber sido sus circunstancias y su pasado, puede hacer una enorme diferencia.

Esa empatía, cuando se une a la compasión, no es lo mismo que sentir lástima. Me refiero al genuino sentimiento de amor, manifestado en comprender al otro e intentar aliviar su dolor. Ese intento es un ejercicio interior tan poderoso, que alimenta otros sentimientos positivos, que una vez comienzan a surgir, provocan cambios y crecimiento en ambas direcciones. Siempre es un proceso recíproco. ¡Jamás nos vamos a equivocar cuando impulsamos lo bueno, lo sano y lo positivo!

* El perdón no tiene fecha de expiración

Tal como te conté en el capítulo anterior sobre la relación con mis hijos, también cuando queremos perdonar el daño o dolor que podamos haber recibido de nuestros padres, con intención o sin ella, no hay límite de tiempo para hacerlo. Puede que hayan pasado muchos años o incluso, toda la vida bajo un manto de resentimiento, rabia y dolor. La buena noticia es que nunca es tarde para sanar esas heridas, perdonando y perdonándonos.

Con mi madre, logré hacerlo cuando ya era adulta y habían pasado muchísimos años. Sin embargo, bastó aquella llamada pidiéndole perdón por haber guardado esos sentimientos tóxicos en su contra, para que toda esa negatividad acumulada se transformara en luz. Y a partir de ese momento tuve la oportunidad de disfrutarla sin límites por casi veinte años. Luego, con mi padre, pude haberme negado a perdonarlo. Estaba en todo mi derecho y con motivos más que justificados, pero ¿a quién le servía esa actitud vengativa? ¡A ninguno! Él, habría partido con aquel peso en su alma y yo, habría continuado sumergida en el dolor y seguramente, sumando de manera muy profunda, un sentimiento de culpa por mi actitud.

En cambio, su paz me dio la paz a mí y la maravillosa oportunidad de sanar aquella herida para siempre.

* Aprender a identificar las emociones que se guardan

Cada día constato una y otra vez que el reconocer las emociones que nos afectan en determinado momento, aprender a aceptarlas, vivirlas y dejarlas atrás es un ejercicio tan saludable como alimentarse de manera correcta.

Hace un tiempo, a raíz de ciertas molestias y cambios que estaba sintiendo en mi salud, conocí a la doctora María Isabel Limardo, Ph. CEPH, CMIQP, miembro de ACEIP o Asociación Integral para la Psicología Energética. Ella me proporcionó la explicación científica para entender cómo los sentimientos como la culpa, el remordimiento, la rabia, el miedo, el no saber poner límites o viejas heridas emocionales sin tratar, se van convirtiendo en toxinas para nuestro cuerpo y lo van enfermando. "Cuando hay traumas no resueltos terminan así, pues cuando las personas no buscan ayuda para resolverlos, se quedan solos con esas emociones estancadas, sus músculos, sus huesos y sus órganos densifican esas emociones. Así comienza un desarreglo celular y la apoptosis o muerte celular programada deja de funcionar. Eso genera que las células dañadas o enfermas se desorganicen y crezcan de manera desmesurada, generando una enfermedad o formando un tumor. Hay otros factores epigenéticos que también influyen, es cierto, pero todo empieza con una emoción traumática. La persona empieza a guardar resentimientos, dolores… Eso hace que el 'sistema de huida' de nuestro organismo esté encendido constantemente y al estarlo, hay una desregularización del sistema inmunitario. Eso hace más vulnerable a la persona a tener mala alimentación, a estar más susceptible a infecciones virales o bacterianas que desorganizan la programación celular. Y mientras más tiempo mantenga esas emociones tóxicas en su interior, en su cuerpo, en su mente, más agresivo será el cáncer o cualquier enfermedad, ya que los daños genéticos serán mayores dentro de la célula", me explicó.

Y es que efectivamente hoy en día existe mucha evidencia científica que prueba que somos una unidad y que nuestros sistemas nervioso, endocrino e inmunitario funcionan al unísono. Es decir, la manera en que manejemos nuestras emociones, cómo enfrentamos la vida, el espacio que le demos a ciertos pensamientos, ¡todo eso tendrá un efecto en nuestra parte física! No podemos dividirnos en pedacitos. Por eso es tan importante vaciar nuestro interior de sentimientos tóxicos, limpiarnos, ¡desintoxicarnos! Y en ese proceso, el perdón juega un papel vital para eliminar culpas, remordimientos, dolores, ¡el pasado que tanto nos pesa!

Hay muchos libros que pueden ayudarte u orientarte en cómo cada molestia o enfermedad es el reflejo de algo que estamos cargando y que nos estorba. También existen recursos en internet, gratuitos. Uno que es útil y sencillo es el Diccionario de la Biodescodificación, de Joan Marc/ Vilanova I Pujo, disponible online.

* Identificar las emociones que cargamos y aceptarlas

Un primer paso para lograr perdonar y perdonarse es aceptar que todavía guardamos algo por ahí que nos genera ruido interior en contra de alguien. Pueden ser nuestros padres, hermanos, otros familiares, amigos, ¡seguramente algún o alguna ex! En ocasiones, cuando trabajamos por mejorar espiritualmente, por ejemplo, lo primero que hacemos es "perdonar", pero lo hacemos de manera superficial. "Perdono pero no olvido"… Si es ésta tu frase de batalla, te informo que no funciona. No genera un cambio, pues es imposible perdonar y seguir recordando lo que no sirve.

Entonces, esta vez, si decides hacerlo, hazlo de verdad, honestamente y aceptando que aún sientes rabia, celos, remordimiento, culpa… ¿Qué sientes? ¿Cómo la sientes? ¿Con cuánta intensidad? Analízalo y empieza a trabajar contigo a partir de eso.

* Reaccionar y tomar acción

Ok, ya estamos claros y hemos sido honestos con nosotros mismos. ¿Ahora qué? ¡Toma acción! ¿Quieres seguir anclado sobre el mismo punto hasta enfermar? O ¿vas a sobreponer sobre toda aquella basura el amor por ti mismo para deshacerte de lo que ya no necesitas? ¿Le temes a sentir paz? ¿Qué tanta capacidad de dar amor hay en ti?

* Empatizar o ponerse en los zapatos del otro

Ponte en el lugar de quien te causó el dolor. Puede que no necesariamente entiendas sus razones o sus circunstancias. Sólo acepta que es otra realidad, "su realidad", construida con las herramientas y posibilidades que tuvo. Hizo lo que pudo, dio lo que tenía para dar. No lo juzgues, sólo acéptalo.

¡Cuánta violencia y estragos nos ahorraríamos si tan sólo nos pusiéramos por cinco minutos en la piel del otro! O ¡en sus zapatos!

* Soltar la carga

Reconocida la emoción, lo que la generó y habiéndonos puesto al menos por un segundo en el lugar del otro, ¡ya! ¡No más basura! Es hora de dejar esa mochila atrás. ¿Para que seguir cargándola? ¿La necesitas? ¿Te hace feliz? Entonces, déjala ahí y sigue tu camino. Si te sirve "representarlo mentalmente" de esa manera, como una mochila o una maleta donde cargas esas emociones, ¡úsala!

* ¡Perdonar!

Ya entendiste que no vale la pena seguir cargando con esas emociones tóxicas. Perdona a esa persona por lo que hizo y perdónate tú por haber conservado sentimientos negativos en su contra, por juzgarla o criticarla. Si no puedes ejercer físicamente el acto de llamarla o sentarte a tomar un café para hablarlo, imagina que está frente a ti y envíale la luz, el amor y lo mejor que hay en ti. En muchos casos no es necesario enfrentar a la persona. Por ejemplo, si se trata de un ex, lo más probable es que generar un encuentro sea el preámbulo para muchos problemas. Pero, si tienes la oportunidad de hacerlo frente a frente, como con tu padre o madre, hazlo. Es la mejor sensación que puedas imaginar.

MI REGALO

Entender la capacidad sanadora e inmensamente poderosa del perdón. Aprender que siempre es tiempo para ofrecerlo y para pedirlo. Comprender que el proceso jamás nos debilita ni nos muestra vulnerables. Y que el premio más invaluable que obtenemos cuando ofrecemos ese acto de amor y generosidad es la paz, una que sobrepasa toda circunstancia y que nos permite dejar de una vez por todas el ancla del pasado atrás. El perdón es el paso indispensable para disfrutar de un maravilloso presente.

" Escanea acá para
ver la galería "

XII

CAPÍTULO

Mi kit de emergencia

Dejar un legado e impactar la vida de otros no es un acto de promoción del ego, sino de generosidad. Es nuestro deber compartir con otros lo mejor que tenemos, lo que nos hace grandes y aquello que nos ha levantado de las cenizas. En mi caso, lo mejor de mí no son los negocios que he podido sacar adelante, ni el dinero o los bienes materiales. Esos, si bien, son parte importante que demuestra que las cosas las estoy haciendo bien, no son la base de todo el proceso. Mi mayor tesoro personal está en la fuerza, las ganas permanentes de mejorar, de crecer y de pulirme hasta brillar. La perseverancia por llegar hasta mi mejor versión, mi capacidad de lucha y de enfrentar los riesgos que vengan sin ponerle límites a la vida.

217

El 3 de noviembre del 2019 crucé la meta corriendo frente a Tavern on the Green, en pleno corazón de Manhattan, a mis 55 años y fue, sin lugar a dudas, un momento mágico y poderoso. Había logrado cumplir las 26.2 millas del maratón de Nueva York, tal como me lo había propuesto en enero, once meses antes.

Como lo hacemos anualmente, mi hijo Franco y yo, empezando el año, nos reunimos para planificar nuestros desafíos. Fue entonces que me propuse correr el maratón. No era sencillo pensar en lograrlo, cuando correr no es lo mío, jamás lo había hecho como parte de mi rutina y empezar a mitad de los cincuenta es un proceso fuerte. Sin embargo, de inmediato lo visualicé en mi mente y empecé a sentirlo como algo concreto. El regalo más grande para ese año era conseguir esa foto mía, cruzando la meta.

No fue un proceso sencillo, porque puso a prueba todo lo aprendido hasta entonces y me enfrentó a nuevas lecciones. Empecé a entrenarme en junio y un mes más tarde tuve que detenerme repentinamente. Mi cuerpo no respondía y comencé a tener fuertes dolores y otros síntomas inexplicables.

Comenzó entonces un verdadero calvario, pues no sólo significó dejar en puntos suspensivos mi participación en la carrera, sino la posibilidad de defraudar a tanta gente que estaba confiando en mí. Estaba realmente mal y los exámenes que me realizaba no lograban encontrar el motivo. Y es que realmente a nivel físico no lo había. Si bien es cierto que me había estado exigiendo mucho más de lo normal, eso no era la causa. Más bien, los motivos estaban dentro de mí, a nivel emocional, pues llevaba meses removiendo recuerdos, despertando sentimientos y abriendo heridas mientras realizaba el documental y empezaba a escribir el libro. Y esos recuerdos habían generado muchas emociones que estaban ahí, dando vueltas.

Nunca me rendí, ni dejé de confiar en que ese maratón lo iba a sacar adelante a como diera lugar. No sabía cómo. Pero siempre he pensado que a la vida no le tienes que preguntar cómo se harán las cosas; uno simplemente las pide y el universo las proporciona. ¿El mecanismo? Eso aparece por alguna parte.

Así las cosas, contra todos los pronósticos y después de tantos problemas que tuve, en agosto finalmente mi cuerpo empezó a adaptarse y pude tomar el ritmo del entrenamiento como correspondía en los siguientes meses.

Me preparé y estudié lo que debía hacer para lograrlo. Busqué todo lo que necesitaba, incluyendo al mejor equipo de personas que me apoyaran e impulsaran, liderado por Marcos, mi compañero de entrenamiento, a quien le agradeceré la vida entera por su entrega, dedicación y entusiasmo. Cuatro días a la semana, él se levantaba de madrugada para reunirse conmigo a las 4:45 y comenzar a recorrer las calles vacías de White Plains. ¡La ciudad nos pertenecía! ¡Es tan importante tener personas que tengan las mismas metas que nosotros para poder lograrlas! El proceso se torna mucho más fácil y agradable.

Me di cuenta del poder que tenía mi mente y mi cuerpo, porque mientras la mayoría de las personas dormía, yo, en cambio, estaba despierta, corriendo por un propósito. Mi día empezaba mucho más temprano que el de los demás y es poderoso sentir que estás a otro nivel, explorando tus propios límites a diario.

Una vez a la semana me sometía a terapia física, masajes y estiramiento de mis músculos. Bebía mucha agua y en general, estaba muy enfocada en mi cuerpo. Siempre ha sido mi templo, al que adoro, cuido y busco la forma de mantenerlo lo más fuerte posible porque es un regalo valioso. Pero en esta preparación estaba todavía más atenta a éste, haciendo todo lo posible para estar al nivel que quería.

Decidí, además, que el maratón debía tener una razón. Sabía que no iba a correr sólo por correr, pues quiero que cada cosa, cada actividad o desafío de mi vida, tenga un sentido que impacte la vida de otros. Busqué la forma de ayudar a alguna institución y escogí a la Organización de Leucemia y Linfoma.

He tenido a muchas personas cercanas que han muerto de cáncer, pero hubo un caso que me tocó el corazón de manera especial. Su nombre era Savannah Rivas, una niña de doce años a quien le diagnosticaron leucemia a comienzos del 2018. Y a pesar de que estuvo un año y medio combatiéndolo con todas sus fuerzas, en junio del 2019 perdió la batalla. Su historia me impactó, pues me recordaba a mi hija Natasha. Así es que decidí dedicarle mi carrera.

El rostro de Savannah estaba impreso en mi camiseta y fue a ella a quien le pedí fuerzas cuando cruzaba el puente de Queensboro, donde muchos corredores empiezan a perder energía y se rinden. "Savannah, ayúdame. Sé que estás conmigo, ven conmigo. Vamos a disfrutar esto juntas", pensaba y sentía una fuerza tremenda que me ayudó a lograrlo.

Sus padres, en tanto, viajaron desde Houston, Texas, para apoyarme. Y al menos por unos días, encontraron otro propósito en sus vidas tras la pérdida de su hija.

Realmente disfruté muchísimo la experiencia de estar entre 53 mil corredores del mundo entero. Recuerdo que, cuando fui a recoger mi número de identificación al Javits Center, de Nueva York, donde estaba toda la organización del evento, me sorprendió escuchar a participantes hablando en tantos idiomas distintos, de tantas razas diferentes. ¡Yo era parte de esa fusión de voluntades con propósitos! Mi hijo Jeff se reunió conmigo allá para cenar y nos hospedamos todo ese fin de semana en el mismo sitio.

El día previo a la carrera, me pidieron que diera una pequeña conferencia en un evento y comencé preguntando: —¿Quién podría adivinar lo que estoy haciendo mañana? ¿Saben por qué lo estoy haciendo? Porque creí en mí. Creí que podía hacerlo. Y es que uno de los retos más grandes que tenemos en la vida es creer en nosotros, en lo que no podemos ver—, agregué.

Hemos sido programados para no creer en nosotros, especialmente las mujeres hispanas. La programación que tenemos impuesta nos dificulta la fe en nosotras. Además, constantemente nos están bombardeando con la idea de que no podemos hacerlo, que hay diferencias entre lo que hace un hombre y una mujer.¡Prácticamente nacimos para no creer! Y con el maratón les demostré y sobre todo, "me demostré" que sin importar la edad, la falta de experiencia y los obstáculos del camino, si creía en mí lo iba a lograr.

Una de las imágenes más vívidas de aquella mañana corriendo por las calles de los cinco distritos de Nueva York fue un mensaje que decía Limitless: ¡No hay límites! Porque no los hay cuando se trabaja en nosotros mismos y se ponen todos nuestros recursos internos y externos a disposición.

¿Por qué te comparto esto? Porque aquella mañana del maratón también constaté que durante mis 55 años había acumulado un "kit" de herramientas usadas en mí que me habían llevado hasta ese punto. ¡Y funcionaron! Todas y cada una me sirvieron para llegar a esa meta. La mayoría te las he compartido a lo largo de este libro. Pero he querido sintetizar las más importantes para que las tengas siempre a mano y nunca dejes de usarlas.

Mis herramientas

* Buscar el acelerador del cambio

Para sanar y crecer interiormente hay que buscar un "acelerador", esa persona o esa razón que nos hace "clic" en un momento determinado, haciéndonos despertar del letargo y aceptar que queremos una vida diferente. El mío, como te conté antes, fue mi hijo Franco, quien me empujó al cambio en mí, pues no quería seguir sintiéndome una mala madre y arruinarle la vida. Gracias a él reconocí que estaba completamente rota y empecé la búsqueda. ¿Cuál es tu acelerador?

*Tomar acción

Darse cuenta que queremos cambiar es una cosa, ponerlo en marcha es el segundo paso. Hay que decidir qué acciones vamos a ejecutar diariamente, porque es un proceso que no podemos tomar y dejar constantemente o permaneceremos estancados. Es similar a cuando queremos bajar de peso. Si hacemos una dieta y luego la dejamos para volver a los antiguos hábitos, ¡volvemos a engordar! A nivel interior pasa lo mismo. ¿Por qué? Porque no estamos siendo consistentes. Esto se trata de un cambio de estilo de vida.

Mucha gente dice:—es muy duro cambiar—. ¡Claro que lo es! Pero si tomas una acción concreta y realista, que puedas seguir, ¡va a funcionar y y te dará resultados!

Cada persona tiene la posibilidad de hacer algo positivo a diario. Tú decides cuál es tu meta. Si es tu cuerpo, por ejemplo, haz algo cada día para mejorarlo. Si sientes que lo que necesitas es un cambio en tu mente, porque estás en un espacio oscuro, haz cada día algo que te inspire, ya sea comenzar a leer un libro, empezar un diario de gratitud, ver un video de motivación, etc.

* Acepta que necesitas cambiar de parámetros

La mayoría de nosotros tenemos "issues" como dicen en inglés, o alguna carga que tiene que ver con nuestro pasado, sobretodo, con nuestra infancia. Esa historia crea nuestros parámetros y creencias, que quedan registrados en nuestro subconsciente (ya te hablaré de un libro que puede ayudarte a reprogramarlo).

Toda esa información que traemos registrada es la que, nos demos cuenta o no, nos hace actuar de determinada forma. Por ejemplo, solemos tener el mismo concepto de dinero que tenían nuestros padres. Si ellos lo veían como algo peligroso, difícil de alcanzar y frívolo, seguramente ésa será nuestra percepción. Lo mismo suele ocurrir con las parejas. Si recibimos el mensaje de que las relaciones son complicadas y que es mejor estar solo que mal acompañado… Seguramente estar con alguien nos va a resultar una calamidad.

Lo bueno de todo es que eso lo podemos modificar y actualizar de acuerdo a nuestras necesidades y gustos reales. Reprogramar el subconsciencia es la llave maestra para alcanzar nuestras metas, pues lo que realmente queremos y las herramientas con las que contamos para conseguirlo se encuentran escondidas allí. Pero debemos estar abiertos a esa inmensa oportunidad que va a determinar el éxito, el estancamiento o el fracaso. No es sencillo. Pero siempre que veo a alguien infeliz con su vida le pregunto qué tan dispuesto está a cambiarla. Pues si lo que ha hecho hasta ahora no ha funcionado, ¿no crees que es tiempo de probar algo nuevo y cambiar desde lo más profundo?

* Buscar terapias

Te lo he dicho en reiteradas ocasiones y puedo sonar majadera, pero es muy importante tomar las terapias adecuadas con profesionales idóneos y a tiempo. Empecé a tomar en serio lo de las terapias hace 28 años, cuando me tocaba buscar cómo pagar la sesión porque no tenía dinero. Desde entonces he acudido a éstas en distintas etapas de mi vida y lo han hecho también mis hijos cuando lo han necesitado.

No necesariamente vas a tomar en cuenta todos los consejos que te den, pero intenta seguirlos, al menos para probarlos. Recuerdo por ejemplo, que durante la época en que trabajaba en la clínica, como ejecutiva, acudí a una terapeuta que me enseñó técnicas y hábitos muy sencillos pero que marcaron una gran diferencia en mi forma de actuar. Por ejemplo, me sugirió escribirle una carta a mi padre, perdonándolo. Fue muy difícil hacerla, pero fue la base para lograr la paz con él. También hubo una época muy fuerte para mí a nivel profesional, en que debía ser muy competitiva y me sentía con mi parte femenina muy disminuida, intentando mostrarme siempre fuerte. Entonces mi terapeuta me animó a que usara lencería bonita debajo de esos trajes de oficina, tan masculinos que me ponía. Pues eso, me ayudaba a reafirmar que dentro de esa imagen fuerte y dura, seguía estando María, la mujer, delicada y femenina. Por más ridículo que sonara, lo intentaba y para ser honesta, siempre me ayudó.

Debemos ir con una mente totalmente abierta, y si lo que estamos haciendo no nos da los resultados que necesitamos, ¡lo cambiamos! Probando es la manera de descubrir con cuáles terapias te conectas y avanzar en tu sanación.

* Rodearse de lo mejor

Lo dije en un capítulo y lo reitero, rodearse de las personas adecuadas es como invertir en el negocio más lucrativo de nuestra vida. Cuando estaba tratando de bajar de peso, hace muchos años, empecé a rodearme de personas a quienes les gustaba el ejercicio y lo hacíamos juntos. Por lo tanto, pude conseguir buenos resultados rápidamente. Si, en cambio, me hubiese rodeado de gente a la que le gusta parrandear y comer, ¿crees que habría avanzado en mis propósitos?¡Habría seguido subiendo de peso!

Hay que escoger a las personas correctas que nos inspiren, nos motiven, nos alienten a mejorar y a sacar lo mejor de nosotros. Recuerda que somos el promedio de las cinco personas con las que más no relacionamos, por lo tanto, debemos tener la mejor calidad para crecer en armonía. Nuestra energía, nuestros conocimientos, nuestras actitudes y nuestros objetivos se retroalimentan. Por eso, mientras mejor rodeados estamos, más confiados podemos estar de que avanzaremos por buen camino, mejorando siempre. Escoge a quienes estén en la luz.

* Crear relaciones poderosas

Si nos rodeamos de personas claras, sensatas, pacíficas, positivas, productivas, proactivas, generosas, ambiciosas de crecimiento a nivel personal, debemos usar el mismo parámetro para medir a aquellas con las que queremos trabajar y funcionar a nivel profesional. Especialmente cuando tenemos un puesto de poder, debemos aspirar a los mejores compañeros de trabajo, a los mejores empleados y a las mejores conexiones. Busca e infórmate sobre las organizaciones afines para buscar alianzas estratégicas que ayuden a ambas partes. No podemos avanzar en solitario, siempre es necesario contar con un buen equipo y para eso hay que indagar en la "mochila" que carga la otra persona. Busca gente de valor, de principios y en posiciones que puedan impulsar tu vida, tu negocio y tu proyecto. No se trata de buscar gente por interés, se trata de unirte a quienes van en la misma dirección que tú: hacia adelante.

* Salir de nuestra zona de confort

Es difícil salir de nuestra zona de comodidad, porque nos empezamos a acostumbrar a estar bien. Pero como dice Steve Harvey en muchos videos que me encanta escuchar, "necesitamos salir de esa burbuja para cumplir nuestros sueños". ¡Y es cierto! Por ejemplo, cuando sentí el llamado a crear una misión que marque la diferencia en cuanto a la salud de nuestra comunidad hispana, comencé a ponerme en las situaciones más complicadas por cumplirla. Podía haberme quedado en la comodidad en la que estaba, pues vivía muy bien. Pero necesitaba salir de esa burbuja para explotar mi potencial y llegar a mi siguiente nivel.

Si sueñas con éxito y estás cómodo en tu zona, ¡es momento de salir e ir por más! Presiónate y potencia lo mejor de ti, ¡y verás los frutos!

* Enfocar la energía en lo que puedo controlar

No tenemos control en muchas de las situaciones con las que nos toca lidiar. No importa cuanta energía pongamos en ellas, en ciertos casos no vamos a lograr los resultados que esperamos. No podemos controlar a otros, pero podemos controlarnos nosotros, "autocontrolarnos" para no dejar que la situación altere la energía del momento y sobre todo, la nuestra y las emociones que vamos a tener. Por ejemplo, en una situación que se empieza a poner tensa y que puede acabar en una discusión. Si la otra persona no baja la guardia, quizás no logres hacerla cambiar de opinión o calmarla, pero puedes esforzarte para no caer en esa misma energía. Otro simple ejemplo es cuando estamos estancados en el tráfico. No podemos hacer nada para cambiar esos resultados. Entonces debemos acceder a la realidad que no tenemos poder para cambiarlo. Es mejor poner música, escuchar un audiolibro, un podcast o aprovechar de hacer llamadas. Esa parte es tuya, depende de ti que no te afecte.

* Confiar en el poder que hay en mí

Recuerdo que cuando me entrevistaron al final del maratón, me preguntaron qué fue lo que más disfruté de mi periodo de preparación para la carrera y quizás vas a pensar que estoy loca, pero realmente algo con lo que aluciné fue con irme a dormir con la luna y las estrellas, y levantarme para encontrarlas ahí nuevamente, esperándome. Me levanté a las cuatro y treinta tres veces a la semana durante los cuatro meses en que me entrené y aunque no era sencillo hacerlo, saber que tenía la capacidad y la voluntad para cumplir con ese desafío diario me hacía sentir poderosa. Ese proceso tan rutinario me demostró una vez más que no hay límites en nosotros y que somos capaces de lograrlo todo. Todo es cuestión de proponernos una meta, organizarnos y poner toda nuestra energía en función de lograrlo. ¡Hay un poder inmenso en nuestro interior! Es sólo cuestión de ¡sacarlo a flote!

* Aceptar los procesos

Cada proyecto que tengamos en la vida, grande o pequeño, tiene sus tiempos y sus pasos. No nos podemos adelantar ni saltar etapas. No tiene sentido, pues siempre vamos a necesitar de la base y los cimientos para seguir construyendo "nuestro edificio" personal. Cuando me entrenaba para el maratón lo pude comprobar. Cada mañana había un proceso que seguir antes de correr: debía estirar el cuerpo durante quince minutos, tomar una sal especial antes de correr y seguir un protocolo determinado para rendir sin lesionarme. Y en la vida sucede lo mismo, hay pasos, hay etapas que cumplir. Debemos tener la paciencia y el control suficiente para hacerlo y disfrutar de cada uno.

* Visualizar

La posibilidad de creer que podemos realizar una meta, un proyecto o un desafío está en poder concretarlo en nuestra mente primero. La mente es extremadamente poderosa y nos muestra las acciones que necesitamos realizar para llevarlo a cabo.

Cuando visualizas y crees que puedes hacer algo, ¡lo haces! Cuando me puse la meta de correr, por ejemplo, me imaginaba cruzando la línea final con mis hijos. Esa foto la tenía en mi mente desde que decidí hacer el maratón.

Esto funciona de la misma manera en que nos ejercitamos o aprendemos un oficio, mientras más practicamos, más finos y detallistas son los resultados. Mientras más trabajo realizo en mí, más fácil se hace mantener esa visión de lo que quiero. Cuando lo hacemos, las acciones que vamos a realizar nos van acercando a nuestro objetivo. El problema está en que generalmente nos enfocamos en cosas negativas, entonces ¿hacia dónde vamos? El poder de la visualización es extremadamente fuerte de una forma positiva o negativa. Y eso hay que tenerlo también en cuenta.

* Aclarar la intención para obtener los resultados esperados

Esta herramienta en realidad aplica para todo en la vida, pues previo a tomar cualquier acción debemos tener clara nuestra intención. Así también empezamos a aceptar que tenemos responsabilidad en los resultados de las cosas que nos ocurren y dejamos de culpar a las situaciones o a las personas. Tú puedes cambiar los resultados si cambias las acciones que ejecutas, conforme a la intención final.

* Afirmar que ya la meta es nuestra

Luego de visualizar lo que queremos lograr debemos hacer el trabajo de afirmarlo, de creer y confiar que eso ya es nuestro, ya es parte de nuestra vida, porque es donde entra a funcionar nuestro subconsciente que se encarga de fortalecer nuestra convicción.

El dinero también funciona de esa manera. Tengo una afirmación que aprendí del libro Think & Grow Rich y que repito a diario para conseguirlo: "Estoy feliz y agradecida por el dinero que llega a mí. Se incrementa constantemente y proviene de múltiples fuentes". Por supuesto que debemos tomar acción para lograrlo, pero afirmarlo constantemente mueve la energía y nos estimula subconscientemente a alcanzar la prosperidad financiera.

Realizar afirmaciones positivas, aunque al principio te sientas incómodo, es un hábito que puedes crear. Y de ahí en adelante puedes empezar a visualizar tu vida como quieres que sea.

* Poner atención a nuestro interlocutor

Estar presentes a las personas que nos están hablando es fundamental. Tenemos la tendencia a no escuchar a los demás y muchas veces, ni siquiera los dejamos hablar. Mientras avanzamos en la vida vamos dejando de lado la habilidad de poner atención y estar realmente presentes para la otra persona. Y más ahora, que hemos convertido nuestros celulares en un extensión de las manos y seguimos pegados al aparato mientras intentan contarnos algo importante.

Poner atención a nuestro interlocutor es vital. Nos hace ser humanos de verdad y conectar con la otra persona. Creo, honestamente que éste ha sido uno de mis mejores recursos para lograr generar vínculos profundos con los demás, pues los escucho y pongo atención a cada detalle que me cuentan.

Pregúntate, ¿cuánto en realidad escucho a los demás? ¿Cuánto te escuchas a ti mismo?

* Contagiar de buena energía al mundo

Cada vez que llueve, la mayoría de las personas lucen malhumoradas y molestas, porque la lluvia supuestamente les arruina los planes. He aprendido a encontrar la belleza también en esos días grises y cada vez que amanece así, agradezco a Dios por el milagro de la lluvia en nuestra ciudad. Una bendición que, si te pones a pensar, no todos los lugares reciben. Y me he dado cuenta que verlo así y expresarlo ¡es contagioso! Mi hija, por ejemplo, que está en una edad complicada y nunca le ha gustado

mucho la lluvia, está recibiendo el mensaje. Y últimamente, cada vez que amanece lluvioso, suele decir que hay un día espléndido. Lo mismo me ocurre en la oficina y con la gente que me encuentro. Y es que definitivamente lo bueno, al igual que ocurre con lo malo, "se pega", se contagia. Por eso, ser un germen o una bacteria de positivismo y buena energía ¡nos va a preparar el ambiente para una vida mucho más feliz! Lanza cosas buenas y recibirás lo mismo de regreso.

* Encontrar el regalo

Si te has dado cuenta, cada capítulo de este libro, al final, tiene un regalo; es ese obsequio o enseñanza que esa etapa de mi vida me dejó. Y si has llegado hasta aquí, te habrás dado cuenta que aun en los momentos y experiencias más crudas, siempre hubo uno. Cuando tenemos una etapa complicada muchas veces se nos dificulta ser capaces de ver dónde está ese regalo, pero existe, siempre está. A veces, hay que dejar decantar un poco las aguas para descubrir esa pequeña piedra preciosa enterrada entre la arena, que será la que nos ayude a formar la base para seguir creciendo. Descubre el tuyo en cada momento, por complejo que sea.

* Levantarse de la mano con nuestra mejor amiga/o

¿Con quién te levantas por la mañana? ¿Con tu mejor amigo o con tu peor enemigo? Si sigues levantándote cada día con tu adversario, ¿cómo vas a visualizar algo positivo en tu vida? ¡Ni siquiera te das el espacio para hacerlo! Eso es muy importante, porque cuando nos despertamos y nos vemos al espejo, usualmente nos levantamos con nuestra enemigo y empezamos a atacarlo de inmediato. "No eres suficientemente guapo", "te estás poniendo viejo", "¡pero que gordo estás!", "no eres inteligente", "no eres buen padre o madre", etc, etc. ¡Todo es negativo y tóxico!

Antes de llegar a visualizar, hay que llegar a verificar la forma en que nos estamos alimentando nosotros mismos. Y la mejor manera de alimentarnos emocionalmente es con un sencillo ejercicio, aunque te suene ridículo. Ponte frente al espejo, te miras y te dices: ¡qué inteligente soy!, ¡qué guapo soy!, ¡gracias a Dios por este cuerpazo que me has dado! Si no eres creyente, conéctate con el universo o con quien sea que creas y agradécele por la maravilla de ser humano que eres.

* Ser auténtica

La gente que me rodea muchas veces bromea cada vez que lanzo algún comentario o cuento algo "privado". Y es que la verdad ¡así soy! Lo que ves es lo que hay en mi interior. Sé que muchas personas juegan al misterio, les encanta guardarse un As bajo la manga para sorprender. Ése no es mi caso. Y hasta ahora, contrario a lo que muchos pudieran pensar, siempre me ha dado buenos resultados.

La gente suele equivocarse mostrando una falsa imagen, porque tarde o temprano, las máscaras y los disfraces se caen. Lo falso no dura para siempre, y entonces, ¿qué va a quedar en ese momento? ¿Será la realidad capaz de cautivar y mantener la atención de los demás? Ése es el miedo de muchos. Pero, ¿sabes una cosa? Debemos darnos a conocer con lo que tenemos en nuestro "contenedor" personal, con nuestras luces y sombras. Quienes nos quieran, nos acepten y valoren, lo harán sobre la base de nuestro verdadero yo, de nuestra esencia.

Descubre y sácale partido a lo que tienes. No intentes ser una mala copia de alguien más ni de ajustarte a lo que supones que le gusta a los demás. ¡No necesitas hacerlo! ¡Tienes todo lo necesario para conquistar el mundo, a tu manera!

* Poner la verdad siempre por delante

De la misma manera en que me gusta mostrarme tal como soy, exijo y busco enfrentar la verdad en toda situación. No importa de qué se trate. A mis hijos, por ejemplo, siempre les he dicho que si van a contarme algo o desean mi opinión sobre un tema, deben ser claros y reales conmigo. Nada de verdades a medias o de color rosa para no causar daño. Al contrario, pues muchas veces modificar la realidad o tratar de suavizarla es lo que genera problemas y deteriora las relaciones.

La misma regla la he aplicado siempre en mi trabajo. No importa qué esté sucediendo o si alguien tiene una mala impresión de mí, siempre he dejado la puerta abierta para que cualquiera pueda acceder a mí y hablarme sin pelos en la lengua. Trato de no molestarme cuando alguien me dice la verdad, si lo hace con respeto. Por el contrario, tomo muy en serio los comentarios e intento analizar en qué puedo haber fallado para crear esa imagen o ese momento. ¡Y lo arreglo!

Una vez que todas las cartas están sobre la mesa, puedo buscar la manera de resolverlo, porque a fin de cuentas, todo tiene solución. El punto es saber exactamente dónde estamos parados para tomar acción y modificar aquello que no está funcionando.

Siempre se dice que "la verdad nos hará libres". Mi opinión es que no sólo nos libera, sino que es la única base sólida sobre la que se puede construir una relación, un hogar, una amistad, un negocio y cualquier proyecto.

* No importa lo que haga, ¡a disfrutar del proceso!

Cuando mi hija Natasha nació, hice algo que muchos podrían pensar que es una locura, pues decidí llenar de gente el cuarto donde iba dar a luz. ¡Trece personas pudieron compartir conmigo ese momento! Cada vez que lo cuento, puedo sentir las expresiones de sorpresa. Y es que entiendo que muchas mujeres consideran que es un momento privado y especial. Pero es precisamente por lo maravilloso que es, que decidí convertirlo en un instante inolvidable para aquellas personas que pensé, querían llenarse de energía pura, de nueva vida. Sabía que Natasha sería mi última hija y quería a todas las personas cercanas conmigo. Entre ésas, estuvo mi hijo Franco.

Dar a luz es el regalo más grande y la cosa más bella que una mujer puede hacer en su vida, pues es traer una vida desde nuestro cuerpo. A algunas mujeres les resulta un lío el momento o el embarazo, por las incomodidades, el exceso de peso o lo que dejamos de hacer. Lo que sucede es que se enfocan en los inconvenientes y no en todo lo que ganamos conectándonos a la magia de esos nueve meses.

Estar presentes significa también gozar de todo el proceso, de vivirlo con intensidad y saborearlo bocado a bocado. Cualquier desafío o situación que nos pongamos como objetivo implica un "paso a paso". Pero solemos atormentarnos con ese lapso y dejamos de disfrutarlo. Sólo piensa en algo tan común como una mudanza de casa. Cada vez que escucho a alguien reclamando porque debe hacerlo y se queja de lo que implica, le animo a que lo vea desde otra perspectiva ¡y lo disfrute! —Tómalo como la gran oportunidad que tienes para deshacerte de todo lo que no te sirve y ya no usas. Dónalo o bótalo. ¡Déjalo atrás! Y múdate con lo realmente importante y así estarás listo para una nueva etapa—, les digo.

Cuando dejamos de atormentarnos con los pasos a seguir y en cambio, disfrutamos de estos, el propósito final se nos hará mucho más grato.

* Agradecer, la clave mágica

¡No te imaginas el inmenso poder que existe en el agradecimiento! Lo escuchamos tantas veces y lo ignoramos, especialmente cuando estamos pasando por una época difícil. Pero es precisamente entonces cuando más agradecidos debemos estar, pues funciona como un efecto boomerang, que devuelve con creces la gratitud que guardamos en nuestro corazón.

A algunas personas les resulta más sencillo entender que el agradecimiento funciona como se menciona en términos bíblicos, que si somos fieles (o agradecidos) en lo poco, podremos ser fieles en la abundancia. Y es que por más oscura que sea nuestra vida, siempre hay una pequeña luz que vale la pena agradecer. Muchas veces, sin darnos cuenta, nosotros mismos creamos más oscuridad de la que en realidad nos rodea, y lo hacemos con nuestras expresiones, porque nos enfocamos en lo negativo y dejamos de observar cuántas otras cosas hermosas tenemos. Por ejemplo, algo que siempre me llama la atención es cuando las personas dicen que están teniendo "un mal día". ¡Me cuesta creer que de 24 horas todo sea malo para alguien! ¿No puede encontrar nada de ese día que le pueda hacer decir que tuvo sólo algunos momentos malos? Si piensas de esa manera sin lugar a dudas ¡perdiste un día entero! ¿Y cuántos más necesitas perder para empezar a ver algo bueno?

Verle el lado amable a las cosas siempre me sirvió para darme una cuota de aliento y esperanza, aun en los peores escenarios. Luego, conocí el maravilloso poder de escribir los famosos diarios de gratitud o agradecimiento. Es un ejercicio tan sencillo ¡y tan poderoso a la vez! Se trata simplemente de contar con una agenda, cuaderno o diario de vida, donde vamos anotando diariamente las cosas por las que agradecemos. Al principio puede ser que te cueste reconocer lo valioso que tienes, porque los seres humanos tendemos a buscar lo grande, lo ostentoso o lo que nos falta. Pero con la práctica, nos damos cuenta que el simple hecho de abrir los ojos cada mañana es un milagro y hay que agradecerlo. No todos tienen ese privilegio.

Escribir esos diarios te permite ir constatando tu avance. Es parte de la reprogramación de tu mente. Empieza a llenar tu subconsciencia de energía positiva por medio de la gratitud.

Hoy en día, cuando reviso mis diarios de gratitud que guardo desde hace diez o quince años, puedo ver cómo he ido avanzando y creciendo. Mientras más agradecida he sido, más bendiciones he tenido en mi vida. Y en esos diarios está la mejor prueba. Es un proceso, pero es el camino directo al éxito.

* Un buen libro o audiolibro siempre a mano

Recuerdo que cuando recién comencé mi camino de búsqueda y no tenía recursos para hacerlo, iba a esas librerías hermosas, buscaba la sección de libros de autoayuda y escogía algunos. Compraba un té y me sentaba en un rincón a leerlos.¡Me encanta recordar esa época!

No hay excusa para no autoayudarse. Hay bibliotecas públicas y excelente material disponible en internet o en sitios como Youtube, donde existen decenas de audiolibros que puedes escuchar. Por ejemplo, para aprender a manejar el dinero y replantearnos la manera de tomar la prosperidad económica hay un libro que me encanta y que ya te mencioné Think & Grow Rich, (Piense y hágase rico) de Napoleon Hill. ¡Es muy poderoso! Habla del entrenamiento para la prosperidad, cómo podemos pensar y hacernos ricos modificando nuestra manera de entenderlo. También dice cómo podemos aplicar esa afirmación que te mencioné anteriormente, practicándola durante noventa días. Y te puedo asegurar que en momentos muy complicados, la usé y he podido constatar cómo las puertas se empiezan a abrir y el dinero llega.

También hay otro libro que te mencioné y me gusta mucho sobre ese tema: Secret of the Millionaire Mind, (El secreto de una mente millonaria) de T. Harv Eker. Éste habla precisamente de lo importante que es "reprogramar" nuestra mente respecto al dinero para poder vencer esa barrera que muchas personas tienen y por la cual no logran la prosperidad. Aprender a ejercitar y trabajar para eliminar esos viejos paradigmas que traemos registrados en nuestro subconsciente, aprehendidos desde nuestra infancia y que nos ponen un freno en todo orden de cosas es vital. Puedo decir con orgullo que he reprogramado mi mente y sigo haciéndolo a diario, pues es un truco que no se puede dejar de hacer si queremos avanzar.

Hay algunas personas que me gusta seguir como Les Brown o Mel Robins. Esta última escritora tiene un libro llamado The 5 Second Rule, (La regla de los cinco segundos) que es muy interesante, pues asegura que cuando contamos de cinco a cero, en retroceso, el cuerpo nos pide una acción. Ella empezó a usarlo para levantarse y evitar la alarma cada cinco minutos. En mi caso, la uso para hacer esas llamadas que me cuestan trabajo. 5, 4, 3, 2, 1. 0… ¡y ya! Otra herramienta que aprendí de ella es que estar ansiosos y emocionados o entusiasmados nos trae la misma reacción fisiológica. ¡Es idéntica! Sin embargo, mentalmente nos ayuda a calmar y a estar con una actitud positiva si planteamos que en lugar de estar ansiosos, estamos entusiasmados con una actividad. Mel cuenta que ella usa ese truco para calmarse cada vez que debe dar una conferencia, así es que, empecé a utilizarlo también. Antes de ponerme frente a un grupo, entro al baño y durante unos minutos hago algunos ejercicios de respiración: 1-2-3-4, lo retengo en cuatro, y suelto en ocho tiempos. Repito el proceso cuatro o cinco veces. Parece una tontería, pero hay estudios que muestran que eso le llevamos más oxígeno al cerebro y empezamos a calmar nuestro cuerpo. Luego, comienzo a repetirme: "Estoy muy emocionada"… También se lo estoy enseñando a mi hija para que lo use cada vez que debe cantar en un evento.

Y un libro que para mí, es el número uno generando cambios en mi vida, además de El Poder del Ahora, que muchas veces te he mencionado, es The Power of your Subconscious Mind (El poder de la mente subconsciente), del doctor Joseph Murphy. ¡Es uno de los libros más importantes en mi crecimiento! Al escucharlo podemos entender mucho de los resultados que tenemos en nuestra vida.

Después de ponerle atención a lo que dice, he entendido cómo he podido lograr todos mis propósitos. La visualización de mis objetivos y el creer en una vida mejor para mí y para mis hijos, en un mejor nivel financiero, en vivir en paz, todo lo he puesto en mi subconsciencia y mi conciencia lo trae, pues escoge las acciones necesarias para lograrlo basándose en mis creencias más profundas, esas que están no sólo en mi mente, sino en mi corazón. Y aunque no siempre son las mejores, pueden ser reprogramadas. ¡Es un libro poderoso!

Las afirmaciones son la clave para la reprogramación de nuestra mente. Podemos encontrar muchísimos videos con afirmaciones en Youtube preparados específicamente para empoderar nuestra autoestima, para encontrar el amor, para la libertad económica, para la paz interior. Visualizar y creer nos llevan a crear.

Otro libro que me encanta recomendar es Get Out of my Life, but First could you Drive me and Cheryl to the Mall? De Anthony E. Wofl, PH.D. Esas páginas me han ayudado mucho a entender mejor a mi hija en la etapa que está pasando en estos momentos, empezando la adolescencia. Es una etapa muy difícil, pero si la entendemos, podemos tener más paciencia y aprender a aceptar el proceso sin resistirlo.

* Estudiar y prepararse constantemente

Sé que te lo he reiterado, pero es que no hay manera de detener nuestro aprendizaje cuando lo que queremos es crecer, avanzar y ser felices en la vida. Prepararse siempre es clave. No hay un minuto en que podamos sentir que tocamos techo y ya no hay más que aprender. ¡Eso jamás!

¿Sabes cuántas ciudades tienen lugares y organizaciones donde puedes estudiar después del trabajo? ¡Completamente gratis! ¿Quieres aprender contabilidad, belleza, fotografía? ¡Lo que quieras! Sólo necesitas tomar acción.

Hay que reconocer las necesidades que tenemos. No se trata de maltratarnos o disminuir nuestra confianza, sino de ser honestos con nosotros mismos y aceptar que estamos fallando en ciertas áreas, para poder tomar acción y mejorarlas. ¿Cuál es la meta? ¿Hacia dónde queremos llegar? ¡Y comenzar a prepararse para lograrlo!

* Enfrentar esas conversaciones difíciles

Hay ciertos encuentros a los que le tememos. Son esas conversaciones que sabemos que debemos tener con alguien para aclarar una situación, poner límites, definir una relación o poner las cartas sobre la mesa sin más preámbulo. Pero como suponemos que no nos va a gustar escucharlo, vamos dejando que pase el tiempo sin tomar acción. Pues te digo que eso no sirve. Mientras no enfrentemos ese momento, seguiremos en un limbo que nos mantiene en un punto muerto, sin avance ni retroceso. ¡Hay que dar ese paso con firmeza! Esas conversaciones difíciles realmente tienen su valor.

Vivimos la mayor parte del tiempo en una vida que es superficial y que a veces, ni siquiera nos da la oportunidad de ver que necesitamos hablar y profundizar nuestras relaciones. Pero una vez que aclaramos las cosas, podemos comenzar a tener una verdadera relación con los demás, como me ocurrió con mamá una vez que le pedí perdón.

Las conversaciones difíciles se evitan porque las personas solemos tener miedo y el miedo paraliza y destruye la posibilidad de enfrentar cualquier monstruo. Lo que ignoramos es que la mayor parte del tiempo, son monstruos diminutos y están tanto o más asustados que nosotros, y es sólo su sombra la que los hace lucir gigantes. Muchas veces vamos a escuchar lo que no queremos, pero enfrentar "la sombra" es la única manera de disiparla cuando nos asusta; de otra forma siempre estará detrás nuestro, atemorizándonos, haciendo todo más oscuro y pesado.

* Aceptar a los maestros, incluso los difíciles

Todos quisiéramos estar rodeados de personas maravillosas y de hecho, las que escogemos deben serlo para poder avanzar. Pero nos guste o no, la mayor parte de las que tenemos alrededor nuestro, a diario, no dependen de nuestra voluntad. Sin embargo, siempre están ahí por un motivo o propósito, por más insoportables que sean.

Por esta razón, dejar de mirarlas como algo negativo en nuestras vidas y aprender a recibirlas como maestras, con una lección para darnos, ¡nos cambia la perspectiva y hasta se vuelve más llevadero el tener que lidiar con ellas!

Si ves a alguien que te está atacando constantemente, por ejemplo, tienes la oportunidad de crecer y tomarlo como tu profesor en ese instante. ¿Cómo puedo protegerme y hacer el mejor trabajo para que este maestro funcione a mi favor? Reconociendo que me está enseñando a mejorar en algún aspecto de mi vida.

Una de las personas que más problemas y malos momentos me dio durante mucho tiempo en mi trabajo se convirtió en un gran maestro. Siempre intentaba boicotearme. ¿Qué hice al respecto? Pues, me preparaba mejor para enfrentarlo cada vez que tenía una reunión donde estaría presente. ¿A qué me ayudó ese maestro? A a ser una profesional más preparada y más analítica.

Como busqué mucha información, aprendí que la parte frontal de nuestro cerebro es donde se ubica el mecanismo de protección que tenemos. Así, cuando nos sentimos atacados, comenzamos a tener reacciones fisiológicas que nos alertan, como la sensación de calor en el cuerpo. Sin embargo, entre el ataque de alguien y nuestra reacción hay un pequeño lapso. Lo que hacemos en esos segundos es precisamente lo que determina el resultado que queremos lograr.

Si logramos estar atentos a esas reacciones, ¡podemos controlar la situación y salir airosos! Por ejemplo, cada vez que me sucede una situación similar y comienzo a sentir el calor, pienso: When you feel the heat, don't speak, es decir, cuando sientas el calor, ¡no hables!" Y vivo con esa idea en mente. Una persona puede llegar y atacarme a gritos, pero ni me inmuto. No es que no sienta el calor, pues soy humana, pero cada vez me afecta menos. Escucho y me quedo en silencio.

Esto ha sido un entrenamiento intensivo para mí, que me ha dado excelentes resultados, pues evito prácticamente cualquier confrontación. Y, ¿quién fue mi mejor profesor para aprenderlo? Aquella persona que intentó hacerme la vida miserable.

Tiempo y rutinas saludables

* Distribuir el tiempo de manera inteligente

Una de las quejas más comunes que realizamos las personas, especialmente cuando trabajamos, tenemos hijos y una ardua rutina diaria es: ¡no tengo tiempo!, ¡no me alcanza el tiempo! Y eso ¡no es cierto! El tiempo es el mismo para todos, la diferencia está en qué lo invertimos.

Algo con lo que he sido muy inteligente desde siempre es escogiendo cómo paso las 24 horas de cada día. No en vano, es una de las herramientas de las que siempre hablo en mis reflexiones por Facebook o en las matutinas. Debemos ser muy astutos para saber en qué invertimos esas valiosas horas. Analízalo e incluso, puedes escribirlo para estar más atento y hacer los cambios necesarios. ¿Cuánto tiempo ves televisión? ¿Una hora? ¿Dos horas? ¿A qué le dedicas más atención? ¿Cuánto tiempo estás pasando conectado a redes sociales? ¡Eso es adictivo! Si la usas como herramienta de trabajo, para un negocio, es una cosa. Tampoco está mal poner un horario para responder mensajes y conectarte con la gente. Pero hay que darse un periodo exacto para hacerlo. Hubo una época en que me di cuenta que pasaba una hora antes de acostarme conectada a mis redes. ¡Ni siquiera me daba cuenta!

Hace un tiempo escuchaba a una chica que estaba de visita en mi oficina, quejándose de que no tenía tiempo para nada. Tenía sobrepeso, estaba completamente desconectada de su pequeña hija y alegaba del tráfico, el trabajo, sus jefes, ¡de todo! Sin embargo, de repente empezó a comentar los capítulos de un famoso reality show. ¡Sabía cada detalle de lo que sucedía con la controversial familia! Comencé a hablar con ella para ver cómo ayudarla y volvió a quejarse. Entonces le dije:—El tiempo está en tus manos, pero quizás deberías analizar cómo inviertes tus 24 horas a diario, a qué le dedicas prioridad. ¿Cuánto tiempo le estás dedicando a vivir la vida de otras personas? Porque viendo ese show por horas, estás viviendo la vida de ellos y olvidándote de vivir la tuya—.

Y es que la mayoría de las personas no nos percatamos de lo importante que es analizar en qué invertimos lo más valioso que tenemos: nuestro tiempo. Si pasamos dos horas al día pegados a la televisión mirando un juego o una serie, otro tanto en redes sociales y al teléfono sólo para comentar la vida de otros, ¿cuántas horas estamos perdiendo para vivir de verdad? Imagina si ese mismo periodo lo dedicamos a ejercitarnos, a caminar por nuestro vecindario, a estudiar una nueva carrera, a buscar qué eventos locales nos pueden ayudar a mejorar nuestras conexiones o a llevar a nuestros hijos a un parque y compartir con ellos; podemos empoderarnos aprendiendo nuevas técnicas, mejorando en algún área que nos llame la atención, relacionándonos con nuevas personas, ¡podemos hacer cientos de cosas! ¿No crees que en tan sólo una semana podríamos ver cambios en nosotros, en nuestro estado físico, en la relación con nuestros hijos y en nuestros proyectos? ¡Ahí esta la clave!

Tengo la suerte de ser mentora de algunas personas que se acercan a mí y cuando veo las excusas de "la falta de tiempo", se los hago saber. En cómo distribuimos las 24 horas del día está la fórmula para el progreso. Son los hábitos, especialmente al principio, los que marcan la diferencia. Debemos ser inteligentes a la hora de distribuir nuestro bien mayor si queremos ver frutos. En mi caso, diariamente me levanto muy temprano y comienzo con una rutina de ejercicios de media hora. No dedico horas y horas de entrenamiento, pero durante ese tiempo me concentro en eso y cada hora de mi día tiene un objetivo claro y poderoso. Analiza y distribuye el tuyo y verás que tendrás tiempo más que suficiente para hacer todo lo que quieras y lo que pueda llevarte al siguiente nivel.

* La rutina mañanera

Después de haber leído decenas de libros y asistido a numerosas conferencias, retiros y talleres, hay una herramienta en la que los más exitosos siempre coinciden: crear la rutina de la mañana y de la noche. Lo he puesto en práctica desde hace mucho y te puedo garantizar que no existe mejor manera de poner en orden nuestras prioridades, enfocarse, hacer rendir el tiempo y comenzar con la energía correcta.

Hay quienes amanecen y ponen la radio o la televisión. Yo, prefiero dedicar esas primeras horas a alimentarme en mente, cuerpo y alma para enfrentar el resto del día con la mejor actitud posible.

Como soy una mujer hiperocupada, cada minuto cuenta, entonces aprovecho el tiempo de ejercicio físico y de actividades rutinarias como beber un café, prepararme para el baño, maquillarme y vestirme para escuchar el audiolibro que tenga a mano en ese momento, ver algún video corto de motivación y reflexionar sobre algún tema.

Cuando termino mi entrenamiento físico, prendo la máquina para preparar el café y me siento al lado de la ventana a meditar por unos quince minutos. Escucho cómo se está preparando y huelo mi café. Ese proceso, de conectarme con el sonido, con el olor, con mi mente, con mi cuerpo, es algo poderoso, porque parte de la belleza de estar presente o atenta al instante, es buscar la manera de apreciar el momento completo. Termino de meditar y bebo mi café. Lo disfruto y lo agradezco. Luego, me voy tranquila y relajada a mi cuarto, pongo el audiolibro y mientras me preparo, comienzo a escucharlo.

Parte de mi rutina mañanera también se ha vuelto compartir videos y reflexiones con un grupo de personas, a quienes se los envío por texto cada día. Así, una vez que estoy lista para salir rumbo a mi trabajo, me siento plena, motivada, inspirada y con la fuerza necesaria para enfrentar cualquier obstáculo.

Establecer una rutina saludable por la mañana te permite "nutrirte" interiormente de lo mejor para dar también lo mejor de ti.

* La rutina de la noche

Mientras me preparaba para el maratón, en otra de mis reflexiones escuché hablar de la importancia de la rutina de la noche para conseguir el éxito de nuestros objetivos. ¡Y es impresionante! Pues seguir cierto ritual con propósito, nos permite prepararnos mentalmente para que esas últimas acciones y pensamientos de lo que queremos lograr al día siguiente, sean los que se queden con nosotros, para potenciarlos mientras dormimos a través de nuestro subconsciente.

Muchas personas, por ejemplo, antes de dormir se bañan, se lavan los dientes, ven algo de noticias, revisan sus redes sociales y se duermen (casi siempre con la televisión encendida). ¿Qué pensamientos e imágenes puede tener alguien que hace eso durante la noche? Seguramente soñará con el tiroteo de la escuela que vio, con el viaje que está haciendo una de sus amigas y que vio en Instagram o con la escena de terror de la película que estaban mostrando. Pues resulta que mientras dormimos, nuestra mente sigue funcionando, ya que el consciente se apaga, pero el subconsciente sigue procesando esa información y anexándola a la que conserva desde siempre.

Revisando mi rutina, me di cuenta que estaba bastante cerca de lo que mencionaban en ese video que escuché y podía mejorarla. Por ejemplo, después de mi aseo personal, siempre me aseguro de dejar preparada la ropa deportiva que me pondré al levantarme. De esa forma, me levanto sin pensar y saco lo que debo ponerme para hacer ejercicio. Incluso, también por la noche, dejo la cafetera lista. De esa manera, lo único que debo hacer por la mañana es encenderla. También repaso lo que debo realizar al día siguiente, las reuniones que tengo, los objetivos que deseo lograr y los desafíos, pensando siempre que tendré un día fantástico. Luego, me enfoco en alimentar mi consiente y subconsciente de "nutrición positiva", escuchando alguna motivación, repitiendo algunas afirmaciones o leyendo algún libro y meditando en los mensajes que acabo de recibir. De esa manera, toda mi energía en cuerpo, mente y alma comienza a funcionar desde ya en pro de la siguiente jornada.

Los humanos somos seres de hábitos y el hábito es como un robot. Por eso, hay que crear los mejores para funcionar a la precisión, como el mejor reloj.

* Enfocarme en mí ¡SIEMPRE!

Sé que esto a mucha gente puede parecerle algo superficial. Pero no lo es, porque tan importante como desarrollar, alimentar y cuidar el interior sucede con "la cáscara" o el templo, como siempre lo digo. ¡Sólo tenemos uno y nos debe durar hasta el fin de nuestros días!

Debemos preocuparnos de nosotros, desde la punta del pelo hasta la uña de los pies. No se trata sólo de lucir bien, sino de cuidar esta máquina maravillosa, consintiéndola, alimentándola, ejercitándola, hidratándola y escuchándola como corresponde.

Mucha gente se enfoca tanto en trabajar y en cumplir con sus compromisos familiares, que comienza a subir de peso de manera descontrolada. Y la "falta de tiempo" los va llevando además a comer mal. Si no nos cuidamos, esa travesía será corta y debemos enfocarnos en nosotros a largo plazo. Es también un acto de amor por los nuestros, pues cuando descuidamos nuestro cuerpo y empezamos a deteriorar nuestra salud, eso inevitablemente compromete la vida de nuestros seres queridos. ¡No podemos ser tan egoístas! Lo que nos suceda les va a afectar.

Siempre me he cuidado, no me gusta subir de peso, me gusta mantener mi piel y ejercitarme, pero he tenido épocas en que he dejado de ponerle tanta atención a hacerlo de manera integral.

Es un proceso, especialmente cuando tenemos sobrepeso, porque si tratamos de avanzar demasiado rápido, lo más probable es que nos desilusionemos, nos lesionemos y dejemos todo. Eso es algo que veo que pasa con muchas personas. Cuando se trata del cuerpo, se rinden porque aceleran el proceso y quieren resultados instantáneos. Pero la verdad es que la satisfacción instantánea no funciona. Debemos tener la perspectiva hacia dónde queremos ir y entender que va a ser un proceso. Concentrarnos en eso nos da la energía para continuar y visualizar la meta que queremos.

Hoy en día el ejercicio para mí es tan necesario como comer a diario. No hay excusas para no hacerlo. Y como ya te lo había mencionado, no soy de las personas que se va a un gimnasio por horas. ¡No! Tengo demasiadas actividades durante el día para eso. Sin embargo, soy constante y no falto un día a mi entrenamiento, en mi propia casa. Ni siquiera utilizo maquinaria especial. Me levanto y de 5 a 5:30 hago media hora de ejercicios, guiada por un video y en ocasiones, por un entrenador.

El truco es buscar la forma de motivarnos. Cuando siento que las sábanas de mi cama me están tentando a quedarme atrapada otro rato, me concentro en lo bien que me siento después de ejercitarme y empiezo a visualizarlo. Hay días en que por supuesto, me siento más cansada. Pero cuando comienzo a realizar el calentamiento, ese cansancio se disipa y comienzo a generar endorfinas, que me hacen sentir bien.

Tener el ejercicio como piedra angular de nuestro cuidado es fundamental porque es la mejor manera no sólo de mantener nuestro peso y lucir bien, sino de sentirnos espléndidos y de evitar enfermarnos. Mover el cuerpo evita que nos oxidemos como un carro viejo arrumado en un rincón y ayuda a que todo nuestro organismo funcione mejor.

* Que mi piel hable por mí

Mi piel es mi tesoro. Quienes me siguen por redes sociales saben que la mimo y la consiento con el mayor amor del mundo. Por eso me encanta cuando alguien me dice que luzco más joven. Y no lo hago por vanidad, sino porque nuestra piel es en realidad nuestra carta de presentación ante los demás. ¡Ella nos delata todo! Lo bueno, lo malo que le damos, cómo nos alimentamos, si bebemos suficiente agua, si la maltratamos, si trasnochamos o estamos deprimidas, todo se registra en esa capa protectora de nuestro cuerpo. Por eso hay que tratarla con cariño.

La belleza para mí es importante, porque cuando nos levantamos por la mañana, si nos vemos cansadas, nos afecta nuestra autoestima. Muchas personas cuando se sienten inseguras en la manera que lucen, comienzan a desaparecer socialmente, evitan salir y se aíslan. Por eso, cuidarnos nos cambia la actitud y a veces, hasta la vida. Y eso genera más deseos de seguir haciéndolo.

No podemos evitar la vejez, aunque podemos llevarla con dignidad. Todo empieza a bajar con la fuerza de gravedad, pero podemos darle una manito de vez en cuando para apoyarla. Si eres de las personas que prefiere lucir natural, de todas formas puedes cuidarla con productos fabricados sin químicos. Siempre hay manera de consentir nuestra piel. Ésta se deteriora muy rápido, por eso debemos crear una rutina matinal para cuidarla, limpiarla y humectarla. Lo mismo por la noche. Yo le dedico diez minutos por la mañana y entre quince a veinte minutos cada noche para limpiarla, tonificarla y humectarla. Puedo ir a una fiesta y llegar a las tres de la mañana, pero ¡jamás dejo de cumplir con mi rutina! ¡Y veo los resultados! He aprendido a disfrutar y a estar atenta durante este proceso. No lo veo como pérdida de tiempo o algo aburrido. Al contrario, es un periodo que utilizo para reflexionar sobre el día, y escuchar mis videos de motivación o audios. Siempre puedes usarlos para alimentar tu mente y espíritu a la misma vez que mimas tu piel.

Si tu presupuesto te lo permite, ¡regálale algo a tu piel! Una crema que te guste, un masaje o un tratamiento. Si no puedes en estos momentos, revisa en qué estás gastando dinero y ahorra para hacerlo más adelante… Diez dólares por aquí, cinco por allá… Si vas sumando, en unos cuantos meses puedes darte un gusto que te ayude a sentir mejor.

En la vida, todo toma tiempo, pero tu cuidado y el amor por ti mismo es algo que debes hacer a diario, por el resto de tu vida.

MI REGALO

Puedo decir con orgullo que mi vida ha sido y seguirá siendo una vida sin límites. Ése es mi legado para mis hijos, mis nietos y mi familia completa. Y en eso pensaba cuando estaba cruzando la meta en Manhattan, en que mis nietos puedan decir el día de mañana:—Wow, mi abuela pudo hacer esto a los 55 años. Entonces nosotros también podemos hacerlo todo, ¡sin límites!

PALABRAS FINALES

Mientras buscaba material para el documental *Triumph of the Entrepreneurial Spirit,* encontré varias libretas y cuadernos que guardan mis diarios de vida, mis ejercicios para mejorar y mis listas de agradecimiento, entre otras cosas, donde me he desahogado contando mis experiencias y emociones. Entre todo eso, había uno muy especial, en el que relaté todo lo que sucedió y sentí el día en que finalmente fui capaz de regresar a aquella habitación del motel en *Licey* al Medio, donde comenzó la vorágine de mi vida. Aquel acto abominable que pudo destruirme o al contrario, impulsarme a volar, como sucedió. Y por eso, quiero compartirlo contigo, tal como lo escribí en aquel momento.

María Trusa

El valor de vivir
3 de mayo, 2019

¡Wow, wow, wow! ¡Qué viaje tan increíble! Hoy realizamos la filmación en la habitación del motel y tengo que decirles que fue una de las experiencias más liberadoras de mi vida. ¡Sentí un orgullo abrumador cuando, en mi mente, me paré justo al lado de esa pequeña niña destruida que fui, recordando los momentos más oscuros de su vida durante esa horrible noche!

Cuando entré en la habitación, mi pecho estaba apretado y mi corazón latía increíblemente rápido. ¡Sentí que se me iba a salir del pecho!

Al principio, cuando comencé a recordar la historia, se volvió tan real. Era como si estuviera viendo la misma noche pasar frente a mis ojos. ¡El dolor también era real!

Pero cuando comencé a explicar durante la entrevista por qué era tan importante para mí contar y compartir mi historia con el mundo, el dolor se hizo cada vez menos latente. ¡Pensar en el impacto que tendrá, especialmente en nuestra comunidad latina, el contar mi historia se apoderó de mi cuerpo y de mi alma! ¡Todo mi ser se transformó en un guerrero!

¡Cuando terminaba la entrevista sentí como si una inmensa ola de orgullo y fuerza se abalanzara sobre mí, de una manera que nunca antes había experimentado!

Me quedé por un momento más en la habitación y miré a esa niña abusada en una esquina y a la mujer que estaba a su lado ahora, ¡y mi corazón se llenó de orgullo!

¡Cuidé de esa niña durante todos estos años! Y ahora, ella está en paz y juntas, ¡somos imparables!

¡Mi propósito está más claro que nunca!

Mientras salía de la habitación, observé el hermoso día soleado que había, me paré en medio de ese complejo de moteles y me sentí diferente. Ya no le temía a ese lugar.

Durante todos los años anteriores, había estado viajando a República Dominicana constantemente y nunca pude ni siquiera mirar el motel a la distancia. Sin embargo, esta vez ¡tuve el coraje de entrar en esa habitación y al fin me siento LIBRE!

¡Ahora tengo el control completo de mi historia! ¡Y estoy más que impaciente por abrir un nuevo capítulo en el viaje de mi vida! ¡Qué sentimiento más poderoso!

Por eso, mi palabra favorita hoy es ¡**VALOR!**

240

Así es, fue una experiencia muy fuerte y necesité de muchos años para ser capaz de enfrentar a mis fantasmas y demonios del pasado, y entrar al mismo lugar donde pasaron tantos momentos tristes y crueles. Pero todo aquello no me aplastó y por eso, esas líneas de mi diario de vida estaban escritas desde el orgullo de haber logrado cuidar a esa niña destruida que fui, hasta el punto de transformarla en la mujer capaz de gobernar su vida y darle el propósito que ha querido.

Hoy, que tantas mujeres y hombres a nivel mundial se están atreviendo a denunciar, a contar y gritar sus historias de abuso, te animo a que también te liberes de la tuya. Sea cuál sea tu experiencia, tu dolor o tragedia, es tiempo de sanar. Es tiempo de destruir tus límites para reconstruirte desde lo más profundo. ¡Reinicia tu vida! No importa la edad que tengas. Reconéctate con tu esencia y el propósito que tienes.

Sabes que no será una travesía corta ni sencilla, pero el proceso vale la pena. Disfrútalo, goza cada segundo y vive atento al momento.

La vida SIEMPRE vale la pena. Y si decides voltear tu historia y convertir ese lado oscuro en un impulso para buscar tu propia luz, te puedo asegurar que Dios pondrá las piezas y personas clave para lograr tu objetivo. Tu travesía será también el reflejo de otros y de otras. Y juntos iremos erradicando el flagelo del abuso y del machismo desmedido, que tantas vidas destruye.

No seas uno o una más. ¡Rompe tu silencio! ¡Eleva tu voz! Escapa a las estadísticas y conviértete en una "excepción" a la regla, que logra convertir su dolor en la excusa para cuidar a su propia niña o niño interior hasta convertirlo en una persona exitosa, feliz y realizada. ¡Reescribe tu vida!

Estoy contigo. Súmate a mi misión y sígueme en mis redes sociales @mariatrusa

Tu amiga,

María

AGRADECIMIENTOS

A mis nietos Sienna y Adrian, por alimentar mi alma de un amor infinitamente puro. Y por enseñarme a estar más presente a los pequeños detalles de la vida, que la hacen tan maravillosa.

Iliana, gracias por abrirme tus brazos. Me siento muy afortunada de tener una conexión tan fuerte contigo. ¡Gracias por tu apoyo y amor incondicional a mi hijo Franco y a mis nietos!

A mis hermanos Julio y William, por su incansable dedicación a mí, a Billy y a Henry. ¡Todas esas noches trabajando en la panadería no fueron en vano!

¡Les debemos tanto!

Billy, gracias por tu eterna protección. Durante la entrevista que te hicieron para el documental, recién pude entender ¡que cuidabas a mi niña interior!

Henry, gracias por ese sincero y profundo amor que siempre me brindas.

A mi sobrina Kimberly, por acompañarme aquel día en que filmamos el documental en la habitación del motel. Tu presencia me dio paz.

A Gina, por abrirme las puertas de tu negocio y confiar en mí para embarcarnos en la misión de cuidar a nuestra comunidad hispana, especialmente, a las personas sin seguro médico. ¡Qué lindo es compartir mi vida con un ángel como tú! ¡Ya eres una "latina" más!

A Gloria, ¡por tu eterno apoyo y compañía para mí y mis hijos! Eres y siempre serás uno de los seres más importantes en mi vida. ¡Parte de mi corazón te pertenece!

A Rosario, por ser mi amiga del alma, siempre presente cuando más te he necesitado.

A Michelle, por tu amor y cuidado incondicional.

Melissa, Jackie y Alex: por ser una parte integral en mi familia. ¡Los adoro!

Paula, por todos los años que te dedicaste a nosotros cuando éramos niños y luego, a cuidar a mi madre con tanto amor en los últimos capítulos de su vida. ¡Siempre estaré para ti!

Susana, por ser una mujer que da sin condiciones. Siempre has sido mi mano derecha en Santiago. ¡Gracias por ese amor que le brindaste a mi madre durante tantos años! Tienes un espacio muy especial en mi corazón.

A mi primo Mario, por ese beso en la frente que siempre le dabas a mamá y por el cual se perfumaba para esperarlo. ¡Gracias por llevarle alegría a nuestra madre y a nuestra vida!

Alejandra, por tu dedicación y aporte con este proyecto ¡y por otros más que vendrán!

Dániza, por tu apoyo con este proyecto. ¡Qué bendecida me siento de haber contado contigo durante esta travesía!

SOBRE LA AUTORA

Una mujer que restauró su vida y la convirtió en un haz luminoso.

María Trusa es la mejor expresión del empoderamiento de la mujer y de una que genera un impacto masivo en todo lo que hace. Madre, abuela, empresaria, filántropa y líder comunitaria. Un verdadero referente para la comunidad hispana de Estados Unidos del poder sin límite que tenemos los seres humanos cuando nos enfocamos en visualizar objetivos bien definidos, nos preparamos sin descanso y no cedemos ante los obstáculos.

María Trusa nació en Licey al Medio, un pequeño municipio ubicado en la provincia de Santiago, República Dominicana, donde pasó sus primeros años de vida, junto a sus cuatro hermanos, en medio de la pobreza y las consecuencias del alcoholismo de su padre. Pese a sufrir una agresión sexual que casi le cuesta la vida, cuando apenas tenía nueve años de edad, fue capaz de revertir toda su historia de dolor y transformarlo en el impulso que la llevó a buscar la sanación, el crecimiento y el éxito.

Con quince años emigró a Estados Unidos y comenzó una ardua travesía de superación constante. Su esfuerzo la llevó a convertirse en una mujer que ha marcado presencia en la industria de la salud, al convertirse en el 2008 en Directora Ejecutiva de un importante grupo médico, en una de las ciudades más prósperas del país. Y pese a no contar con grados académicos universitarios, su exitosa gestión logró transformar la práctica de una institución que contaba con seis médicos y treinta y cinco empleados a su actual configuración que supera 45 doctores y doscientos empleados.

Su capacidad visionaria y su compromiso permanente con los hispanos, la llevaron a soñar con crear una entidad similar a la anterior, que proporcionara cuidado de salud de calidad y un trato digno para nuestra comunidad, especialmente la más vulnerable: personas sin seguro e indocumentadas. En septiembre de 2015, su sueño se hizo realidad al aliarse con Gina Cappelli, dueña de Formé Medical Center, con quien está creando una organización que traspasa todas las expectativas que ella misma se planteó originalmente. Además, su permanente búsqueda de nuevas vías para mejorar la cobertura de las necesidades de los hispanos, la ha llevado a buscar opciones de apoyo en la salud mental y tratamientos complementarios.

El 2019 Maria Trusa impactó en los medios locales al completar exitosamente la famosa maratón de Nueva York, a sus 55 años de edad, demostrando que no hay límites para buscar nuevos desafíos y propósitos. Es también vice presidenta de la Cámara de Comercio de Wetchester, NY y conferencista en agrupaciones de mujeres emprendedoras de los distritos del estado de Nueva York. El 2020 se estrena el documental Triumph of the Entrepreneurial Spirit, donde por primera vez cuenta su historia de abuso sexual, con el propósito de concientizar sobre este flagelo que azota a hombres y mujeres, de todas las edades y a nivel global. Con ese mismo objetivo creó el movimiento Yo Digo No Más y quiso plasmar en estas páginas, de manera honesta y generosa su trayectoria, compartiendo las herramientas y métodos que la han convertido en un modelo de éxito, de realización en todas las áreas de su vida y de permanente crecimiento.

BIBLIOGRAFÍA

1.

Tolle, Eckart. (August 17, 2001) El Poder del Ahora: Un camino hacia la realización espiritual. California, Estados Unidos. New World Library

2.

Estadísticas de abuso y violación en Estados Unidos

Association Between Forced Sexual Initiation and Health Outcomes Among US Women (September 16, 2019) David U. Himmelstein, MD[2,3]; JAMA Intern Med. Publicación online

https://jamanetwork.com/journals/jamainternalmedicine/article-abstract/2751247

3.

Cómo encontrar el registro de depredadores sexuales en Estados Unidos (Datos a la fecha Septiembre 2019)

Registro Público Nacional de Delincuentes Sexuales [National Sex Offender Public Registry (NSOPR)]

https://www.nsopw.gov/es

4.

Meadows, Martin (Septiembre 16, 2016) Cómo Construir la Autodisciplina. Resiste tentaciones y alcanza tus metas a largo plazo. Kindle Edition

5.

Schwartz, David (1987), La Magia de Pensar Grande. Kindle Edition

6.

Poder de la respiración

Breathing above the brain stem: volitional control and attentional modulation in humans (Septiembre 27, 2017)

Herrero JL[1,2], Khuvis S[1,2], Yeagle E[1,2], Cerf M[3], Mehta AD[1,2].

J Neurophysiol. 2018 Jan 1;119(1):145-159. doi: 10.1152/jn.00551.2017. Epub

https://www.ncbi.nlm.nih.gov/pubmed/28954895

7.

Eker, T. Harv. (Febrero 15, 2005) Secret of the Millionaire Mind. Audiobook Audible.com

8.

Información sobre la depresión pos parto/ NIH National Institute of Mental Health (Actualizado a la fecha Octubre 2019)

https://www.nimh.nih.gov/health/publications/espanol/informacion-sobre-la-depresion-posparto/index.shtml

9.

Siegel, Daniel J. M.D./ Hartzell, Mary, M. Ed. (Diciembre 26, 2013)
Parenting from the Inside Out. Kindle Edition & Audiobook

10.

Cohen, Lawrence J. PH. D. (2001) Payful Parenting. Random House LLC/ Kindle Edition & Audiobook

11.

Chapman, Gary/ Campbell Ross (1997) The 5 Love Languages for Children. Amazon Digital Services LLC/ Audiobook

12.

Marc, Joan./ Pujo, I Vilanova (2016) Diccionario de la Biodescodificación, Publicado Online

https://www.slideshare.net/YlichTarazona/diccionario-biodescodificacin-2016-biodescodificacin-aplicada-y-bioneuroemocin-consciente-subido-por-el-coach-ylich-tarazona

13.

Hill, Napoleon/ Pell, Arthur R. (Agosto 2005) Think & Grow Rich. Audiobook

14.

Robbins, Mel (28 de Febrero 2017) The 5 Seconds Rule: Transform your Life, Work, and Confidence with Everyday Courage. Audible.com

15.

Murphy, Joseph PH.D.,D.D.(1963) The Power of your Subconscious Mind. Audible.com

16.

Wolf, Anthony E. PH. D.(30 Octubre 2001) Get Out of my Life, but First could you Drive me and Cheryl to the Mall? Audible.com

BIBLIOGRAFÍA

Meditación y ejercicios de relajación: App Calm

Para crear un presupuesto y preparar impuestos:
https://www.vertex42.com

Renta de vestuario: Rent the Runaway

Made in the USA
Middletown, DE
07 September 2024

59933601R00149